인조이 **치앙마이**

인조이 치앙마이

지은이 맹지나
펴낸이 임상진
펴낸곳 (주)넥서스

초판 1쇄 발행 2018년 7월 30일
초판 2쇄 발행 2018년 8월 10일
2판 1쇄 발행 2019년 4월 25일
2판 3쇄 발행 2020년 3월 20일

출판신고 1992년 4월 3일 제311-2002-2호
주소 10880 경기도 파주시 지목로 5
전화 (02)330-5500 팩스 (02)330-5555

ISBN 979-11-8943-277-5 13980

저자와 출판사의 허락 없이 내용의 일부를
인용하거나 발췌하는 것을 금합니다.

가격은 뒤표지에 있습니다.
잘못 만들어진 책은 구입처에서 바꾸어 드립니다.

www.nexusbook.com

여행을 즐기는 가장 빠른 방법

인조이
치앙마이

항동·매림·치앙다오
치앙라이·빠이

CHIANG MAI

맹지나 지음

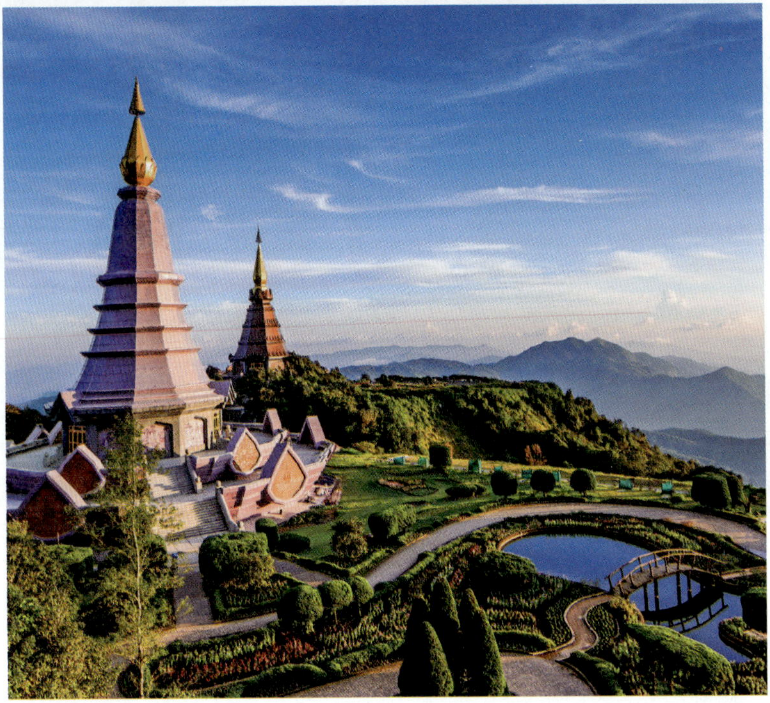

넥서스BOOKS

Prologue
여는글

SPECIAL THANKS
현지 취재와 집필 과정에서 많은 도움을 주신 태국 관광청 본사 Tourism Authority of Thailand(TAT) 와 부족한 원고와 사진을 다듬는 데 아낌없는 도움 주신 넥서스, 현지 취재에 적극 협조해 주신 책에 소개하는 모든 호텔과 여러 업장에 깊은 감사의 말을 전합니다.

누구에게나 이름만 불러도 웃음이 나는 아주 특별한 여행지가 있다. 나에게는 치앙마이가 그렇다. 한참을 구석구석 누볐는데도 스치듯 짧았던 것만 같아 한없이 아쉽고, 잠깐의 기억이 너무나 생생해 한평생 살았나 싶기도 하다. 한 아름 기대를 안고 갔는데도 생각했던 것보다 훨씬 더 좋았고, 기대보다 더 깊고 진하게 빠지고 말았다. 이 작은 도시에 왜 그렇게 많은 사람이 한 달 살기를 하려는지, 치앙마이를 만나는 순간 알 수 있었다.

태국의 전통과 문화를 고스란히 간직한 치앙마이에서는 느린 여행의 여유와 자연이 주는 평온함을 느낄 수 있는 동시에 도시의 편의성과 고급스러운 호사스러움 역시 누릴 수 있다. 물가는 믿을 수 없이 착하고, 즐기고 경험할 수 있는 것이 다양해 세계 각국에서 몰려드는 수많은 여행자를 모두 만족시키는 만능 여행지다. 매일 일어나 마음이 내키는 대로, 하루를 조용하고 평화롭게도 드라마틱하고 활기차게도 보낼 수 있다.

그 어떤 이유보다도 내가 치앙마이를 사랑하는 가장 큰 이유는 새 소리가 유난히 크게 들리는 치앙마이의 아침, 저마다의 개성을 가진 도시의 모든 사원과 풀과 꽃, 하루에도 수없이 마주하는 치앙마이 사람들의 때 묻지 않은 미소가 있기 때문이다. 치앙마이 사람들은 선하고, 욕심부리지 않는다. 아침부터 문을 열었던 곳은 해질 녘 문을 닫고 일찍 휴식을 취하며, 낮에 푹 쉰 사람들은 밤이 되면 새벽까지 기운 넘치게 일한다.

아무것도 하지 않기에 좋은 치앙마이는 욕심나는 것들이 너무나 많다. 말로 설명할 수 없는 감정을 더 느끼고, 더 편안히 걸으며, 더 큰 소리로 웃을 수 있기 때문이다. 이 책을 들고 치앙마이로 떠나는 운 좋은 모두가 치앙마이에서 건강한 욕심을 실컷 부리다 돌아오기를 바란다.

따사로운 치앙마이의 햇살을 그리며,
맹지나

이 책의 구성

Notice! 현지의 최신 정보를 정확하게 담고자 하였으나 현지 사정에 따라 정보가 예고 없이 변동될 수 있습니다. 특히 요금이나 시간 등의 정보는 안내된 자료를 참고 기준으로 삼아 여행 전 미리 확인하시기 바랍니다.

1 미리 만나는 치앙마이

치앙마이는 어떤 매력을 가지고 있는지 주요 관광지와 먹을거리 그리고 쇼핑 리스트 등을 사진으로 보면서 여행의 큰 그림을 그려 보자.

2 추천 코스

어디부터 여행을 시작할지 고민이 된다면 추천 코스를 살펴보자. 저자가 추천하는 코스를 참고하여 자신에게 맞는 최적의 일정을 세워 본다.

3 근교 여행

치앙마이 외에도 시간을 내어 찾아가기 좋은 매력적인 근교 여행지의 정보를 담았다.

지역 여행 4

치앙마이의 주요 지역에서 꼭 가 봐야 할 대표적인 관광지와 맛집, 호텔 등을 소개하고, 상세한 관련 정보를 알차게 담았다.

가이드북 최초 자체 제작
인조이 맵코드
enjoy.nexusbook.com

주요 관광지 소개는 물론 문화적 배경 지식과 팁이 곳곳에 숨어 있다.

▶ '인조이맵'에서 맵코드를 입력하면 책 속의 스폿이 스마트폰으로 쏙!
▶ 위치 서비스를 기반으로 한 길 찾기 기능과 스폿간 경로 검색까지!
▶ 즐겨찾기 기능을 통해 내가 원하는 스폿만 저장!
▶ 각 지역 목차에서 간편하게 위치 찾기 가능!

테마 여행 5

치앙마이의 커피 이야기, 최고의 파인 다이닝과 애프터눈 티, 한 달 살기 등 치앙마이에서 경험할 수 있는 특별한 테마를 소개한다.

여행 정보와 휴대용 여행 가이드북 6

여행에 유용한 정보를 정리하고, 휴대용 부록에는 각 지역의 지도와 상황별 태국어 회화, 영어 회화를 담았다.

Contents
차례

미리 만나는 치앙마이

태국 기본 정보 · 012
치앙마이의 연중 행사와 축제 · 018
치앙마이의 대표적인 볼거리 · 022
치앙마이에서 해야 할 것 · 028
치앙마이의 요리와 과일 · 030
치앙마이 쇼핑 리스트 · 036

추천 코스

치앙마이 핵심 일정 3일 · 042
나 홀로 휴식 충전 5일 · 047
다양한 액티비티와 클래스 5일 · 052
사랑하는 연인과 낭만 여행 5일 · 058
치앙마이 매력 탐구 7일 · 064

지역 여행

치앙마이 교통 · 068
올드 시티 · 086
님만해민 · 114
나이트 바자 & 핑강 · 138
산티땀 & 창 푸악 · 152
왓 켓 · 164
왓 우몽 & 반 캉 왓 · 178
치앙마이의 숙소 · 190

 **치앙마이 근교 여행**

당일 여행지
* 도이 수텝 & 도이 뿌이 · 206
* 도이 인타논 국립 공원 · 209

항동 · 212
매림 · 218
치앙다오 · 228
치앙라이 · 238
빠이 · 254

 **톡톡 치앙마이 이야기**

토요일 야시장 맛집 · 098
핑강과 러이 끄라통 · 142
아카족과 로열 프로젝트 · 222
매땡 · 236

 **테마 여행**

향긋하고 감미로운 로컬 커피 · 268
우아한 오후 시간, 애프터눈 티 · 273
최고의 식재료와 요리, 파인 다이닝 · 278
진정한 힐링 여행, 마사지 & 스파 · 280
치앙마이에서의 특별한 체험 · 284
치앙마이에서 한 달 살기 · 294

여행 정보

여행 준비 · 298
출국 수속 · 306
치앙마이 입국 · 308
집으로 돌아오는 길 · 311
*찾아보기 · 313

미리 만나는 치앙마이
PREVIEW CHIANG MAI

태국 기본 정보

치앙마이의 연중 행사와 축제

치앙마이의 대표적인 볼거리

치앙마이에서 해야 할 것

치앙마이의 요리와 과일

치앙마이 쇼핑 리스트

· PREVIEW ·

THAILAND INFORMATION

태국 기본 정보

태국

국명	타이 왕국 Kingdom of Thailand ราชอาณาจักรไทย
수도	방콕 Bangkok
면적	513,120km² / 한반도 약 2.3배, 남한의 약 5배 크기 치앙마이 면적 약 20,000km²로 태국에서 두 번째로 큰 도시
민족	타이족 85%
종교	소승불교가 주를 이룬다. (90%)
언어	태국어. 영어를 상용어로 둔다.
시차	한국보다 두 시간 느리다.
통화	밧 Baht / 1밧 = 약 35원
국가번호	+66
전압	220V, 50HZ / 한국과 같은 2핀 코드를 사용한다.

정치 체제

입헌군주제, 내각책임제다. 1932년부터 태국의 국왕은 국회를 통해 입법권을, 수상을 이끄는 내각을 통해 행정권을, 사법부를 통해 사법권을 행사한다.

현재 국왕은 차크리(Chakri) 왕조의 10대 왕인 라마 10세 마하 와치랄롱꼰(Maha Vajiralongkorn, 2016년 즉위)으로, 국왕의 공식 명칭은 마하 와치랄롱꼰 버딘드라 데바야와랑꾼 국왕 폐하(Majesty King Maha Vajiralongkorn Bodindradebayavarangkun)이다.

지리

서쪽으로는 안다만 바다(Andaman Sea), 동쪽으로 태국만(Gulf of Tha)이 있고, 위치와 지형에 따라 크게 북부 지역, 중부 평야 지역, 북동부 고원 지역, 남부 반도 지역으로 나뉜다. 치앙마이는 방콕 북쪽으로 약 700km 떨어져 있으며, 해발고도 310m에 위치한다.

기후

연평균 기온 28℃, 최고 습도 94%, 최저 습도 60%인 고온다습한 열대성 기후를 보이고, 세 계절로 나뉜다. 덥고 건조한 고온의 3~5월, 하루 한두 번씩 비가 세차게 내리는 스콜 현상을 보이는 우기의 6~10월, 비교적 활동하기 좋은 날씨의 11~2월이다. 중부, 남부는 11~2월에도 덥고, 치앙마이가 속한 북부는 11~5월 동안에는 꽤 선선한 날씨를 보이거나 일교차가 크다. 밤에는 영상 4도까지 기온이 떨어지고, 낮에는 30도를 훌쩍 넘어 40도까지 올라가기도 한다.

역사

짜오프라야강 중부에서 시작된 태국은 수코타이, 아유타야, 톤부리를 거쳐 현재의 차크리로 이어지는 왕조로 그 역사를 말한다.

수코타이 Sukhothai (1257~1350)

'행복의 새벽'이라는 예쁜 이름의 수코타이는 타이족이 세운 최초의 왕조로, 북부 태국 지역에 있던 여러 왕국을 통일시켜 탄생했다. 태국 중부를 근거지로 삼고 스리랑카에서 불교를 받아들여 소승불교를 확립하였다. 태국 문자가 이때 발명되었고, 태국 예술 기조의 기반이 형성되었으며 영토 확장도 상당하여 지금까지 이어져 오는 짜오프라야강 유역의 태국 왕국의 기초를 튼튼히 마련한 왕조이다. 통치 방식은 아버지가 자식을 다스리듯 하는 불교 법왕의 방식을 도입한 것으로, 왕을 칭하는 퍼쿤(Phoekhun)이라는 말의 '퍼'는 아버지라는 뜻이다. 지금도 태국 국민들은 왕을 아버지처럼 여기고 따르고 신뢰한다. 무늬만 왕이고 실질적인 권한이나 영향력이 없는 것이 대부분인 현재의 몇 안 되는 입헌군주제 나라들과는 사뭇 다르다.

아유타야 Ayutthaya (1350~1767)

14세기 수코타이는 쇠퇴하게 되어 1350년 세워진 신흥 왕국인 아유타야의 속국이 된다. 1767년 버마(미얀마)의 침략을 받기까지 아유타야에는 417년간 33명의 왕이 있었으며, 태국의 중심 역할을 했다. 이 때 수립된 절대왕정 체제는 지금까지도 이어져 오며, 태국 헌법에는 '왕은 지존의 존재이고 누구도 왕의 지위를 침해할 수 없으며 왕을 비난하거나 고소할 수 없다'라고 명시되어 있다.

톤부리 Thonburi (1767~1782)

아유타야가 1767년 버마(미얀마)에 의해 멸망하고, 탁신 장군이 이를 2년 만에 되찾아 타이 왕국을 재건했다. 수도는 톤부리였으나, 차크리 왕조의 초대 왕이 수도를 현재의 방콕으로 천도했다.

차크리 Chakri (1782~)

라마 1세가 창시한 태국의 현 왕조. 아유타야 왕조의 전통을 답습했던 라마 1세~3세의 초기, 근대화를 겪었던 라마 4~6세의 중기, 1932년 입헌혁명을 거쳐 절대군주제에서 현재의 입헌군주제로 정치 체제가 바뀐 라마 7세부터 현재까지 크게 세 시기로 나뉜다. 라마 4세와 그의 아들 라마 5세는 외교와 현대화를 통해 태국을 서구 열강의 식민지화 열풍으로부터 지켜냈고, 노예 제도를 폐지하고 국민들의 교육에 힘써 근대화를 이끌어 후대의 칭송을 받고 있다. 세계 최장기 집권 국가 원수이자 태국 역사상 최장기 재위 군주였던 라마 9세(1946~2016)는 라마 8세의 동생으로, 태국 국민들이 가장 사랑한 왕이다.

치앙마이 Chiang Mai

올드 시티 한가운데 사이좋게 서 있는 동상의 주인공인 멩라이 왕(King Mengrai)과 수코타이의 람캄행 왕(King Ramkamhaeng), 파야오(Phayao) 주의 냠 왕(King Ngam)이 합심하여 1296년 치앙마이를 세웠다. '새로운 도시'라는 이름을 붙이고, 그 전까지는 치앙라이였던 란나(Lanna)의 수도를 치앙마이로 새로이 삼았다. 200년 동안 멩라이 왕조(1296~1558)의 통치를 받다가 버마(미얀마)와의 전쟁에서 패하고 그 후 200년 동안은 버마의 통치를 받았다. 태국 왕들의 힘을 빌려 버마와 전쟁을 치러 승리한 프라야 카윌라(Phraya Kawila)가 라마 1세로 추대받으며 왕이 되었고, 치앙마이는 시암(Siam, 태국의 옛 이름)의 식민지가 되었다. 1933년 라마 5세가 태국의 행정 주 시스템을 확립한 후 태국의 자치 주로 승격되었다. 2017년에는 유네스코로부터 치앙마이는 '창조 도시(Creative City)' 타이틀을 수여받았다. '북방의 장미'라 불릴 만큼 재색을 겸비한 치앙마이는 현재 가장 핫한 태국의 여행지다.

란나 왕국 Lanna Kingdom

'백만 개의 논밭'이라는 뜻으로 13~17세기 태국 땅에 세워진 인도화된 왕국을 말한다. 치앙마이 사람들은 본인들을 란나의 후예로 생각한다. 란나는 아유타야 왕조 시절 아유타야와 라이벌 관계에 있던 북부의 왕국 중 하나였으며 버마의 침략과 지배를 겪다가 버마를 내몬 톤부리 왕조에 충성하게 되었다. 1920년 시암 왕국은 란나 지역을 완전히 시암(태국)으로 통합시켰다.

TIP

알고 떠나면 좋을 태국의 고유한 문화

국왕을 존경하는 나라 We love our King

태국 사람들은 왕실을 절대적으로 지지하고, 왕가를 진심으로 사랑한다. 태국의 모든 화폐에는 9대 푸미폰 왕의 얼굴이 그려져 있고, 골목마다 집집마다 식당과 상점에도 왕의 초상화가 걸려 있다. 외국인도 왕과 왕실을 모욕하는 언행을 할 수 없으니 절대 삼가도록 한다. 왕궁을 방문할 때는 옷차림에 신경을 써야 하고, 왕실 찬가가 들려오면 현지 사람들과 함께 예를 표한다. 태국의 영화관에 가 보면 영화 상영 전 광고 시간에 왕을 위한 영상과 노래가 나온다. 이때 모두 기립하여 예를 갖춘다.

타이 스마일 Thai Smile

언제나 웃는 태국 사람들은 온화함을 미덕으로 삼는다. 격한 감정의 표출, 특히 화와 분노를 쉽게 드러내는 것은 좋게 받아들여지지 않는다. 갈등과 대립을 좋아하지 않는 태국 사람들을 존중하고, 웃으며 다가오면 미소로 답하자.

신성한 머리에는 손대지 않아요.

태국 사람들은 머리를 무척 신성한 부위로 여긴다. 귀여운 어린아이가 지나간다고 하여 머리를 함부로 쓰다듬거나 하지 않는다. 매우 무례한 행동이다. 반대로 발은 미천한 곳이라 여기니 발로 다른 사람 또는 불상이나 부처의 그림을 가리키는 행동을 하지 않도록 한다.

치앙마이를 지키는 첫걸음

요즘 공정 여행, 착한 여행이 유행이다. 이제 여행자들 사이에서도 잠깐의 즐거움을 위해 수천 년을 넘어 수만 년 동안 이 땅을 생의 터전으로 삼고 평화롭게 지내 온 동식물을 해치면 안 된다는 의식이 생겨나고 있다.

10여 년 전만 해도 태국 여행에서 꼭 해 봐야 한다고 알려졌던 코끼리 투어도 조금씩 그 인기가 사그라들고 있지만, 아직도 너무나 많은 태국 관광지에서 성행 중이다.

코끼리를 보호해 주세요!

수백 년간 코끼리의 긴 코를 이용해 일대의 티크 나무를 벌목하였는데, 과도한 벌목으로 숲이 많이 사라지자 1989년 숲에서의 상업적인 벌목이 전면 금지되었다. 코끼리를 부리던 원목업자들은 트레킹 투어나 서커스와 같은 공연에 코끼리를 이용하기 시작했고, 이후 태국 관광 상품에 코끼리를 너무도 많이 동원하게 되었다.

코끼리 등에 올라타 산책하는 단순한 프로그램을 진행하기 위해 코끼리들은 젖을 떼자마자 어미와 분리된다. 태어난지 6개월 정도 밖에 되지 않은 아기 코끼리들은 부모와 떨어져 조련사에게 절대 복종할 때까지 쇠꼬챙이로 머리를 찍히고 격리되어 수 주 동안 아무것도 주지 않고 굶기는 파잔(Phajaan)이라는 과정을 겪는다. 피투성이가 된 머리로 조련사에게 복종하는 법을 배운 아기 코끼리는 죽을 때까지 조련사의 말에 순종하며 셀 수 없이 많은 여행객을 등에 태우고 정해진 코스를 걷는다.

이 잔인하고 비윤리적인 행태를 멈추기 위해 여러 단체들이 코끼리를 구출하고 보호 농장을 만들어 코끼리들을 돌본다. 더 많은 사람들에게 파잔에 대한 경각심을 높이고, 코끼리를 더 안전하고 행복하게 돌보기 위한 케어 센터들이 생겨나고 있으며, 요즘에는 코끼리를 타는 트레킹 프로그램 대신 이런 보호 단체를 찾아가 코끼리의 생활을 구경하고, 씻기고, 밥을 주는 봉사 활동 형태의 여행 프로그램이 주목받고 있다. 동물 보호 단체 PETA에 따르면 전 세계에 남아 있는 4만 5천여 마리의 아시아 코끼리 중 4천여 마리가 태국에서 트레킹 코끼리로 잡혀 살아가고 있다. 이 중 3/4은 투어나 공연에 이용되지 않을 때는 쇠사슬에 묶여 방치되고, 먹이도 제대로 주지 않는다고 한다.

그러니 치앙마이는 물론, 태국 여행을 하면서 코끼리 트레킹을 지양할 것을 당부하고 싶다. 이런 문제에 관심이 있다면 앞서 언급한 매땡 지역에 모여 있는 여러 코끼리 보호 단체 중 하나를 찾아보는 것도 좋겠다. (p.235)

나이트 사파리

견고한 철창 뒤에서 동물을 구경하는 것은 전혀 위험하지 않을 거라 생각했지만 몇 년 전 치앙마이 나이트 사파리의 동물이 사파리 차량을 습격해 여행자들이 부상을 당하는 일이 있었다. 야생 동물들이 그들의 영역을 매일 밤 시끄럽고 번쩍이는 커다란 차를 타고 침범하는 낯선 사람들을 공격하지 않는 것이 더 이상한 일일 지도 모른다. 몇몇 사람들은 동물에게 약물을 주사하거나 약을 먹여서 안전한 상태로 사파리를 진행하는 것은 아닌지 의심하기도 한다. 코끼리 보호와 같은 맥락에서 고향에서 잡혀 와 좁고 불편한 환경에서 매일 밤 구경거리가

되는, 절대 행복할 수 없는 삶을 사는 사파리 동물들을 위해 나이트 사파리 역시 〈인조이 치앙마이〉에서는 소개하지 않는다. 수백, 수천 년이 더 지나 후손들도 우리가 보고 느끼는 아름다운 치앙마이의 자연과 동식물을 그대로 볼 수 있도록 여행지를 아끼고 여행지를 지켜 주는 여행자가 되었으면 하는 바람이다.

PREVIEW

치앙마이 FUN
연중 행사와 축제

현지인들의 특별할 것 없는 일상도 신기한 여행자에게 여행지의 축제나 기념일 행사를 보는 것은 아주 흥미로운 경험이다. 치앙마이 사람들이 손꼽아 기다리는 1년 중 의미 있고 경사스러운 날은 언제인지 알아 보자.

※ 이 중 많은 축제들은 음력을 기준으로 하기 때문에 해마다 날짜가 조금씩 바뀌니 관광청 홈페이지를 통해 정확한 날짜를 확인하도록 한다. * 표시는 공휴일

1월 1일 새해 *
양력 새해 첫 날

1월 치앙마이 보상 우산 & 산캄팽 공예 축제
우산과 공예를 주제로 여러 공연과 행사, 경연이 치러지며 좋은 상품들이 대량 판매된다.

3월 마카부차 데이(만불절) *
Makha Bucha Day

석가모니의 제자가 모여 첫 번째 설법을 들은 것을 기념하는 날로, 음력 정월 보름달이 뜨는 날 기념한다.

3월 태국 국제 벌룬 페스티벌
열기구로 유명한 치앙마이의 카우보이 아미 라이딩 클럽(p.283)에서 2008년 처음 주최한 태국 유일무이의 열기구 축제. 오케스트라 연주에 맞춰 밤 하늘을 두둥실 떠다니는 아름다운 벌룬 열기구의 우아한 움직임을 구경하는 낭만적인 저녁이다. 미술 전시회와 음악회도 열리고, 태국 패션과 주얼리 쇼, 워크숍 등 다채로운 행사를 함께 열어 열기구가 아니더라도 볼 것, 할 것이 많다.

2월 치앙마이 꽃 축제
3일간 열리는 알록달록, 향기로운 축제. 꽃으로 장식한 가마를 들고 무용수와 음악가들이 치앙마이 온 도시를 퍼레이드한다. 나와랏 다리(p.142), 타 패 게이트(p.089)를 지나 부악 하드 공원(p.096)에서 대망의 피날레를 맞는다. 온 도시가 꽃향기로 가득하고 바람결에 꽃잎이 흩날리는 아름다운 축제를 놓치지 말 것.

4월 6일 왕조창건일 Chakri Day *
라마 1세의 왕조창건일과 차크리 왕조를 기념하고 축복한다. 1년 중 가장 큰 행사인 송크란이 며칠 후 열리기 때문에 특별한 행사는 없고 사람들이 자발적으로 라마 1세 동상에 헌화하는 것이 보통이다.

4월 13~15일 송크란 Songkran *
태음태양력을 따르는 태국에서는 이 날이 새해 첫 날이다. 이를 기념하기 위해 세계에서 가장 큰 규모의 물 축제를 약 3일간 연다. 건기가 끝났음을 축복하고 벼농사를 위한 비를 바라는 기우제이기도 하다. 태국 전통 풍습에 따라 향이 나는 물을 뿌려 지난 해의 걱정과 근심을 씻어 보내고, 마을의 어른들에게 음식을 대접하고 스님에게 공양을 하고, 악을 쫓기 위해 불꽃도 쏘아 올린다. 송크란 기간에는 어마어마한 양의 물이 태국 모든 도시의 거리를 적신다. 물총과 물폭탄, 호스를 들고 나와 거리에서 신나게 뛰어다니는 태국의 가장 시원하고 신나는 축제다. 그러나 해마다 지나친 열정과 음주로 사고가 잦으니 조심할 것.

4/5월 권농일 *
새로운 농번기를 맞이해 행운을 비는 의식을 치른다.

5월 1일 노동절 *

5월 석가탄신일 Visakha Bucha Day *
부처의 탄신, 깨달음, 열반을 기념한다.

5/6월 인타킨 축제
여섯 번째 음력 달의 열두 번째 날 왓 체디 루앙에서 성대하게 열린다. 사원이 모시고 있는 도시의 기둥을 축복하는 축제로 8일 동안 계속된다. 아침 일찍 헌화하는 것으로 시작하여 무용 공연, 행진, 향 태우기, 게임과 풍성하게 차려 나누는 음식 등 그 규모가 상당하다. (p.092)

7/8월 석가모니 최초 설법일 Asalha Bucha Day *
약 2500년 전 석가모니가 인도에서 최초로 말씀을 전한 일을 기념한다. 불교 사순절의 시작을 알리는 날이기도 하다.

7월 입안거일 Khao Phansa Day *
석가모니 최초 설법일 바로 다음 날을 입안거일로 지정하여 쉰다. 이 날을 우기의 첫날이라고 보고 많은 승려들은 석달 동안 절, 사원에서 나오지 않고 공부하고 명상하는 시간을 보내기도 한다. 태국 몇몇 지역에서는 초를 만들거나 초를 물에 띄우는 의식을 치르기도 한다.

매달 | 15일 코팡안 풀문 파티

아시아 최대 규모의 해변 파티로 매달 최대 3만 명의 파티 피플들이 코팡안 해변에서 아침이 올 때까지 보름달 아래 춤판을 벌인다. EDM 음악과 화려한 조명, 맥주와 데낄라를 동이 틀 때까지 즐긴다.

7월 28일 | 라마 10세 탄신일 *
현 태국 국왕의 탄신일을 기념한다.

8월 12일 | 왕비 탄신일 *
어머니의 날이기도 하다. 12월 5일인 푸미폰왕의 탄신일 축제는 주로 방콕에서 치러지는데, 왕비 탄신일 축제 행사는 방콕과 치앙마이에서 열린다.

9/10월 | 푸껫 베지테리안 축제
Phuket Vegetarian Festival
채식주의자들이 배부르게 먹고 마시는 날! 불꽃놀이, 노래와 춤 공연을 비롯해 칼을 던지거나 바늘 위를 걷는 등 기이한 공연이 곳곳에서 열리고, 꼬치로 귀나 신체 부위를 피어싱하는 등 수위 높은 퍼포먼스로도 유명하다.

10월 13일 | 라마 9세 서거일 *
70년 동안 태국을 통치하고 2016년 서거 후에도 여전히 많은 이들의 사랑을 받고 있는 푸미폰 아둔야뎃왕의 서거일이다. 왕이 세상을 떠난 15시 52분에 전 국민이 하던 일을 멈추고 짧게 애도의 시간을 갖는다.

10월 23일 | 라마 5세 서거일
Chulalongkorn Day *
종교의 자유를 보장하고 유럽 식민지화의 열풍에서 태국을 지켜내 태국의 현대화에 큰 기여를 한 태국 역사상 가장 위대한 왕으로 추앙받는 라마 5세의 서거일을 기린다.

11월 | 러이 끄라통 & 이 펭
Loy Krathong & Yi Peng
수천 개의 등불이 밤하늘을 수놓는 장관을 보기 위해 일년 내내 기다려 축제 기간에 태국을 찾는 여행객들이 많을 정도로 태국에서 가장 인기 있는 특별한 행사다. 음력 열두 번째 달 보름달이 뜨는 밤이 축제일이다. 물의 신에게 감사를 표하는 마음으로 등을 띄우는데, 따로 준비해 가지 않아도 러이 끄라통 기간에는 시내 곳곳에서 등을 판매한다. 러이 끄라통 하루 전날 치르는 이 펭 등불 축제는 치앙마이 지역의 고유한 축제로, 개인의 불안과 걱정을 떨쳐내며 등을 띄워 올리는 의식이다.

12월 5일 | 9대 푸미폰 국왕 탄신일 *
아버지의 날이기도 하다.

12월 10일 | 제헌절 *
1932년 최초로 헌법을 제정한 날을 기념한다.

12월 31일 | 양력 마지막 날 *

· PREVIEW ·

치앙마이 BEST

대표적인 볼거리

왓 체디 루앙과 왓 프라 싱

올드 시티에 자리한 치앙마이를 대표하는 두 사원이다. 도시의 기둥이라 불리는 락 므앙과 태국 북부에서 가장 신성한 불상인 프라 싱을 각각 모시고 있다. p.092, 093

나이트 바자

치앙마이의 밤이 낮보다 더 즐거운 이유! 하나라도 더 팔아 보려는 시장 상인과 10밧이라도 더 깎아 보려는 솜씨 좋은 흥정꾼들의 에너지가 넘치는 나이트 바자. p.140

핑강

아침과 낮, 밤의 모습이 다른 매력적인 핑강. 걷거나 자전거로 강을 건너고, 강변에 자리한 바에 앉아 칵테일을 마시며 강의 밤 풍경을 감상해도 좋다. 여러 번 마주쳐도 매번 새로운 모습에 반한다. p.142

주말 시장

넓은 대로 양옆으로 펼쳐지는 주말 시장은 미로 같은 나이트 바자와는 또 다른 매력이 있다. 치앙마이 사람들의 손재주를 엿볼 수 있는 공예품을 많이 판매한다. p.097

보상 우산 마을

알록달록한 우산들이 돌아가며 인사하는 보상 우산 마을에서는 우산을 만드는 장인들의 섬세한 손놀림을 구경하고, 구입도 가능하다. p.167

반캉왓

예스럽고 소박하지만 동시에 세련된 분위기가 느껴진다. 로컬 아티스트들의 시장, 야외 푸드 코트, 갤러리와 상점을 겸하는 공간들이 있는 치앙마이 외곽의 멋진 곳이다. p.183

25

사원 (근교)

화이트 템플, 블루 템플과 같은 치앙라이의 독특한 사원은 세계 어디에서도 볼 수 없는 예술 작품이다. 치앙라이 여행에서 놓치지 말 것! p.241

호시하나 빌리지 (항동)

근처에 식당 하나 없어도 좋다. 건강한 식당과 넓은 정원과 수영장이 있는 작은 마을에서 오랜 시간 머무르고 싶다. 호시하나 빌리지에 감도는 평온하고 차분한 공기 자체가 힐링! p.217

빠이 캐니언과 윤 라이 전망대 (빠이)

빠이 시내에서 조금 떨어진 곳에 위치한 두 장소는 태국 북부의 아름다운 자연을 만끽할 수 있는 대표적인 곳이다. 빠이 투어 패키지의 종결지라 해 질 녘에는 사람이 몰리기도 한다. 부지런히 움직이면 인파의 방해를 좀 덜 받을 수 있다. p.256

· PREVIEW ·

치앙마이 BEST

해야 할 것

🛵 스쿠터 타기

스쿠터로 어디로든 달려 보자. 치앙마이에는 걸어 다니는 사람보다 스쿠터를 탄 사람들이 더 많다. 쭉 뻗은 길을 달려 갈 수 있는 개성 넘치는 근교 여행지가 많다. 운전이 능숙하지 않다면 주변을 잘 살피고 주의하여 타도록 한다.

도이 인타논 국립 공원

아름드리 나무 사이를 지나 걷다 보면 장엄한 폭포를 마주한다. 높이 2,565m로 태국의 지붕이라 불리는 도이 인타논 국립공원 여행은 반나절 이상 소요된다. p.210

도이 수텝

하루를 오롯이 투자해야 하는 치앙마이 서편의 또 다른 국립공원 도이 수텝도 올라 보자. 산속의 황금빛 사원과 전통 의상을 입고 손님들을 맞는 고산족들의 마을도 구경할 수 있다. p.207

요가 수업

몸과 마음을 단련시켜 줄 요가 수업 체험도 좋다. 바쁜 일정에 쫓기듯 여행하지 않도록, 치앙마이의 태양과 바람과 별을 좀 더 찬찬히 감상할 수 있도록 나를 다잡아 주는 값진 시간이 될 것이다. p.289

집라인

타잔처럼 나무와 나무 사이를 건너는 집라인은 스릴 만점의 레포츠다. 치앙마이 근교 매캄퐁 숲속에서 신선한 새벽 공기를 가르며 스트레스를 시원하게 날려 보자. 다양한 높이와 길이의 코스가 있고, 안전 장비와 엄격한 규정이 있으니 시작도 전에 겁먹을 필요가 없다. p.286

쿠킹 클래스

오늘은 내가 요리사! 노련한 선생님의 친절한 설명과 잘 손질되어 있는 식재료가 있으니 그 어떤 요리도 두렵지 않다. 치앙마이 시내 여러 곳에서 진행하는 태국 요리 클래스에 참여해 간단한 요리 몇 가지를 배우는 것도 의미있는 일이다. 태국 음식이 그리울 때 혼자서도 뚝딱 해 먹을 수 있도록. p.287

엘리펀트 푸푸페이퍼 파크

코끼리 똥으로 만든 종이? 환경을 생각하는 마음으로 재미있고 유익한 작은 테마파크가 탄생했다. 이름 그대로 코끼리 똥으로 만든 친환경 종이가 가득한 곳이다. 이 종이로 만든 알록달록 아기자기한 물건들이 많다. p.220

PREVIEW
치앙마이 BEST
요리와 과일

태국 북부 요리

태국은 남부와 중부, 북부 음식이 조금씩 다르다. 물론 각 지역에서는 자기네 음식이 최고라고 자랑한다. 방콕에서는 자주 보지 못한 요리를 치앙마이의 모든 식당에서 만날 수 있다는 점이 북부 태국 여행의 또 다른 장점이다. 물론 태국을 대표하는 요리인 볶음면 팟 타이(Pad Thai), 새콤한 새우 스프 똠얌꿍(Tom Yam Kung), 아삭한 그린파파야 샐러드 쏨땀(Som Tam)은 치앙마이에서도 쉽게 먹을 수 있다.

태국 북부의 요리는 미얀마와 중국의 영향을 상당히 받았다. 커리의 맛은 좀 더 부드럽고, 요리에 간을 할 때는 생강과 강황을 다른 지역보다 더 넣는다. 그리고 코코넛 밀크를 많이 쓰는 편이 아니라서 국물 요리가 맑고, 비교적 시원한 기후 덕분에 얻어진 다양한 종류의 향신료와 채소를 아낌없이 사용한다.

태국의 대표 요리 BEST 3

Best 1 똠얌꿍
새우에 향신료를 넣고 끓인 새콤한 스프

Best 2 팟타이
새콤달콤하고 짭짤한 맛이 어우러지는 태국식 볶음면

Best 3 쏨땀
아삭한 그린파파야로 만드는 태국식 샐러드

카오 소이
Khao Soi ข้าวซอย

닭고기 육수에 코코넛 밀크를 넣어 부드럽고 깊은 맛을 낸 달걀면 커리 요리. 바삭하게 튀긴 면을 토핑처럼 얹어 주고, 파나 양배추로 만든 새콤한 피클, 라임을 곁들인다. 넙적한 달걀면이 커리를 쏙 빨아들여 촉촉하게 입에 감긴다. 치앙마이 인근에 양계장이 많은데, 달걀이 신선해서 그런지 비리지 않다. 면 위에 얹어 주는 닭다리 하나는 반찬처럼 국수와 함께 먹는다. 돼지고기나 소고기 토핑을 올리거나 달걀말이 등을 올려 먹을 수도 있지만 미얀마 무슬림의 영향으로 닭고기와 함께 먹는 것이 가장 기본이다.

남 프릭 옹 & 남 프릭 눔
Nam Prik Ong & Nam Prik Num

홍고추, 청고추 소스이다. 치앙마이 사람들은 태국의 중부와 남부보다 북부 요리가 훨씬 덜 맵고 대신 짠맛이 더 강하다고 한다. 하지만 남 프릭을 먹어 보면 동의할 수 없다. 레몬그라스와 피시 소스가 들어가는 전형적인 동남아시아 소스인데, 만드는 사람에 따라 들어가는 고추의 양이 달라 그 매콤함이 천차만별이다. 소스만 한 숟갈 떠먹어도 아무렇지 않을 수도 있고, 손톱만큼 찍어 채소와 먹었는데도 눈물이 쏙 빠지도록 맵기도 하다. 다양한 채소와 곁들여 먹거나 여러 메인 요리와 궁합이 좋아 반찬이나 애피타이저처럼 자주 시키는 인기 메뉴다.

싸이 아오 Sai Oua ไส้อั่ว

간 돼지고기와 말린 고추, 마늘 등 여러 향신료를 넣어 만든 태국 북부 스타일의 소시지로, 그릴에 구워 먹는다.

카오 니아오 Khao Niao ข้าวเหนียว
(스티키 라이스 Sticky Rice)

찹쌀밥을 말한다. 북부에서는 우리가 먹는 일반 쌀밥보다는 찹쌀밥을 주로 먹는다.

로티 Roti โรตี

기름을 잔뜩 두른 뜨거운 팬에 밀가루 반죽을 얇고 동그랗게 펼쳐 바나나나 초콜릿, 버터나 설탕 등 취향에 따라 다양한 토핑을 얹어 바삭하게 굽는다. 인도, 파키스탄, 네팔 등 주로 이슬람 국가에서 많이 먹는데, 조리법이 쉽고 즉석에서 만들어 바로 먹을 수 있어 인기 있는 길거리 음식이다. 1인 1로티를 주문하도록. 안 그러면 또 사러 갈지도 모른다.

깝무 Kab Moo แคบหมู

돼지 껍데기 튀김으로, 입이 심심할 때 간식으로 먹을 수 있다. 시장이나 슈퍼에서 봉지에 담아 팔기도 하고, 식당에서 주문한 음식이 나오는 동안 먹으라고 내주기도 하는 태국 북부의 김치같은 기본 찬 겸 과자라고 할 수 있다. 적당히 짭짤하고 아삭한 식감이 좋다.

무 사테 Moo Satay หมูสะเต๊ะ

길거리 음식으로 딱이 한입 거리의 돼지고기 꼬치. 시장 주변에서 흔히 볼 수 있다. 식사를 할 정도로 배가 고프지는 않지만 출출할 때 찹쌀밥 한 덩이와 먹으면 딱 좋다.

똠 까 카이 Tom Kha Kai ต้มข่าไก่

태국식 코코넛 스프에 닭고기를 넣은 시큼한 국물 요리.

팟 끄라파오 무쌉
Pad Kra Pao Moo Sap
ผัดกระเพราหมูสับ

'팟=볶다, 끄라파오= 바질, 무쌉=간 돼지고기'를 말한다. 두 가지 식재료를 볶아 밥과 먹는다. 간단해 보이지만 입맛 없는 사람에게 특효약이고, 매일 먹어도 질리지 않고, 치앙마이에서 돌아와 내내 간절한 것 중 하나가 바로 중독성 강한 이 볶음밥이다.

깐톡
Khan Toke ขันโตก

하나의 요리가 아니라 기본적인 태국 북부의 요리 몇 가지를 둥그란 식탁에 한 상차림으로 담아내는 정찬을 말한다. 정갈하게 차린 전통 란나 식문화를 경험하고 싶은 여행자들에게 인기가 많다. 전통 란나 음악이나 무용 공연을 보면서 식사할 수 있는 깐톡 식당도 시내 곳곳에 있다.

카이 지아오
Khai Jiao ไข่เจียว

태국식 오믈렛. 얇게 바싹 구워 기본 반찬으로 그만이다. 속재료로 게살이나 새우, 돼지고기 등을 넣는다. 매운 소스나 커리의 맛을 중화시키기도 하고, 향이 강한 태국 요리가 입에 맞지 않는 사람도 무난하게 먹을 수 있다.

TIP

태국 맥도날드에서만 먹을 수 있는 콘파이

크림 소스에 알알이 씹히는 옥수수를 넣어 바삭하게 구워낸 콘파이는 태국의 맥도날드에만 있다. 흔하디 흔한 햄버거가 아니더라도 타 패 게이트 건너편 맥도날드에 들러 콘파이를 맛보자.

태국 별다방에도 가볼까!

치앙마이 시티 머그나 한국에 출시되지 않은 시즌 굿즈들을 사러 텀블러 덕후들이 꼭 찾는 곳이 스타벅스다. 한국에 없는 프라푸치노나 사이드 메뉴 케이크와 베이커리도 호기심을 자극한다.

태국에서 꼭 먹어야 할 열대 과일 BEST 8

망고 Mango
한국에서 먹는 망고의 가격과 맛을 생각하면 한 조각이라도 더 먹게 될 만큼 달콤하다. 스티키 라이스에 얹어 연유를 뿌려 주는 망고 스티키 라이스는 길거리 포장 음식으로도 팔고, 식당의 디저트 메뉴에도 있다.

두리안 Durian
과일의 왕이라는 두리안은 가장 호불호가 크게 나뉘는 음식일 것이다. 멀리서 그 냄새를 맡고는 다른 길로 가는 사람도 있고, 침이 잔뜩 고여 입맛을 다시는 사람도 있다. 두리안의 냄새를 이길 수 없지만 맛이 궁금하다면 시장이나 슈퍼에서 파는 두리안으로 만든 사탕이나 케이크 등을 먼저 먹어 보는 것도 좋다.

마프랑 Maprang
마리안매, 자주망고 등 여러 이름으로 불리는 망고과의 과일. 시장에서 깎아 봉지에 담아 바로 먹을 수 있도록 파는 것을 쉽게 볼 수 있다. 마프랑의 신맛과 어울릴 짤고 매콤한 소스가 보통 함께 담겨 있다.

파파야 Papaya
태국에서는 완전히 익지 않은 그린파파야로 만드는 쏨땀 샐러드로 쉽게 접할 수 있다. 소화 효소도 풍부하고 칼로리도 낮아 디저트로 애용되며, 언뜻 보기에 망고와 비슷하지만 파파야가 크기가 더 크고 과육이 단단하다. 망고는 가운데 큰 씨가 하나 들어 있는데, 파파야는 검은 씨가 참외처럼 가운데 모여 있어 속을 가르고 씨를 숟가락으로 긁어 내고 먹는다.

식사 관련 유용한 단어

간식 ขนมขบเคี้ยว [크놈콥키아우]	**밥** ข้าว [까오]	**간장** ซอสถั่วเหลือง [싸 투아 르엉]
디저트 ของหวาน [컹완]	**찹쌀밥** ข้าวเหนียว [까오 니아우]	**설탕** น้ำตาล [남딴]
예약 การสำรองที่นั่ง [깐쌈롱티낭]	**닭** ไก่ [까이]	**소금** เกลือ [르아]
젓가락 ตะเกียบ [타끼압]	**달걀** ไข่ [카이]	**버터** เนย [느이]
포크 ส้อม [썸]	**소** เนื้อวัว [우어]	**두부** เต้าหู้ [따후]
스푼 ช้อน [천]	**돼지** หมู [무]	**고추** พริกไทยแดง [프릭 타이 댕]
나이프 มีด [미읏]	**생선** ปลา [쁠라]	**후추** พริกไทยดำ [프릭 타이 담]
접시 จาน [짠]	**국수** ก๋วยเตี๋ยว [구에이 티오우]	**식초** น้ำส้มสายชู [남솜사이추]
냅킨 ผ้าเช็ดปาก [파쩨빠]	**빵** ขนมปัง [크놈빵]	**땅콩** ถั่ว [투아]
물 น้ำ [남]	**피시소스** น้ำปลา [남쁠라]	**맥주** เบียร์ [비아]

페루비안 그라운드체리 Peruvian groundcherry

노란 방울토마토처럼 생긴 이 독특한 체리는 치앙마이 어느 시장을 가도 쉽게 볼 수 있다. 모양과 식감은 방울토마토와 비슷하지만 맛은 꽤 다르다. 얼굴을 찌푸리지 않을 정도의 새콤함에 자꾸만 손이 간다. 많이 시지 않아 공복에 간식으로 먹기에도 좋다.

파인애플 Pineapple

치앙마이에서 가장 사랑받는 과일이다 보니, 길에서 과일을 파는 사람들 중 십중팔구는 바쁜 손으로 쉬지 않고 파인애플 껍질을 까고 있다. 숙소 들어가는 길에 한 봉지 사서 냉장고에 넣어 놓았다가 씻고 나와 먹는 파인애플의 달고 진한 맛이 잊혀지지 않는다.

코코넛 Coconut

생 코코넛을 따서 시원하게 음료로 마시기도 하고, 코코넛 아이스크림이나 과일칩도 있다. 아이스크림은 코코넛의 진하고 청량한 맛과 수분에 아이스크림의 달콤함이 잘 어우러진 마술 같은 맛이다. 더위에 지쳐 걷다가 저 멀리 코코넛 아이스크림 통을 끌고 오는 아저씨가 보이면 사막에서 오아시스를 찾은 기분이다.

잭프루트 Jackfruit

태국말로 카눈이라 하는 잭프루트는 채식주의자들의 고기라 불린다. 겉모양은 두리안과 비슷하나 두리안보다 훨씬 크고 껍질의 돌기가 작다. 기네스북에 등재된 가장 큰 잭프루트는 무게가 40kg까지 나갔다고 한다. 단감과 망고 사이의 모양과 맛을 가진 과육은 쫄깃하고 달콤하다.

레스토랑 간단 회화

메뉴 주세요.
ขอดูเมนูหน่อยครับ(ค่ะ) [커 두 메뉴 너이 캅(카)]

물 주세요.
ขอน้ำหน่อยครับ(ค่ะ) [커 남 너이 캅(카)]

팍치(고수) 넣지 마세요.
ไม่ใส่ผักชี [마이 싸이 팍치]

화장실이 어디입니까?
ห้องน้ำอยู่ที่ไหนครับ(ค่ะ) [헝남 유 티 나이 캅(카)]

더 주세요.
ขออีกหน่อยได้ไหมครับ(ค่ะ) [커 익 너이 다이 마이 캅(카)]

맛있습니다.
อร่อยครับ(ค่ะ) [아러이 캅(카)]

맛없습니다.
ไม่อร่อยครับ(ค่ะ) [마이 아러이 캅(카)]

얼마입니까?
เท่าไหร่ครับ(ค่ะ) [타올라이 캅(카)]

계산해 주세요.
เช็คบิลครับ(ค่ะ) / เก็บเงินหน่อยครับ(ค่ะ)
[첵 빈 캅(카) / 껩땅 너이 캅(카)]

· PREVIEW ·

치앙마이 BEST

쇼핑 리스트

① 무에타이 바지

귀여운 아동용 사이즈부터 어른용까지 무에타이 선수 유니폼을 싼 가격에 대량 생산하여 시장에서 판다. 편하게 잠옷으로 입고 잘 수 있다. 딱 봐도 태국 기념품이 분명하니 정체성 확실한 선물이 될 것이다.

② 수공예품

아마 치앙마이 시장에서 딱 한 가지를 산다면 수공예품일 것이다. 아이 러브 타일랜드 티셔츠나 코끼리 열쇠고리가 식상해 시장 구경을 그리 즐기지 않는다 해도 가격 대비 훌륭한 품질을 자랑하는 공예품들은 지갑을 열게 만든다.

③ 의류

챙겨간 옷이 날씨와 맞지 않아 갑자기 랩(Wrap) 스타일의 외투나 시원한 바지, 물놀이에 필요한 수영복이나 래쉬가드, 물놀이용품을 사야 한다면 백화점보다는 시장이 좋다.

④ 태국 북부 전통 의상

식물에서 추출한 푸른 염료를 물들여 입는 모 홈(Moh Hom) 상의가 유명하다. 남성은 반팔, 여성은 긴팔이다. 남성용 바지 사도르(Sador), 여성용 스커트 파 진(Pha Zin)과 함께 입는다. 아무 옷에나 편하게 둘러 입을 수 있는 사롱(Sarong)은 다양한 무늬와 천으로 만들어져 종류가 많고 가격도 싼 편이다. 보통 린넨, 실크, 면, 마로 만든다. 알라딘 바지처럼 밑위가 길어 활동성이 좋은 남녀 공용 프리사이즈 어부 바지(Fisherman's Pants) 역시 인기 품목이다.

⑤ 가방, 파우치, 기타 액세서리

디자이너 핸드백 가품들도 종종 볼 수 있지만 그보다도 핸드메이드 라탄 가방이나 코코넛 껍질로 만든 작은 가방이 인기가 많다. 아기자기한 캐릭터 파우치와 치앙마이를 모티프로 한 에코백도 인기 아이템이다. 좋은 가격에 재미난 디자인의 휴대폰 케이스도 득템할 수 있다.

❻ 말린 과일과 캔디

어느 시장을 가더라도 큰 봉지에 가득 담긴 정직하고 묵직한 말린 과일과 캔디를 볼 수 있다. 말린 망고와 살구, 체리, 파파야, 코코넛은 한 움큼씩 집어 먹다 보면 금세 한 봉지를 비우게 된다.

❼ 칠기류 Lacquerware

검은색 바탕에 금색으로 색을 입히는 전통 문양의 칠기류가 많이 보인다. 치앙마이 지역은 버마(현 미얀마)에서 이어 받은 칠기 전통을 오랫동안 이어왔다고 한다. 보석함이나 그릇동류가 많고, 나이트 바자에서 특히 많이 볼 수 있다.

❽ 장난감 Toys

아이들이 좋아할 만한 장난감 로봇과 강아지, 하늘을 나는 요요 등의 장난감들을 한국보다 훨씬 싼 가격에 판매한다. 시장놀이가 지루한 아이들에게 안겨 주기 좋은 아이템들을 곳곳에서 찾을 수 있다.

❾ 타이 실크 Thai Silk

뽕나무만을 먹여 키우는 특별한 누에종으로 뽑는 태국의 실크는 세계적으로 유명하다. 실이 튼튼해 색을 진하게 입힐 수 있어 강렬한 색감과 화려한 무늬가 특징이다. 다양한 빛깔의 영롱한 색을 담은 고급스러운 타이 실크는 가닥이 무척 얇아 일일이 손으로 여러 가닥을 꼬아 굵게 만든 후 가공하기 때문에 가격이 비싼 편이다. 부드러운 것과 거친 실크 두 종류로 나뉘고, 부드러운 타이 실크는 옷과 인테리어 소품에 적합하며 거친 실크는 담요, 커튼 등을 만드는 데 사용한다. 천으로 끊어 살 수도 있고, 가공한 제품을 구입할 수도 있다. 가장 다양하고 많은 실크 품목을 파는 곳은 나이트 바자이다.

TIP

폴리에스터로 만든 모조품과의 구별 방법

구입 전에 시도해 볼 수는 없지만 그래도 가장 확실한 구별 방법은 불에 그을리는 것이다. 태우면 타이 실크는 재가 되고 머리카락이 타는 냄새가 나며 불꽃이 사라지면 바로 타는 것을 멈춘다. 폴리에스터는 검은 연기를 뿜으며 불꽃이 사라져도 계속해서 탄다. 빛으로 비춰 보아도 모조품을 구별할 수 있는데, 두 개의 다른 색실로 꼬아 만드는 타이 실크는 각도에 따라 색이 달라 보이는 반면 폴리에스터는 항상 빛을 하얗게 반사한다. 한 가닥을 잡아 끌면 뭉치지 않고 부드럽게 딸려 나오는 것도 진짜 타이 실크의 특징이다.

10 도자기 Ceramics

약 700년 동안 도자기를 빚어 온 치앙마이의 산캄팽 지역 쪽에서는 여전히 훌륭한 품질의 도자기를 빚어 판매한다. 회색빛이 도는 녹색, 청록색을 띄는 청자가 그중 더욱 가치 있는 것으로 평가된다.

11 에센셜 오일 Essential Oils

태국은 훌륭한 수준의 스파와 마사지를 자랑하기 때문에 관련 제품을 쉽게 볼 수 있다. 향기롭게 여행지를 기억할 수 있는 좋은 품목이다. 지역에서 나는 코코넛을 짠 오일, 레몬 등 자연의 향을 담은 질 좋고 값싼 오일은 뷰티 마니아들의 필수 아이템이다.

12 은 공예품 Silvers

치앙마이 시장에서 흔히 볼 수 있는 은 액세서리는 디자인도 품질도 뛰어나 선물용으로 무척 좋다. 여름옷과 잘 어울려 길을 걷다 하나 사서 목에 걸기에도 부담이 없는 가격이다. 버마(현 미얀마)에서 건너온 은 세공자들이 기술을 전파하여 지금까지 이어져 온 것이라고 한다. 태국 북부에서만 나는 99%란나 실버 또는 .925 은 표시를 확인하고 구입하도록 한다.

13 비누 조각 Soap Carving

태국에서는 오래 전부터 비누에 조각을 해 왔는데, 정교하게 꽃 모양을 내고, 여러 색을 입힌 모습이 꽃만큼이나 예쁘고 향기롭다. 정교하고 아름다운 모양 때문에 쉽게 사용할 수가 없다. 가격 대비 반응이 좋아 기념품으로 많이 사가는 물건이다.

14 향신료 Spices

요리를 좋아한다면 치앙마이에서 꼭 사갈 것이 바로 각종 향신료다. 커리 가루와 말린 허브 등 값싸고 다양한 요리 재료와 향신료를 구입할 수 있다. 공항 면세점에서도 코코넛 밀크만 부으면 완성되는 카오소이 가루를 판매하니 시장에서 사는 것을 깜빡했다면 마지막 기회를 놓치지 말 것!

15 그림 Paintings

수채화와 유화, 스케치 등 직접 그린 그림을 내다 파는 아마추어 아티스트들도 많다. 수많은 공예품으로 미루어 짐작할 수 있듯 치앙마이 사람들의 손재주는 탁월하다. 타고난 그림 솜씨를 뽐내려 온 수줍은 예비 작가들이 그린 치앙마이 추억의 한 장을 저렴한 비용으로 담아 올 수 있다.

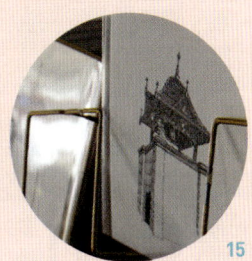

치앙마이 핵심 일정 3일

나 홀로 휴식 충전 5일

다양한 액티비티와 클래스 5일

사랑하는 연인과 낭만 여행 5일

치앙마이 매력 탐구 7일

치앙마이 핵심 일정 3일

확실한 것은 치앙마이 여행은 2박 3일로는 턱없이 부족하다는 것이다. 이 일정은 태국 전역 또는 동남아 여러 나라를 여행하면서 치앙마이에도 잠깐 들러 보는 여행자들을 위한 것이다. 방콕에서 치앙마이로 이동하거나 치앙마이로 입국하여 방콕으로 가는 경우 또는 방콕 장기 여행 중 주말 동안 치앙마이로 놀러 올 경우 참고할 수 있는 일정이다.

올드 시티 & 산티땀

09:00
올드 시티
치앙마이 여행은 타 패 게이트에서 시작된다. 랏차담넌 Rachadamnoen 대로를 따라 서쪽으로 걸어가며 올드 시티의 중심부까지 이동한다. 시간이 꽤 걸리는 거리지만 천천히 걸어가는 것이 좋다. 중간중간 궁금한 곳이 있으면 들어가 구경하고, 작은 골목을 누비고 다니는 것이 올드 시티 여행의 매력이다.

> **TIP.** 토요일이라면 나나 정글, 일요일이라면 찡 짜이 마켓으로 이동해 오전 시간을 보내고 올드 시티로 돌아오는 것을 추천한다. 7시에 문을 여니 일정 변경 없이 앞에 스케줄 하나만 추가하면 된다. 새벽같이 일어나 움직여야 하지만 치앙마이 시내에서 찾아볼 수 없는 분위기의 활기찬 야외 마켓이라 가 볼 만하다.

◐ 도보 11분

10:00
치앙마이의 대표적인 사원
왓 체디 루앙 ➡ 도보 7분 ➡ 삼왕상 ➡ 도보 9분 ➡ 왓 프라 싱
치앙마이의 수많은 사원 중 대표적인 두 곳과 치앙마이 건국 위인들의 상을 보며 도시의 깊고 오랜 역사에 감동받는 시간.

◐ 도보 8분

12:00
🍽️ 티키 카페
누구나 좋아할 맛있는 태국 요리를 집밥처럼 푸짐하게 담아 준다.

◐ 도보 5분

13:00
펀 포레스트 카페
푸른 정원과 흰 맨션으로 이루어진 아름다운 카페에서 커피 한 잔.

◐ 차로 7분

14:00
플립스 앤 플립스 홈메이드 도넛츠
이곳에서 인생 도넛을 만나 보자. 숙소가 산티땀이 아니라면 다시 찾아가기 쉽지 않은 위치이니 하나를 먹어 보고, 후회 없을 정도로 잔뜩 사 오도록 하자!

◐ 차로 6분

14:30 왓 록 몰리
평화롭고 이국적인 분위기가 물씬 풍기는 왓 록 몰리에서 뜨거운 오후 두 시의 태양을 피한다.
⬇ 차로 6분 또는 도보 16분

15:15 그래프 카페
독창적인 메뉴로 유명한 그래프 카페에서 커피 한잔.
⬇ 차로 8분 또는 도보 10분

16:00 파 란나 스파
하루의 피곤을 완전히 씻어 내자. p.279
⬇ 차로 5분 또는 도보 15분 / 스파 차량 이용 가능

18:00 🍽 블루 누들
뜨끈한 고기 국수 한 그릇으로 이른 저녁 식사.
⬇ 차로 5분 또는 도보 15분

19:30 더 노스 게이트 재즈 코옵
재즈와 함께 칵테일이나 맥주 한잔하기 좋다. 수준 높은 재즈 연주에 여행의 낭만이 깊어진다.
⬇ 도보 2분

21:00 창 푸악 야시장
창 푸악 야시장의 '카우보이 아줌마 족발 덮밥'으로 치앙마이의 첫날을 맛있게 마무리한다.

님만해민

07:00 리스트레토에서 커피 한 잔
부지런히 일어나 리스트레토에서 로컬 커피를 마시며 덜 가신 잠을 쫓는다.
⬇ 도보 1분

08:00 🍴 더 라더 카페 앤 바
⬇ 도보 3분

10:00 치앙마이 핫플레이스, 원 님만
핫한 상점과 맛집들이 모여 있는 원 님만으로! 사진 찍기에도 좋은 곳이니 잘 차려입고 인생샷을 남겨 보자.
⬇ 도보 3분

12:00 띵크 파크
수박 빙수로 유명한 돔 카페가 있는 띵크 파크도 돌아보자. 신진 디자이너와 로컬 브랜드가 많다.
⬇ 도보 7분

12:30 🍴 카오 소이 님만
뜨끈한 국물의 카오 소이 한 그릇.
⬇ 도보 3분

13:30 카페 투어
님만해민 코너마다 위치한 소문난 카페들을 차례로 찾아보자. 각자 개성이 넘치는 인테리어와 시그니처 메뉴를 갖추고 있다. 커피가 목적이 아니더라도 잠시 머물렀다 가는 재미가 쏠쏠하다.

⭐ **추천!** 더 래보라토리 호텔 앤 어크로스 더 유니버스 카페, 플라워 플라워 카페, 갤러리 시스케이프 앤 SS1254372 카페 치앙 마이, 로젤라또, 차린 파이, 더 바리스텔 바이 더 바리스트로, 러스틱 앤 블루, 옐로우 크래프츠 카페 p.125~135

TIP. 계속 걸어 다니는 것이 싫고, SNS에서 수없이 보았던 예쁜 4색 커스터드 크림 세트를 꼭 먹어보고 싶다면 카페 탐방 대신 님만해민 다운타운에서 펭귄 게토 가는 길 사이에 위치한 꼬쁘악 꼬담에 오래 머물러도 좋다.

⬇ 도보 10분

16:00 마야 몰
시원한 에어컨 바람도 쐴 겸 치앙마이 최대 규모의 백화점인 마야 몰 구경을 가자.
⬇ 도보 17분 또는 차로 6분

17:00~ 치앙마이 대학교 투어
18:00 앙캐우 저수지에서도 짧지만 여유로운 오후 햇살을 내리쬔다.
⬇ 도보 15분 또는 차로 6분

18:15　**펭귄 게로**
　　　⬇ 도보 1분

18:30　**베어풋 카페**
　　　베어풋 카페에서 간단한 식사.
　　　⬇ 도보 25분 또는 차로 10분

19:00　🍽 **청 도이 로스트 치킨**
　　　베어풋 카페에서 먹은 것은 애피타이저로 생각하자. 치앙마이에서는 하루 다섯 끼는 먹어야 억울하지 않다. 비스트 버거나 더 플라잉 피그에서 고기 메뉴를 선택해도 좋다.

20:00　**더 북스미스와 란 라오 서점**
　　　예술 서적과 기념품으로 살 만한 소품을 구경한다.
　　　⬇ 도보 1분

22:00　**달콤한 야식**
　　　꾸 퓨전 로티 앤 티나 몽 놈소드에서 달콤한 야식으로 낭만해민 먹방의 날 종료!

나이트 바자 & 왓켓

09:30　**타패 게이트에서 출발**
　　　⬇ 차로 26분

10:00　**MAIIAM 현대 미술관**
　　　태국 현대 미술의 현 위치를 가늠할 수 있는 멋진 작품을 감상하자. 카페와 식당, 기념품 상점도 있어 볼 것이 많다.
　　　⬇ 차로 5분 또는 도보 20분

11:30　**보상 우산마을**
　　　치앙마이의 자랑인 알록달록한 핸드 메이드 우산이 있다.
　　　⬇ 차로 10분

12:30　**준준 숍 앤 카페**
　　　깜찍한 컵케이크를 먹고, 느낌 있는 의류와 소품을 구경할 수 있다.
　　　⬇ 차로 5분 또는 도보 20분

13:30　🍽 **미나 라이스 베이스즈 퀴진**
　　　파랗게 물든 밥과 곁들이는 매콤한 일품요리가 맛있는 건강한 점심 식사.
　　　＊ 밥이 내키지 않는다면, 다라 데비 치앙마이 리조트의 애프터눈 티도 좋다. 준준 숍에서 차로는 5분, 도보로는 20분 정도 소요된다.
　　　⬇ 차로 15분

14:45　**조허니**
　　　치앙마이 최고의 수제 아이스크림으로 입가심!
　　　⬇ 차로 4분 또는 도보 13분

15:30 카지에서 음료 한 잔
강변의 카지 카페에서 커피나 과일 주스 한잔.

⬇ 도보 10분

16:15 핑강 뷰 감상
강을 따라 천천히 걸으며 핑강의 뷰를 감상하고, 동화 속 빵집 같은 포레스트 베이크에서 갓 구운 빵을 산다. 넓은 정원 자리가 있어 먹고가도 좋다.

⬇ 도보 4분

17:00 우 카페 아트 갤러리 라이프스타일 숍
꽃들에게 둘러싸여 디저트나 스낵을 먹고 미술품도 구경한다.

> **TIP. 조용한 카페를 원한다면? 어 데이 인 치앙마이 커피 브루**
> 우 카페는 인기가 많아 언제나 왁자지껄하므로, 한적하고 차분한 커피 브레이크를 즐기고 싶다면, 카지에서 바로 어 데이 인 치앙마이 커피 브루로 이동하여, 이곳의 진한 커피를 마시고 갈 것을 추천한다. 단, 16시에 문을 닫기 때문에 앞선 일정과 시간을 잘 고려하여 방문하도록 한다.

⬇ 차로 10분 또는 도보 25분

17:50 아트 인 파라다이스

⬇ 차로 6분 또는 도보 18분

19:30 🍔 록 미 버거
두툼한 패티와 푸짐하게 넣어 주는 속으로 꽉찬 수제 버거 하나면 밤새 나이트 바자를 헤맬 수 있는 체력이 충전된다.

⬇ 도보 10분

20:30 나이트 바자
시장 음식을 맛보고, 쇼핑과 간이 풋 스파도 즐겨 보자. 흥과 에너지가 넘치는 시장은 아무것도 사지 않고 구경하는 것만으로도 충분히 즐겁다. 하지만 품질 좋은 다양한 물건이 있어 분명 무언가를 사게 될 것이다.

나 홀로 휴식 충전 5일

완전한 재충전을 하기에 분명 5일은 충분치 않다. 가고 싶은 곳, 하고 싶은 것이 너무 많아 '이래서 다들 치앙마이 한 달 살기를 하는 거구나' 생각하는 사람이라면 5일 동안 여유로운 여행이 가능한지 궁금할 수도 있다. 치앙마이는 어차피 살면서 한 번만 만날 곳은 아니다. 처음 만나 인사를 나누면서 벌써 두 번째, 세 번째를 기약하게 한다. 한국에서 겹겹이 쌓인 피로를 잔뜩 안고 비행기에서 내렸다면 앞으로의 5일은 욕심을 버리고 오로지 나만 생각하며 달콤한 휴식을 보내는 것이 어떨까?

올드 시티 & 님만해민

08:00 🍴 **꼬쁘악 꼬담**
달콤한 4색 커스터드 크림을 곁들인 빵으로 아침 식사.
⬇ 차로 6분 또는 도보 13분

09:30 **코튼트리**
커피 한 잔과 간단한 디저트를 즐기자. 한적한 위치에 있어 책 한 권 들고 가면 좋다.
⬇ 도보 10분

11:00 **원 님만**
그래프 카페, 바리소텔 바이 더 바리스트로, 통마 스튜디오를 비롯하여 구경할 것, 먹을 것이 너무나 많은 곳이다. 종종 요가 클래스 등 다양한 이벤트가 열리니 홈페이지도 확인해 보자.
⬇ 도보 3분

13:00 🍴 **청 도이 로스트 치킨**
⬇ 도보 3분

14:00 **님만해민의 카페와 예술 서점**
님만해민의 다양한 카페와 인디 예술 서점인 더 북스 미스, 란 라오 서점도 돌아본다.
⬇ 차로 7분 또는 도보 30분

16:15 **부악 하드 공원**
꽃과 나무가 울창한 올드 시티 남서쪽의 부악 하드 공원산책.
⬇ 차로 6분 또는 도보 14분

16:45   **사원 산책**
왓 프라 싱 ➜ 도보 8분 ➜ 왓 체디 루앙
사원의 도시 치앙마이의 정수를 느낄 수 있다.

⬇ 도보 17분

18:00   **위브 아티산 소사이어티**
시끌벅적한 도심을 벗어나 여유롭게 커피 한잔!

⬇ 도보 18분

19:45   🍽 **블루 누들**
살살 녹는 고깃덩어리가 아낌없이 들어간 국수 한 그릇으로 저녁 식사.

⬇ 차로 6분 또는 도보 14분

20:30   **재즈와 함께 하는 저녁. 주말이라면 야시장까지!**
더 노스 게이트 재즈 코옵에서 그루브 넘치는 첫날 밤을 보내고 숙소로 돌아가자. 토요일이나 일요일이라면 재즈 바 전후로 야시장 쇼핑을 추천한다. 타패 게이트 부근의 번화가도 구경하기 좋고, 창 푸악 게이트 앞 카우보이 족발 아주머니가 빠른 손으로 뚝딱 만들어 주는 족발 덮밥 야식도 추천한다.

━━━━ **핑강 & 왓 켓** ━━━━

10:00   **카지에서 커피 한 잔**
커피 한 잔으로 아침 맞이하기. 시간이 지날수록 사람들이 많이 몰리니 오픈 시간에 맞춰 가는 것이 좋다.

⬇ 도보 11분

11:00   🍽 **포레스트 베이크와 키친 허쉬**
포레스트 베이크에서 빵을 사고, 키친 허쉬의 정갈한 일본식 가정식으로 점심을 먹는다.

⬇ 차로 20분

13:00   **MAIIAM 현대 미술관 관람**

⬇ 차로 2분 또는 도보 18분

14:00   **보상 우산마을**
햇빛 아래 페인트를 말리는 색색의 우산들이 셀 수 없이 펼쳐져 있다.

⬇ 차로 10분

15:00 준준 숍 앤 카페
미니 컵케이크도 먹고, 한쪽에서 판매하는 수제 소품도 구경해 보자.
✱ 점심을 일찍 먹어 허기진다면, 준준 숍은 간단히 돌아보고 차로 15분 이동하여 나 니란드 로맨틱 부티크 리조트의 애프터눈 티를 먹는 것도 좋다.

⬇ 차로 15분

19:00 아난타라 치앙마이 리조트
리조트 내 스파에서 피로를 풀고, 식민지 시대풍의 정갈한 레스토랑에서 퓨전 타이로 저녁 식사를 한다. 숙소가 아난타라라면 더욱더 좋다.

⬇ 도보 5분

20:30 핑강의 야경
화려한 조명이 켜진 아이언 브릿지도 걸어 보고, 버스 바에서 하루를 마무리하며 한잔하는 것도 좋다.

고급 호텔에서 휴양

Day 3

10:00 X2 치앙마이 리버사이드 리조트
체크인 후 투숙객 서비스 헤드 스파를 이용한다.

12:00 🍽 옥시전 다이닝 룸
미슐랭 점심 식사. 날씨가 좋다면 강과 정원이 보이는 테라스에 앉아 보자.

14:00 리조트에서 즐기는 여유로운 오후
오존 루프톱 풀과 피트니스 센터, 수영장 등 내부 시설 이용하기.

⬇ 차로 7분 또는 도보 18분

16:00 디자인 리소스 센터 TCDC 치앙마이
창의적인 사고와 디자인을 장려하는 디자인 리소스 센터 TCDC 치앙마이에서 다양한 예술 서적과 멀티미디어 자료를 둘러본다.

⬇ 도보 10분

17:00 호텔 데자티스트 카페의 애프터눈 티
튀긴 빵에 연유를 찍어 먹는 것이 은은한 차와 너무 잘 어울린다. 조용한 정원에서 지저귀는 새들과 늦은 오후를 보내고 핑강을 따라 산책한다. 우 카페 아트 갤러리 라이프스타일 숍이나 포레스트 베이크에 들러 봐도 좋다.

⬇ 차로 3분 또는 도보 13분

19:00 🍴 **데이비즈 키친 앳 909**
서비스 끝판왕 프렌치 레스토랑에서 저녁 식사. 예약은 필수다.
⬇ 차로 3분 또는 도보 13분

21:00 **137 필라스 하우스의 잭 베인스 바**
칵테일이나 위스키로 멋진 밤을 짙은 보라색과 풀색의 가구와 원목 벽의 잭 베인스 바는 고급스럽고 프라이빗한 바 중 하나이다.

― **시간이 멈춘 항동** ―

11:00 **타 패 게이트에서 출발**
⬇ 차로 30분

11:30 **호시하나 빌리지**
늦게까지 푹 자고 일어나 호시하나 빌리지로 이동한다.
⬇ 도보 5분

12:00 **그랜드 캐니언에서 물놀이**
체크인 시간보다 일찍 도착했으면 짐을 맡겨 놓고 그랜드 캐니언에서 물놀이를 하자.
⬇ 차로 5분 또는 도보 15분

13:30 🍴 **푸핀 테라스**
점심 식사 후 높은 지대에서 전망 감상.
＊ 캐니언에서 시간을 더 보내고 싶으면 캐니언 안에 있는 카페와 식당에서 점심 식사를 하면 된다.
⬇ 차로 5분 또는 도보 15분

15:00 **호시하나 빌리지로 복귀**
숙소로 돌아와 수영장에서 하루 중 가장 뜨거운 햇살에 태닝을 한다. 수영이 싫다면 빌리지 안의 스파에서 마사지를 받아도 좋고, 기념품 상점을 구경하며 빌리지 안을 산책하거나, 자전거를 빌려 나가 내키는 대로 동네 구경을 해도 좋다.

18:30 호시하나 빌리지에서 저녁 식사
  ↓ 차로 13분

20:00 반녹 커피 로스터스
계곡에 자리 잡은 카페에서 진한 커피 한 잔이나 칵테일을 마시며 행복한 저녁을 보낸다. 머리 위로는 별이 쏟아지고, 야외 스크린에는 종종 재미있는 영화를 상영한다. 빈 백에 기대어 누워 편히 쉬어도 좋고, 계곡에도 테이블이 설치되어 있어 발을 물에 담그고 커피를 마실 수도 있다.
  ↓ 차로 13분

23:00 호시하나 빌리지로 돌아와 취침

치앙마이 여행 마무리

11:00 호시하나 빌리지에서 체크아웃
  ↓ 차로 30분

11:30 짐 맡기기
치앙마이 시내 숙소에 체크인 또는 공항에 짐을 맡기고 시내로 이동

12:00 🍴 그래프 테이블
그래프 테이블에서 점심 식사 후 도보 2~3분 거리에 있는 바트 커피나 나우 히어 로스트 앤 브루에서 디저트를 즐긴다.
  ↓ 스파 차량 이용

13:30~ 치바 스파
16:30 3시간 이상 긴 코스를 받아 보자. 꼼꼼하고 강한 손으로 누르는 발 마사지로 시작하기 때문에 점심 식사 후 찾아도 충분히 소화된 후 마사지 베드에 눕게 된다. p.281
  ↓ 스파 차량 이용

17:00 자유 시간
치앙마이에서 다시 한 번 가고 싶었던 곳으로 이동해 시간을 보낸다. 아무것도 하지 않고 핑강을 따라 걸으며 해가 지는 것을 바라봐도 좋고, 한국에 돌아가면 문득 그리울 것 같은 맛집에 다시 가봐도 좋다. 미처 못 다한 쇼핑이 있다면 짐을 부치기 전 마지막 지름신을 소환해 보자.

21:00 공항 이동 또는 숙소에서 휴식

Best Course 03

다양한 액티비티와 클래스 5일

치앙마이는 열심히 돌아다니며 사진을 찍고, 맛있는 음식을 먹는 것만으로는 만족하지 않는 활동적인 여행자도 사랑해 마지않을 곳이다. 자연·역사·문화와 함께하며 온몸으로 치앙마이를 느낄 수 있는 특별한 액티비티와 프로그램들이 넘쳐난다. 짜릿한 하루가 끝나면 지치기는커녕 오히려 더욱 활력이 느껴지는 멋진 여행이 될 것이다.

> 쿠킹 클래스, 요가 & 올드 시티, 산티땀, 나이트 바자

Day 1

09:00~ 14:00 아시아 시닉 타이 쿠킹 스쿨
앞치마를 두르고 하루를 시작한다. 치앙마이 지역에서 많이 사용하는 식재료를 밭에서 직접 보고 쓰임새를 익히고, 친절한 선생님과 함께 태국 요리를 만들어 먹는 반나절 동안의 재미난 요리 수업이다. p.285
⬇ 도보 3분

14:00 그래프 카페
차 한 잔을 마시며 배불리 먹은 요리를 소화시킨다.
⬇ 도보 7분

14:40 올드 시티 & 사원
타 패 게이트에서 랏차담넌 Rachadamnoen 대로를 따라 서쪽으로 걸어가며 올드 시티의 중심부까지 이동한다.
왓 체디 루앙 ➡ 도보 7분 ➡ 삼왕상 ➡ 도보 9분 ➡ 왓 프라 싱
⬇ 도보 5분

15:45   **라쿠다 포토 아티산스 앤 카페**

시내 한가운데 있지만 한적한 분위기가 특별한 곳이다. 2분 정도 더 걸어가면 정원 자리가 인기 있는 숲속의 카페인 펀 포레스트 카페도 있다.

🔽 도보 5분

16:40   **왓 록 몰리**

코끼리 두 마리가 지키고 있는 왓 록 몰리 관람.

🔽 차로 10분 또는 도보 30분

18:00   **요가 수업**

바쁜 일정으로 지친 심신을 달랜다. p.287

🔽 차로 7분 또는 도보 15분

19:30   🍽️ **블루 누들**

뜨끈한 고기 국수 한 그릇으로 저녁 식사.

🔽 차로 5분 또는 도보 15분

20:45   **더 노스 게이트 재즈 코옵**

재즈와 함께 칵테일이나 맥주 한잔을 즐긴다. 수준 높은 재즈 연주에 여행의 낭만이 깊어진다.

🔽 도보 2분

21:30   **창 푸악 야시장**

야시장의 다양한 먹거리와 카우보이 아줌마 족발 덮밥으로 출출한 배를 달랜다.

🔽 차로 8분 또는 도보 30분

22:30   **야시장 즐기기**

나이트 바자를 열심히 구경하며 밤의 쇼핑을 즐긴다. 주말이라면 일요일 또는 토요일 야시장을 추천한다.

열기구 & 왓 켓

10:00 MAIIAM 현대 미술관
태국 현대 미술 작품을 감상한다.
⬇ 차로 2분 또는 도보 18분

11:00 보상 우산마을
솜씨 좋은 보상 마을 장인들이 만든 색색의 우산을 볼 수 있다. 다양한 종류의 우산 및 공예품은 구입도 가능하다.
⬇ 차로 10분

12:00 준준 숍 앤 카페
아이 쇼핑 후 미니 컵케이크로 당 충전.
⬇ 차로 4분 또는 도보 18분

13:00 🍽 미나 라이스 베이스즈 퀴진
건강한 점심 식사. 그 옆의 버스 피자도 맛있다.
⬇ (조허니까지) 차로 15분 / (다라 데비 치앙마이 리조트까지) 차로 8분

14:00 조허니 또는 다라 데비 치앙마이 리조트의 제과점
조허니에서 맛있는 수제 아이스크림을 맛보거나 마카롱으로 유명한 다라 데비 치앙마이 리조트 제과점에서 디저트 타임을 갖는다.
⬇ (조허니에서) 차로 8분 / (다라 데비 치앙마이 리조트에서) 차로 15분

14:45 아트 인 파라다이스
재미있는 3D 배경 앞에서 사진을 찍어 보자.
⬇ 차 또는 도보로 이동, 숙소로 돌아와 열기구 픽업 차량 대기

16:00 테더링 벌룬 타일랜드
열기구를 타고 맛있는 야외 피크닉 저녁 식사를 한다. p.283

20:30 숙소로 돌아와 휴식

집라인, 스파 & 왓켓

06:30~ 13:00	**집라인 - 플라이트 오브 더 깁본** 매캄퐁의 신선한 공기를 마시면서 줄에 매달려 신나는 액티비티를 즐기는 날이다. p.284 ⬇ 집라인 업체 차량 이용
13:30	**숙소로 복귀 후 점심 식사** 숙소로 돌아와 샤워를 하고, 숙소 주변에서 점심 식사를 한다. ⬇ 스파 차량 이용
14:30	**파 란나 스파** 충분히 휴식을 취하다 스파로 이동해 하루의 피곤을 완전히 씻어 내자. 파란나의 전통 란나식 스파 프로그램을 추천한다. p.279 ⬇ 스파 차량 이용
16:00	**포레스트 베이크 방문 후 산책** 먹기 아까울 정도로 예쁜 케이크와 빵을 파는 포레스트 베이크에 들렀다가 강을 따라 산책한다. ⬇ 도보 5분
17:30	**우 카페 아트 갤러리 라이프스타일 숍** 꽃과 미술품으로 가득한 카페에서 차를 마시며 여유로운 시간을 보내자. ⬇ 도보 5분
19:00	🍴 **데크 원** 핑강의 야경을 감상하며 저녁 식사를 한다.

> **TIP.** 집라인은 체력 소모가 꽤 많으니 하루를 일찍 마무리하고 쉬도록 한다. 아니면 점심 식사 후에 바로 포레스트 베이크로 이동하고, 마지막 일정을 스파로 해도 좋다. 세 시간 이상의 긴 프로그램을 선택해서 모든 근육을 풀어 줄 수 있을 것이다.

도시 외곽 주말 시장 & 님만해민

06:00~ 09:00	**주말 시장** 토요일이라면 나나 정글, 일요일이라면 찡 짜이 마켓이다. 주말에는 치앙마이 시내 못지않게 외곽이 시끌시끌한 이유가 바로 이 두 시장 때문이다. 쇼핑을 하지 않더라도 구경할 것이 많아 시내를 걸어만 다녀도 재미있다. 아침 해가 뜰 때 일어나 부지런히 다녀오자. 하루가 아주 길어진다. ＊ 가능하면 다음 일정을 진행하기 전에 숙소에 들러 산 것들을 놓고 다시 나오자. ⬇ (나나 정글에서) 차로 13분 / (찡 짜이 마켓에서) 차로 18분

10:00   **치앙마이 대학교 투어**
앙 캐우 저수지에서도 잠시 내려 선선한 호숫가 바람을 쐰다.

⬇ 차로 7분 또는 도보 18분

12:00   **카페에서 휴식**
더 반 이터리 앤 디자인이나 말레드 커피 로스터스, 파인드 커피 또는 옐로우 크래프츠 커피에서 잠깐의 휴식 시간을 갖는다.

⬇ 차로 4분 또는 도보 13분

13:30   🍴 **비스트 버거**
비스트 버거에서 점심 식사 후 님만해민의 촘촘한 골목들을 누비며 카페 투어로 오후를 보낸다.

★추천! 플라워 플라워 카페, 더 래보라토리 호텔 앤 어크로스 더 유니버스 카페, 리스트레토, 갤러리 시스케이프 앤 SS1254372 카페 치앙마이, 로젤라또, 차린 파이, 더 바리소텔 바이 더 바리스트로, 러스틱 앤 블루 p.125~135

⬇ 도보 5~10분

15:30   **더 북스미스와 란 라오 서점**
한국으로 가져가기엔 무게가 꽤 나가지만 소장 욕구를 자극하는 두꺼운 표지의 예술 서적을 구경한다.

⬇ 도보 2분

16:00   **원 님만**
＊ 최근에 오픈하여 치앙마이에서 트렌드를 가장 빠르게 읽는 대형 쇼핑몰 원 님만을 돌아본다.
＊ 로컬 브랜드가 많은 길 건너편의 띵크 파크와 IT 기기점, 휴대폰 액세서리와 심 카드 등 실용적인 물건들도 판매하는 마야 몰도 추천하는 백화점이다.

⬇ 차로 8분 또는 도보 22분

18:00   🍴 **펭귄 게토 또는 베어풋 카페**
펭귄 게토나 베어풋 카페에서 차분한 분위기의 식사를 하거나 뜨끈한 국물이 땡긴다면 도보로 5분 정도 더 이동하여 님만해민의 핫플레이스인 카오 소이 님만에서 국수로 저녁을 먹는다.

⬇ 차로 10분 또는 도보 25분

20:00   **음악과 함께 술 한잔하기**
🍷 비어 랩, 반 딘 칵테일 바 앤 모어, 조이 인 옐로우
비어 랩도 좋고, 올드 시티로 넘어가 반 딘 칵테일 바 앤 모어나 조이 인 옐로우에서 음악을 즐기며 술잔을 기울이자.

스쿠터 라이딩 & 반 캉 왓

★ 하루 동안 스쿠터를 빌려 이동한다.

09:00 🍴 **피차논 카페 또는 대디스 앤티크 카페 앤 레스토랑**
두 곳은 각각 모던하고 빈티지한 분위기가 있어 치앙마이에서의 마지막 아침을 시작하기에 안성맞춤이다.

⬇ 차로 10분

10:00 **라자프루엑 국립 공원**
웅장한 파빌리온과 여러 가지 테마의 아름다운 정원들을 둘러보고, 지버리시 홈메이드 자카 숍에도 들러 아이 쇼핑을 한다.

⬇ 차로 10분

12:30 🍴 **카오마오 카오팡**
인공 폭포가 세차게 쏟아지는 정글 속의 태국 음식점이다. 엄청난 규모지만 서비스가 빠르고 무엇보다 음식 맛이 좋다. 메뉴가 아주 다양한데, 혼자 갔을 경우 다양한 음식을 맛보지 못하는 아쉬움이 있다.

⬇ 차로 11분

14:00 **데이 오프 데이**
수공예품과 소품 상점을 구경하고, 목이 마르면 커피도 마시자.
＊ 숙소가 이너프 포 라이프일 경우 가장 더운 시간을 피해 잠시 방에서 쉬다 다시 나가도 좋겠다.

⬇ 차로 2분 또는 도보 6분

14:30 **반 캉 왓**
맛있는 것도, 멋있는 것도 많다. 독특한 구조의 카페나 식당이 많아 자리를 잘 잡으면 사람이 아주 많아도 혼자만의 시간을 가질 수 있다.

⬇ 차로 4분 또는 도보 15분

17:00 **페이퍼 스푼**
여러 상점과 카페가 모여 있는 말라이 공동체 소속인 페이퍼 스푼에서 차를 마시자. 스쿠터를 세워 놓고, 먼지를 막느라 썼던 마스크도 시원하게 벗고 두 다리를 쭉 뻗어 보자.

⬇ 차로 1분 또는 도보 7분

17:30 **왓 우몽 동굴 사원**
풀 냄새와 흙냄새로 가득한 이 동네에서 왓 우몽 동굴 사원은 빼놓을 수 없는 곳이다.

⬇ 차로 7분

18:30 🍴 **몰 어바웃 카페 빠이**
저녁 식사 후 진한 커피도 한 잔!

19:30 **숙소 복귀**
치앙마이 시내로 다시 라이딩하여 스쿠터 반납 후 숙소로.

TIP. 슬로우 핸즈 스튜디오
손으로 직접 도자기를 빚어 보는 것도 재미있다. 많은 인원을 수용할 수 없어 스튜디오에 미리 연락해 일정 조율을 해야 한다. 반 캉 왓에서 차로 3분, 도보로 12분 정도 소요된다. p.288

사랑하는 연인과 낭만 여행 5일

치앙마이는 혼자서도, 친구나 연인과 함께해도, 가족 여행으로도 좋은 여행지다. 그래서 치앙마이의 여행자들은 특정 나이나 성별에 국한되지 않는다. 세계 각지에서 저마다의 이유로 이곳을 찾은 각양각색의 사람들로 가득하다. 사랑하는 사람들과 함께 소탈하면서도 여행 트렌드를 선도하는 매력적인 치앙마이의 낭만적인 장소들을 찾아가 보자.

처음 만나는 치앙마이

09:00 올드 시티
타 패 게이트에서 치앙마이 구경을 시작한다. 와로롯 시장, 솜 펫 시장 등 문 밖의 나이트 바자 일대의 오전 시장들을 돌아보며 현지인들의 생활상을 엿본다. 나이트 바자가 열리면 완전히 다른 모습으로 바뀌는 동네라, 이 일대의 오전을 돌아보는 것도 좋다.
▼ 차로 6분 또는 도보 22분

10:30 모닝커피
어 데이 인 치앙마이 커피 브루 또는 리브 어 데이
▼ 도보 5분

11:30 아트 인 파라다이스
오래 간직할 추억을 만들어 보자. 다양한 3D 배경 앞에서 포즈를 잡고 열심히 사진 촬영을 하는 재미있는 전시를 관람한다.
▼ 차로 7분

13:00 애프터눈 티
137 필라스 하우스에서 태국 전통 요리와 영국식 티의 균형을 아주 잘 잡은 퓨전 티 메뉴를 즐긴다. 고급 부티크 호텔의 인테리어도 훌륭하다. p.274
▼ 차로 10분

15:00 **올드 시티와 사원**
올드 시티를 상하로 나누는 랏차담넌 대로를 따라 걸으며 삼왕상과 왓 체디 루앙을 방문하여 치앙마이의 역사와 란나 문화를 살펴 본다.

⬇ 차로 6분 또는 도보 14분

16:00 **부악 하드 공원 산책**
연못을 가로지르는 작은 다리와 원색의 꽃들이 만발한 부악 하드 공원을 산책한다.

⬇ 차로 3분 또는 도보 10분

16:45 **왓 프라 싱**
화려하고 웅장한 왓 프라 싱은 올드 시티를 대표하는 랜드마크이다.

⬇ 도보 5분

17:30 **라쿠다 포토 아티산스 앤 카페**
햇빛이 내리쬐면 잔잔한 분위기가 더 빛을 발한다. 소파 자리도, 창가 테이블 자리도, 카메라 스튜디오 쪽의 어두운 공간도 모두 좋다.

⬇ 도보 11분

18:15 🍽 **블루 누들**
고기 국수 한 그릇을 먹어 보자. 맛집 천국인 치앙마이에서 저녁 식사는 한 끼로는 부족하다.

⬇ 도보 8분

19:00 **쿤 캐 주스 앤 스무디 바**
신선한 계절 과일을 갈아 만드는 건강한 디저트로 입가심을 한다.

⬇ 도보 10분

19:45 **더 노스 게이트 재즈 코옵**
흥 오르는 재즈 선율과 함께 밤이 깊어 간다.

22:00 **숙소로 돌아와 휴식**

분위기 갑의 스폿들

10:00 **아티스틱 랩**
독특한 커피 메뉴 중 하나를 골라 주문하고, 화장품 상점도 구경한다.

⬇ 도보 5분

11:00 **치앙마이 국립 박물관**
여행지에 대해 조금 더 깊이 알아보자. 사람이 많지 않아 언제나 여유롭게 관람할 수 있다.

⬇ 도보 10분

12:00 왓 쳇 욧
란나 건축물인 왓 쳇 욧을 거닐어 보자. 치앙마이 여느 사원들과는 또 다른 독특한 분위기가 인상적이다.
⬇ 도보 10분

12:30 옴니아 카페 앤 로스터리
커피 향으로 가득한 카페에서 커피를 마신다.
⬇ 차로 6분 또는 도보 23분

13:30 🍽 꼬쁘악 꼬담
베트남 국수와 달콤한 4색 커스터드 크림을 곁들인 빵으로 점심 식사.
⬇ 차로 7분 또는 도보 15분

15:00 치앙마이 대학교 투어
귀여운 셔틀을 타고 천천히 캠퍼스를 돌아보는데, 연인들에게 추천하는 곳은 중간에 잠깐 내릴 수 있는 앙 캐우 저수지다. 맑은 날에는 특히 사진이 예쁘게 잘 나온다.
⬇ 차로 10분

16:30 플립스 앤 플립스 홈메이드 도넛츠
출출할 때 꺼내 먹을 도넛 한 봉지 골라 사기.
⬇ 차로 3분 또는 도보 10분

17:00 치바 스파
커플 스파 받기. 온몸이 녹아내리는 듯한 극진한 스파를 받고 나와 개운하게 저녁을 먹으러 가자. p.281
⬇ 스파 차량 이용 또는 차로 10분

19:00 🍽 데이비즈 키친 앳 909
로맨틱한 저녁 식사. 라이브 피아노 연주를 좋아한다면 피아노 가까이에 있는 테이블을 부탁한다.
⬇ 차로 5분

20:30 데크 원
핑강의 야경을 감상하며 칵테일을 마신다. 야외 테라스 자리에 앉는다면 모기 스프레이도 가져다 달라고 요청하자.

22:00 숙소로 돌아와 휴식

반캉왓

08:00 아침 식사 후 여유 있게 체크아웃
수영장이나 피트니스 센터를 이용하고 시원한 에어컨 바람 아래 테라스에서 시간에 쫓기지 않고 실컷 수다를 떨며 여유로운 오전 시간을 보낸다.
⬇ 타 패 게이트에서 차로 18분

12:00 이너프 포 라이프에서 체크인
데이 오프 데이 상점을 구경한다.
⬇ 차로 6분 또는 도보 22분

13:00 🍴 몰 어바웃 커피 빠이
간단히 점심 식사를 하고, 진하고 고소한 커피도 한 잔 마신다.
⬇ 차로 7분

14:00 대디스 앤티크 카페 앤 레스토랑
앤티크 상점 같은 이곳에서 달콤한 디저트를 먹는다. 공간이 꽤 크고 모든 자리가 주인이 평생 모은 앤티크 소품과 가구로 정성껏 꾸며져 있어 사진 촬영 배경으로 완벽하다.
⬇ 차로 10분

15:00 라자프루엑 국립 공원
웅장한 파빌리온과 여러 가지 테마의 아름다운 정원들을 둘러보고, 지버리시 홈메이드 쟈카 숍에도 들러 구경을 한다.
⬇ 차로 10분

17:00 카페 반녹 커피 로스터리
산발치 공터에 위치한 카페에서 흐르는 계곡물에 발을 담그고 시원한 음료로 목을 축인다. 넓은 공간을 독특하게 구분해 놓아 이 카페 안에서 여러 번 자리를 옮기며 긴 시간을 보내고 싶을 것이다.
⬇ 차로 11분

19:30 🍴 카오마오 카오팡
반캉 왓에는 식당이 그리 많은 편은 아니라, 이왕 차를 타고 나왔다면 카오마오 카오팡에서 태국 요리를 배불리 먹고 들어가자. 자리가 굉장히 넓고 시내와 떨어져 있어도 언제나 만석일 정도로 인기가 많은 소문난 맛집이다.

21:00 숙소로 돌아와 휴식

님만해민

Day 4

09:00 아침 식사
일어나서 이너프 포 라이프 주인 내외가 정성껏 마련해 배달해 주는 아침 도시락을 먹는다. 간단하지만 상큼한 과일이 기분 좋은 아침을 만들어 주고, 나름 든든하게 배를 채워 준다.
⬇ 도보 6분

11:00 반 캉 왓
체크아웃 전에 반 캉 왓 예술 공동체 마을을 구경하고 오자. 갤러리와 상점, 스튜디오와 작은 밭, 카페와 식당 등 창의성이 번뜩이는 다양한 공간들이 한곳에 모여 있다.
⬇ 도보로 6분 이동 후 차로 이동 (수언 독 게이트까지 15분)

13:00 체크아웃 후 치앙마이 시내 숙소로 이동, 체크인

13:30 님만해민 카페 투어, 원 님만 구경
님만해민은 걸어서 전부 돌아볼 수 있을 정도 크기의 동네인데, 골목마다 꼭 가보라고 추천하는 카페가 한두 개씩은 있어서 몇 걸음 걷고 카페에 들어가고, 나와서 몇 걸음 못 가 또 카페에 들어가게 된다. 갤러리나 베이커리 등 커피 외에 뚜렷한 콘셉트로 알려진 곳들도 많아 카페인에 취약한 여행자라도 신나게 돌아볼 수 있다.

★**추천!** 브런치로 유명한 더 라더 카페 앤 바, 스페셜티 커피 전문점 리스트레토, 장미꽃 모양으로 젤라또를 담아 주는 로젤라또, 괴짜 과학자의 실험실 콘셉트로 꾸며 놓은 더 래보라토리 호텔 앤 어크로스 더 유니버스 카페 등 p.125~135

⬇ 도보 5분

18:00 🍽 카오 소이 님만 또는 청 도이 로스트 키친
종일 커피 잔을 홀짝였다고 배가 고프지 않은 것은 아니다. 뜨끈한 국물이 땡긴다면 카오 소이 님만에서, 바삭한 치킨이 먹고 싶다면 청 도이 로스트 치킨에서 저녁 식사를 한다.

20:00 숙소로 돌아와 휴식

짜릿한 하루

06:30~ **집라인 타기**
13:00 치앙마이에서 차로 1시간 떨어져 있는 매캄퐁으로 이동하여 깨끗한 공기를 마시고 바람을 가르며 즐기는 하루다. p.284

⬇ 집라인 업체 차량 이용

13:30 **숙소로 돌아와 샤워**

15:00 🍽 **호텔 데자티스트의 식당 또는 우 카페 아트 갤러리 라이프 스타일 숍**

⬇ 도보 5분

16:30 **포레스트 베이크**
꽃송이들 사이에 자리를 잡고 앉은 타르트와 케이크를 골라 담는다. 정교하게 만든 빵이 망가질 걱정이 된다면, 점심이 양에 차지 않았다면 출출하다면 포레스트 베이크 정원 테이블 자리에서 먹고 가도 좋다.

⬇ 차로 5분 또는 도보 15분

19:00 **나이트 바자**
치앙마이의 다른 시장들에 비해 가격대는 조금 높지만 볼거리가 아주 많아 구경하는 재미가 있다. 쭉 뻗은 도로 양옆으로 장이 서기 때문에 점포나 물건을 찾기도 쉽다.

21:00 **숙소로 돌아와 휴식**

치앙마이 매력 탐구 7일

혼자 떠나온 여행자를 위한 5일, 쉬지 않고 움직이는 활동적인 여행자를 위한 5일 또는 사랑하는 연인들을 위한 5일에 이틀을 추가한 일정이다. 앞서 소개한 세 종류의 5일 일정 중 여행자의 취향과 타입에 따라 하나를 선택하고, 나머지 2일은 근교 여행으로 채우는 것이다.

도이 수텝 & 도이 뿌이 또는 도이 인타논 일일 투어

08:00 일일 투어 시작

수텝과 인타논은 비슷해 보이지만 전혀 다른 시간을 선사하는 일일 여행지다. 두 곳 모두 고산족 마을을 방문하는데, 수텝 투어에서 찾는 마을이 좀 더 관광지화되어 물건을 판매하는 사람도 많고, 머무는 시간도 더 길다.

* **수텝**은 황금빛 사원이 주 목적으로, 한참을 걸어야 한 바퀴를 겨우 돌 수 있는 왓 프라 탓 도이 수텝에 초점이 맞춰져 있다.
* **도이 인타논 국립 공원** 투어는 장엄한 자연미를 느낄 수 있다. 이름 모를 꽃들이 지천으로 피어 있는 아름다운 정원과 왕과 왕비의 커다란 파고다를 구경한다.

16:00~ 치앙마이 시내로 복귀
18:00

픽업 차량이 숙소에 내려주면 씻고 조금 쉰 다음에 시내로 나가 저녁 식사를 하고, 나이트 바자 또는 스파에서 시간을 보내는 것을 추천한다.

> **TIP. 시내 일정을 추가하고 싶다면?**
> 치앙마이 시내 일정 중 아쉬움이 남는 곳이 있다거나 예정에 없었던 축제나 이벤트에 참여하고 싶다면, 도이 수텝과 도이 인타논을 자유 여행으로 다녀오자. 투어 업체를 이용하지 않고 자유 여행으로 둘러본 뒤 시내 여행에 더 많은 시간을 할애하면 된다.

매림

09:00 타 패 게이트 출발
　　　⬇ 차로 55분

10:00 몬 쨈
산의 맑은 공기를 가슴 깊이 들이마시고, 티끌 하나 없는 하늘과 가까운 높은 언덕에서 일대의 전망을 천천히 눈에 담는다.
　　　⬇ 차로 23분

11:15 시리킷 여왕 정원
몬 쨈에서 맑아진 기분을 이어 가자.
　　　⬇ 차로 19분

12:00 🍽 **통마 스튜디오 앤 더 아이언우드**
예쁜 곳이라는 소문이 많이 나서 요즘은 매림 맛집보다도 대규모 야외 포토 스튜디오로 알고 찾아오는 사람들이 더 많다. 붐빌 때는 매림답지 않지만 운 좋게 한적한 시간에 찾으면 계속 머무르고 싶은 매력 넘치는 공간이다.

⬇ 차로 10분

13:30 **엘리펀트 푸푸페이퍼 파크**
유쾌하고 친환경적인 이곳에서 코끼리 똥과 친해져 보자. 냄새는 전혀 나지 않으니 코를 쥐어 막을 필요는 없다.

⬇ (아카 아마까지) 차로 11분, (아우사까지) 차로 4분

15:00 **아카 아마 리빙 팩토리 또는 아우사 카페**
아카 아마는 품질 좋은 커피로 유명하고, 아우사는 젊은 주인이 소소하게 꾸려 가는 작은 동네 카페다. 상반된 매력의 두 카페 모두 매림에서 애정하여 마지않는 곳들이다.

⬇ (아카 아마에서) 차로 13분, (아우사에서) 차로 6분

17:00 🍽 **바 바 블랙 카페 또는 마이 사이공**
치앙마이로 돌아가기 전 이른 저녁 식사를 한다.

⬇ 차로 30분

> **TIP.** 매림에서 1박을 한다면, 라나 타이 빌라 또는 포 시즌스
> 숙소를 잡고 1박을 하는 것도 좋다. 부대 시설이 많고 호텔 자체에 구경할 것들이 많아 늦은 오후부터 다음 날 체크아웃 시간까지 충분히 다채롭고 즐거운 시간을 보낼 수 있다.

19:00 **바 호핑 혹은 야시장 구경**
🍷 조이 인 옐로우 / 반 딘 칵테일 바 앤 모어 / 더 노스 게이트 재즈 코옵
치앙마이 시내로 돌아와 바 호핑을 해도 좋고, 주말이라면 야시장 구경을 추천한다.

> **TIP.** 치앙마이 근교에 가고 싶다면
> 당일치기로는 부족한 근교 지역에 가고 싶다면 2박 3일 정도 시간을 내 다녀오는 것이 좋다. 한국으로 돌아가는 비행편 출발 시간을 고려해서 근교 지역~치앙마이~공항으로 이동하는 교통편을 잘 알아보고 일정을 짜도록 한다. 시간을 투자해 다녀올 만한 근교 여행지 세 곳을 소개한다.
>
> **빠이** 이동 시간이 워낙 길고 길이 고생스러워 1박 2일은 너무 짧다. 게다가 치앙마이 근교 지역 중 가장 인기 있는 곳이므로 이곳에서 보내는 3일이 아깝지 않다.
>
> **치앙다오** 작은 동네에 랜드마크도 하나 없지만 맑은 공기와 별이 흩뿌려진 밤하늘, 맛있는 딸기밭으로 둘러싸여 있다. 도시의 소음에서 벗어나고 싶은 여행자를 위한 곳이기에 며칠 묵으며 밤을 보내는 일정을 추천한다.
>
> **치앙라이** 치앙마이 못지않게 볼거리, 즐길거리가 많은 관광 명소. 3일을 투자할 가치가 있다.

치앙마이

올드 시티
님만해민
나이트 바자 & 핑강
산티땀 & 창 푸악
왓 켓
왓 우몽 & 반 캉 왓

치앙마이 가는 길

✈ 항공

대한항공과 제주항공에서 인천과 치앙마이 직항편을 매일 운항한다. 그 외에도 중국국제항공사, 타이항공, 중국남방항공, 케세이퍼시픽 등의 외항사들이 1회 경유하여 인천~치앙마이 간을 운항한다. 방콕으로 입국하여 국내선을 타고 치앙마이로 가는 여행자도 많은데, 방콕~치앙마이는 에어아시아 AirAsia, 비엣젯 Vietjet Air, 녹 에어 Nok Air, 타이항공 Thai Airways, 방콕항공 Bangkok Airways 등 하루에 50여 편이 있고, 어느 시간대에도 쉽게 직항편을 찾아볼 수 있다. 항공편에 따라 40~80분이 소요된다. 국제선, 국내선 터미널이 따로 있지 않지만 국내선 출발 게이트가 따로 있어 'Domestic Departures' 표시를 찾아가도록 한다.

타이항공 등 경유편을 타면 방콕에서 비행기를 갈아타야 하는데 입국 수속은 하지 않고 비행기만 갈아타면 된다. 이후 치앙마이에 도착해서 입국 수속을 한다. 다른 항공사에 비해 타이항공은 몇 가지 장점이 있는데, 게이트를 3시간 10분 전에 오픈하고 수하물은 30kg까지 허용한다는 점이다. 또한 인천 공항일 경우 셔틀 트레인을 타고 탑승동으로 이동하지 않아도 되고, 기내식을 제공한다는 점 역시 좋다.

직항편 운항 정보

항공사	운항 시간	운항 횟수	소요 시간	홈페이지
대한항공	인천 출발 18:20 치앙마이 도착 22:05	매일 1회	5시간 45분	kr.koreanair.com
제주항공	인천 출발 15:00 치앙마이 도착 18:35	매주 5~7회	5시간 35분	jejuair.net

치앙마이 국제공항 Chiang Mai International Airport ท่าอากาศยานเชียงใหม่

태국 북부 여행객들을 열심히 실어 나르는, 태국에서 네 번째로 바쁜 공항이다. 태국 공군 소유로 타이 에어아시아 Thai AirAsia의 두 번째 허브 공항 역할도 겸하고 있다. 2014년 보수 공사 이후 24시간 개방하여 운영한다. 좌석 등급에 관계없이 국내와 국제 터미널에 각 1개씩 있는 라운지는 출입증을 구입하여 이용 가능하다. 국제선 터미널 라운지에는 샤워 시설이 있다.

위치 60 Mahidol Road, 50200 **공항코드** CNX

공항에서 시내로

공항에 도착하면 수많은 택시 회사들의 사무소가 여행자를 기다리고 있는데, 아무래도 같은 곳에서 영업을 하다 보니 가격은 담합하여 대부분 150밧을 부른다. 그랩 어플을 이용해 택시를 부르거나 최근에 생긴 RTC 스마트 버스를 이용해도 된다.

치앙마이 기차역

🚆 기차

치앙마이 기차역 Chiang Mai Railway Station
สถานีรถไฟเชียงใหม่

핑강 동쪽 왓 켓 지역에 자리한 1등급 역사. 1922년 설립되어 람푼~치앙마이 선으로 운행을 시작하였음. 방콕~치앙마이 노선을 주로 운행하며 나콘 핑 Nakhon Phing과 나콘 사완 Nakhon Sawan 발착 열차도 치앙마이 기차역을 지난다. 역 부근은 크게 상업화되어 있지 않지만 역내에 간단히 커피나 식사를 할 수 있는 곳이 있고, 기차역 근처로 툭툭과 택시는 언제나 많다.

위치 Charoen Muang Road의 골목 Rotfai Alley, 50000
SRT 코드 CGM
예약 홈페이지 thairailwayticket.com, railway.co.th

🚌 버스

치앙마이에는 치앙마이 버스 터미널 1 (창 푸악 버스 터미널), 치앙마이 버스 터미널 2 (아케이드 버스 터미널), 치앙마이 버스 터미널 3으로 총 3개의 버스 터미널이 있다. 방콕을 비롯해 수코타이, 아유타야, 매홍손, 치앙라이 등 대부분의 도시는 치앙마이 버스 터미널 2인 아케이드 버스 터미널로 연결된다.

🚌 버스 터미널 1 Chiang Mai Bus Terminal 1
สถานีขนส่งผู้โดยสารจังหวัดเชียงใหม่แห่งที่ 1
창 푸악 버스 터미널 Chang Phueak Bus Terminal

위치 Sanam Kela Road, 50200
주요 이용 노선 트라톤, 팡

🚌 버스 터미널 2 Chiang Mai Bus Terminal 2
สถานีขนส่งเชียงใหม่ อาเขต
아케이드 버스 터미널 Arcade Bus Terminal

위치 165 Soi 5 Kaeonawarat Road, 50000, 나와랏 다리 건너 도보로 25분
주요 이용 노선 방콕, 치앙라이, 람팡, 매홍손, 수린, 우돈타이 등

🚌 버스 터미널 3 Chiang Mai Bus Terminal 3

위치 터미널 2 길 건너에 터미널 3이 있다.
주요 이용 노선 방콕, 빠이

창 푸악 버스 터미널

치앙마이 시내 교통

🚌 RTC 스마트 버스

그동안 여행객들의 아쉬움으로 남았던 대중교통의 부재를 해결하기 위해 교통 전문가들이 RTC 스마트 버스를 운행하기로 결정했다. 돈 무앙 공항과 수완나품 공항을 연결하는 버스로 이미 많은 사랑을 받고 있는 RTC 버스는 치앙마이 국제공항과 시내를 오간다. 공항에서 지역별 노선을 확인하고 탑승하자. 님만을 지나 타패로 가는 것은 R3 빨간선, 남문쪽 우아 라이를 지나 타패로 가는 것은 R3 노란선이다. 모든 차량에는 에어컨과 무료 와이파이가 장착되어 있고, 장애인·노약자 좌석이 따로 마련되어 있다. 공항에서 선불 카드를 구입하여 사용하거나 탑승할 때마다 현금 30밧을 지불해도 된다. 실시간 버스 운행 상태는 휴대폰 앱 Viabus과 온라인 rtccitybus.com 에서 확인할 수 있다.

전화 +66 52 060 001 가격 30밧
운행 시간 06:00~23:00 (약 20분 배차 간격)
홈페이지 facebook.com/rtccmcitybus

🚌 래빗카드 Rabbit Card

태국의 교통카드로 일반, 학생, 시니어권과 여행자 패스로 나뉜다. 치앙마이에서는 RTC 시내 버스를 탑승할 때 사용하며, 방콕과 푸켓 등 타 지역에서도 쓸 수 있다. 100바트 단위로 최대 4,000바트까지 충전이 가능하다. 패밀리마트 편의점이나 맥도날드 등 제휴처에서 현금처럼 사용할 수도 있는데, 홈페이지에서 사용처를 확인할 수 있다. 치앙마이에서는 공항, 보증금 반납 및 환불이 유일하게 가능한 님만해민의 공식 사무소, 또는 버스에 탑승하여 구입할 수 있으며 클룩Klook 등으로도 판매하여 한국에서 미리 사는 것도 가능하다.

님만해민 사무소(RTC Ofiice City Bus Center)주소
Nimmana Haeminda Rd Soi 6, Chiang Mai 50200

🛵 자전거, 오토바이

시내 이동은 자전거, 근교 이동은 오토바이가 효율적이다. 시내 곳곳에 렌트 업체가 있으므로 숙소에 물어보면 가장 가까운 곳을 알려줄 것이다. 대여 시 여권이나 1,000밧 정도의 보증금을 맡겼다가 반납할 때 돌려받는다. 보험이 포함된 것인지 꼭 확인하자. 하루 대여하는 데 보통 자전거는 50밧, 스쿠터·오토바이는 150밧부터.

> **Tip 치앙마이 운전 팁**
> * 태국은 우리나라와 반대 방향으로 운전하여, 운전석이 오른쪽에 있다.
> * 스쿠터·오토바이는 노선과 관계없이 달린다. 오히려 노선에 서서 길을 막으면 자동차들이 경적을 울릴 수도 있다. 차가 막혀도 언제나 길 왼편에는 스쿠터·오토바이 전용 공간을 따로 만들어 두는 것이 보통이라 막힘없이 달릴 수 있다.
> * 올드 시티를 둘러싼 해자는 일방통행으로만 움직여서 방향을 바꾸고 싶으면 골목으로 빠져 차를 돌려 나오는 것이 좋다.
> * 주차는 대부분 무료이지만 숙소에 주차를 하는 경우 미리 요금을 확인하자.
> * 썽태우는 길 어디에서든 정차할 수 있어 뒤에 바짝 붙어서 운전하지 않는 것이 좋다.

🚗 렌터카

공항에서 빌리는 것이 가장 편리하다. 소형차 1일 렌트는 1,500~2,000밧 정도이며 1주일 이상 장기 렌트를 하면 가격을 깎아 준다. 스쿠터·오토바이와 마찬가지로 보험을 꼼꼼히 확인하고 빌리도록 한다.

🚕 택시

택시가 많지 않고 가격도 천차만별이라 위치를 표시하여 픽업하고 내려 주는 그랩 어플을 이용하는 편이 좋다. 출발, 도착 지점을 찍으면 예상 소요 시

간과 요금을 미리 확인할 수 있어 말이 통하지 않아도 큰 어려움 없다. 우리나라 택시 어플처럼 부르면 바로 잡히는 것이 아니라 드라이버가 OK하기까지 시간이 걸린다. 또한 여러 번 요청해도 이동하는 장소가 외진 곳이거나 너무 이른 시간, 혹은 너무 늦은 시간에 부를 경우 잡히지 않을 수 있으니 참고하자.

🚙 툭툭 Tuk Tuk

Tuk(싸다)라는 이름을 가졌으면서도 사실 썽태우와 요금 차이가 거의 없거나 더 비싸다. 1인 이상 탑승하는 경우 전체 가격을 합의하고 나서 도착 후 1인 가격이라 할 수도 있으니 정확하게 흥정하고 탑승하는 것이 낫다. 보통 치앙마이 주요 지역 안에서 이동하는 경우 50~100밧부터 부르는 편이다.

🚙 썽태우 Song Taew

툭툭과 함께 태국을 대표하는 교통수단 썽태우는 작은 트럭 형태의 차 뒤편에 여러 명이 나란히 앉을 수 있는 의자 두 줄을 놓은 것으로, 이름의

'Song(둘), Taew(줄)'이라는 뜻이다. 현재 약 2천 4백개 남짓한 치앙마이의 썽태우는 원래 운행 구간에 따라 흰색, 파란색, 녹색 등으로 칠해 구분했었는데, 요즘은 모두 빨간색이고 요금도 올드 시티 안에서는 30밧으로 정찰제다. 치앙마이 링 로드 2 안에서만 운행이 가능하고, 1인당 30밧 이상 청구하는 것은 금지되었으며 대절할 경우 200밧 이상을 부를 수 없고 대절 중에는 다른 손님과 합승할 수 없다. 가격과 함께 운전자 검증 규정 역시 바뀌었다. 모든 썽태우 운전자는 운전 시험을 치르고 교육을 필수로 받아야 하며, 합격자는 운전자 프로필, 금액, 노선이 포함된 QR코드와 온라인 계정을 발부 받아 더욱 안전한 썽태우를 탈 수 있게 되었다. QR코드를 스캔하여 운전자 서비스에 대한 의견도 남길 수 있게 되었다.

썽태우에 대해 꼭 알아야 할 것들

올드 시티 안에서는 무조건 30밧.
흥정하기에 따라 가격이 천차만별이었는데, 치앙마이 시에서 요금을 정찰제로 정해 놓아 이제는 편하게 30밧을 내고 올드 시티 안을 누빌 수 있다. 하지만 치앙마이의 많은 명소들이 올드 시티 밖에 있어 여전히 요금을 흥정해야 할 때가 많다. 밤이 되면 썽태우 기사들이 가격을 올린다.

얼마나 걸릴지 몰라요.
썽태우 자체가 여럿이 함께 타는 공공 택시 같은 개념이라서, 자리가 있으면 길을 가다 세워 달라는 사람 앞에 정차하고 어디로 가는지 묻는다. 가는 길에 내려줄 수 있거나 너무 멀리 돌아가는 것이 아니라면, 또는 먼저 탄 사람을 내려 주고 가도 되냐고 묻고 손님이 괜찮다고 하면 합승하기 때문에 많은 경우 손님이 계속해서 늘어난다.

지도가 있으면 좋아요.
치앙마이의 많은 곳에서 와이파이를 무료로 이용할 수 있지만, 차에 타서도 지도를 확인해야 하는 경우가 생기니 썽태우를 많이 탈 예정이라면 심카드 구입을 권한다. 그랩 택시는 네비게이션이 있고 그랩의 경우 호출할 때부터 목적지를 선택해서 부르기 때문에 대부분 문제없이 이동하는데, 썽태우 기사는 원하는 길로 마음대로 갈 수도 있고 아는 곳이라고 말해 놓고 완전히 다른 곳에 내려 주기도 해 탑승자가 지도로 가는 길을 확인할 수 있으면 좋다.

미세먼지용 마스크가 있으면 유용해요.
포장 도로가 대부분이지만 흙먼지가 종종 날린다. 썽태우는 뒤가 거의 뚫려 있고 양옆으로도 창문이 없어 운행 내내 바람을 맞게 되는데, 흙먼지가 날리는 경우가 꽤 많다. 왓슨스나 세븐일레븐 등 드럭 스토어나 슈퍼에서 쉽게 구입할 수 있고 한국보다 훨씬 가격이 저렴하니 현지에서 구입해도 된다. 스쿠터·오토바이를 빌려 운전한다면 입을 가리지 않는 헬멧을 쓰는 경우가 있으니 마스크를 꼭 착용하도록 하자.

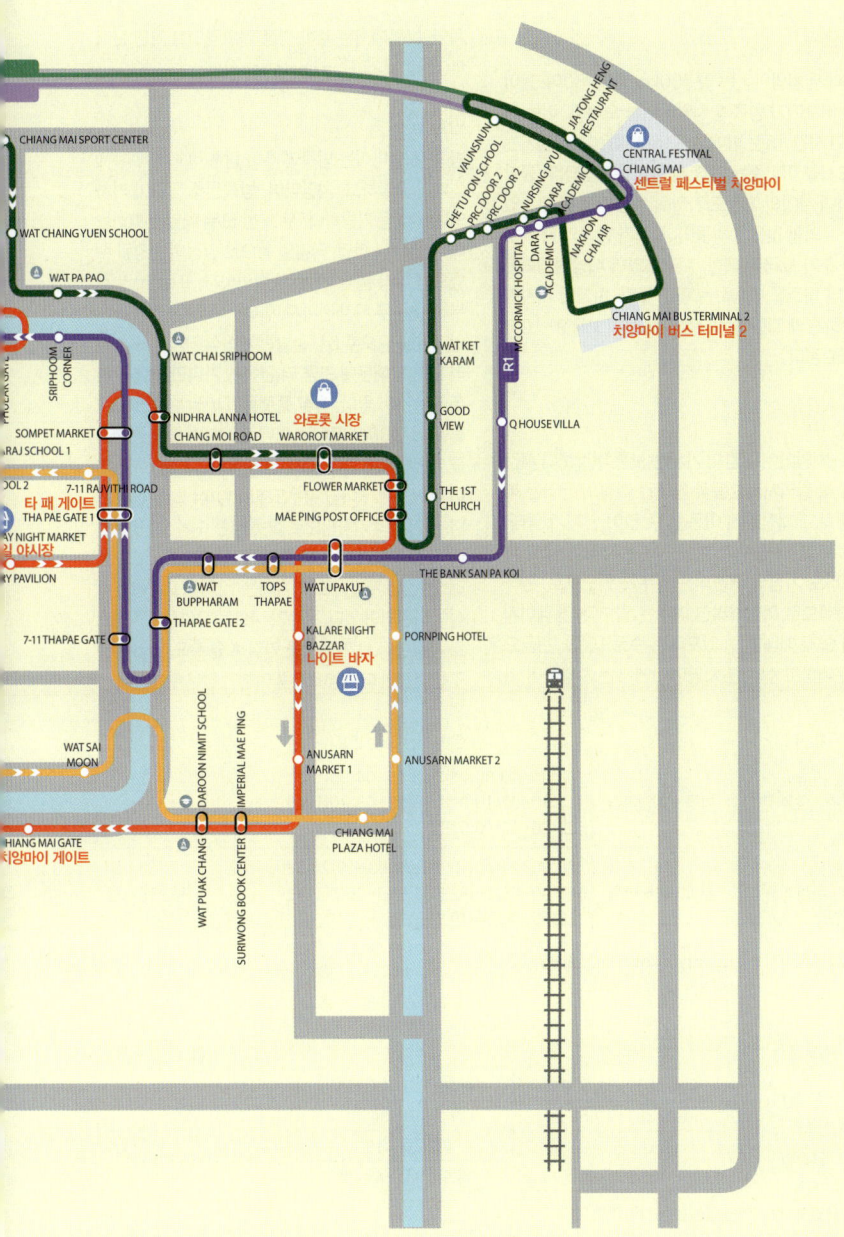

치앙마이↔방콕

✈ 항공

방콕에서 치앙마이는 약 700km. 하루 50여 편 이상의 비행기가 방콕과 치앙마이를 오가고, 이동 시간도 1시간 15분 밖에 소요되지 않는다. 비행기는 두 도시를 이어주는 가장 빠른 이동 수단이며 공항과 시내 사이의 거리도 가까워 이용에 불편함이 없지만 유의할 것은 수하물이다. 저가 항공의 경우 수하물 추가 요금에 대한 부담이 있어 배낭여행족은 기차나 버스를 이용하는 편이 좋다. 하지만 시간이 굉장히 오래 걸린다는 단점이 있는데 보통 9~10시간 소요된다.

🚆 기차

방콕~치앙마이 구간의 기차는 보통 버스보다 시간이 오래 걸리지만 2등석 침대칸 이상의 등급은 매우 편하고 쾌적하게 이동할 수 있어 인기가 좋다. 현장 구매 시 성수기에는 언제나 자리가 없고 비수기라도 가끔씩 매진되는 경우가 있으므로, 원하는 좌석으로 여행하려면 예약은 필수다. 홈페이지에서 쉽게 예매할 수 있으며(수수료 15밧), 현금으로 구매하고 싶다면 치앙마이에서는 치앙마이 기차역, 방콕에서는 후아 람퐁 기차역으로 가면 된다 (10330, MRT Hua Lamphong).

야간 열차

방콕~치앙마이는 방콕의 후아 람퐁 Hua Lamphong 역에서 출발하고, 치앙마이~방콕은 치앙마이 기차역에서 이용 가능하다. 두 노선 모두 매일 운행하는데, 점검이나 파업, 국경일 등으로 일정이 변경될 수 있으니 미리 홈페이지에서 확인하자. 표는 90일 전부터 출발 두 시간 전까지 예매할 수 있다. 방콕과 치앙마이 모두 오후 6시 출발편이 신식 기차로 표가 빨리 나가기 때문에 조금 더 편하게 가려면 예매를 서두르는 것이 좋다. 출발 플랫폼이 바뀔 수 있으므로 출발 시간 30분 전에는 역에 도착하여 플랫폼 번호를 확인하도록 한다. 같은 날 출발하는 방콕~치앙마이 편이 1개가 아닌 경우도 있으니(더 느리게 가는, 더 싼 가격의 기차편으로 잘못 타는 수가 있다) 본인이 타는 기차가 맞는지 확인하도록 한다. 퍼스트 클래스는 2인 개별실로, 기차에는 12개의 프라이빗 객실이 마련되어 있다. 온수가 나오는 샤워실은 공동으로 사용한다. 2개 객실을 연결해 쓸 수도 있어서 친구들 여럿이 떠나거나 가족 여행인 경우 추천한다.

출발지	경로	운행 시간 (노선 번호)	소요 시간
후아 람퐁 역	방콕 ~ 치앙마이	08:30~19:30(7번), 13:45~04:05(109번), 18:10~07:15(9번), 19:35~08:30(13번), 22:00~12:10(51번)	11~13시간
치앙마이 기차역	치앙마이 ~ 방콕	06:30~21:10(102번), 08:50~19:25(8번), 15:30~05:25(52번), 17:00~06:15(14번), 18:00~06:50(10번)	13~15시간

※ 예약 홈페이지 thairailwayticket.com, railway.co.th

가격

좌석 종류		1등석	2등석	3등석
침대칸		아래칸 821~1,653밧	아래칸 761~1,041밧	—
		위칸 751~1,453밧	위칸 691~941밧	
좌석칸		—	에어컨 641밧	231~271밧
			일반석 391~431밧	

※ 야간 열차 2등석에는 여성 전용 칸이 따로 있다.
※ 3세 미만은 무료, 신장 150cm 이하인 4~11세는 할인가, 12세 이상 또는 신장 120cm 이상은 성인 요금을 지불한다.

> **Tip 기차 이용 팁**
>
> * 편의점 음식과 형태도 가격도 비슷한 메뉴를 판매하는 간이 식당 칸이 있다. 2등석 손님들은 이 식당 칸에서 신호는 약하지만 무료로 무선 인터넷을 사용할 수 있다.
> * 에어컨은 중앙 냉방으로 개별 조절이 불가하니 껴입을 옷을 가지고 타는 것이 좋다. 기차 칸 모양 때문에 아래 칸이 위 칸보다 조금 더 넓으며 가격도 더 비싸다.
> * 침대 칸의 경우 키가 180cm 이상인 사람에게는 침대가 짧을 수 있다.

🚌 버스

방콕에서는 북부 도시들로 가는 버스가 출발하는 머칫 터미널 Mo Chit Bus Terminal에서 치앙마이행 버스를 탈 수 있다. 방콕~치앙마이, 치앙마이~방콕 편은 하루 10회 이상 운행한다. 첫차는 09:00쯤, 막차는 23:00쯤이다. 이동 시간이 길어 보통 야간 버스를 이용하는데, 아침에 도착하면 얼리 체크인을 하거나 숙소에 짐을 맡겨 놓고 일찍 하루를 시작할 수 있다는 장점이 있다. 야간 버스 일정은 보통 방콕~치앙마이 23:15~08:40, 치앙마이~방콕 23:00~08:45이다.

머칫 터미널
위치 32/30 Kamphaeng Phet 2 Road, 10900
가격 1등석 퍼스트 클래스 759밧, 골드 클래스(VIP) 569밧

🚌 여행사 버스 Mini Bus

카오산 로드에 위치한 대부분의 여행사에서 카오산~치앙마이를 연결하는 편도 버스 티켓 혹은 트레킹 등 투어 프로그램을 포함한 버스표를 판매한다. 카오산에서 매일 19:00쯤 출발해 07:00쯤 치앙마이에 도착하며, 치앙마이에서는 20:00쯤 출발해 07:00쯤 방콕에 도착한다. 요금은 버스의 종류, 계절에 따라 조금씩 다르다.

> **Tip 어떤 버스를 이용하는 게 좋을까?**
>
> 여러 버스 회사 중 차편이 많고 한국인들에게 인기가 많은 나콘차이에어를 추천한다. 여성 여행자에게는 여성 전용 열이 따로 있다는 점이 특히 좋다. 홈페이지를 영어로 설정하고 'Bus Online Ticket' 클릭 후 약관에 동의한 다음 순서대로 정보를 입력하여 예약한다. 온라인 예약 수수료는 15밧을 받는다. 출발과 도착 터미널 위치를 잘 확인할 것. 예매를 완료하면 발급된 버스표는 출력해 가야 한다.
>
> 홈페이지 www2.nakhonchaiair.com

치앙마이 근교

- 라오스
- 미얀마
- 골든 트라이앵글 파크 / Golden Triangle Park
- 치앙라이 / Chiang Rai
- 치앙다오 / Chiang Dao
- 빠이 / Pai
- 매림 / Mae Rim
- 도이 수텝 & 도이 뿌이 / Doi Suthep & Doi Pui
- 치앙마이 / Chiang Mai
- 항동 / Hangdong
- 도이 인타논 국립 공원 / Doi Inthanon National Park

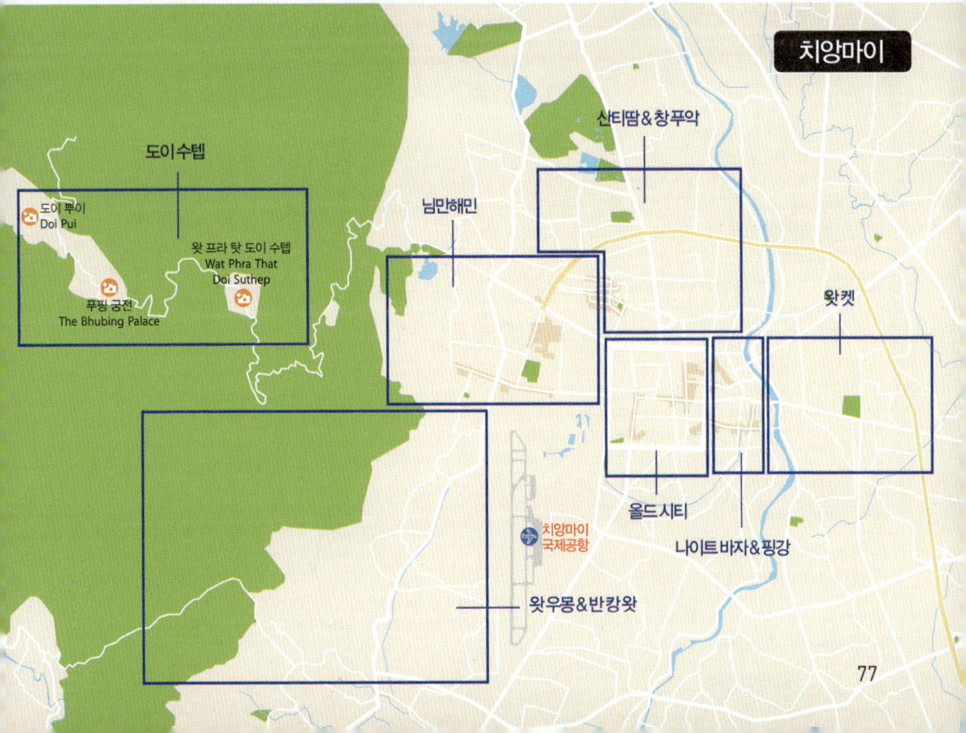

치앙마이

- 도이 수텝
- 도이 뿌이 / Doi Pui
- 왓 프라 탓 도이 수텝 / Wat Phra That Doi Suthep
- 푸핑 궁전 / The Bhubing Palace
- 산티땀 & 창푸악
- 님만해민
- 왓켓
- 치앙마이 국제공항
- 올드 시티
- 나이트 바자 & 핑강
- 왓우몽 & 반캉왓

77

OLD CITY

올드 시티

성스럽고 찬란한 역사를 영위해 온 치앙마이의 심장부

수백 년간 란나 왕조의 수도였던 정사각형 모양의 치앙마이 심장부인 올드 시티에서 여행을 시작한다. 스쿠터와 썽태우로 먼지가 자욱한 거리, 발 디딜 틈 없이 붐비는 주말의 시장, 골목마다 자리한 크고 작은 사원들, 나와 내 아버지와 할아버지 모두가 단골이라며 추천하는 현지인들의 맛집과 단돈 30밧이면 누릴 수 있는 호젓한 공원에서의 오후 모두 올드 시티다.

올드 시티에서 놓치지 말아야 할 것!

1. 왓 체디 루앙과 왓 프라 싱 등 올드 시티 곳곳에 숨겨진 보석 같은 사원
2. 먹거리와 현지인이 직접 만든 공예품이 가득한 치앙마이의 주말 야시장
3. '더 노스 게이트 재즈 코옵'이나 '조이 인 옐로우'에서 즐기는 음악과 술 한잔

올드 시티 Old City

치앙마이의 심장부

1296년 멩라이 왕 King Mengrai이 치앙마이를 란나 Lanna 왕조의 수도로 삼은 후 버마(현 미얀마)로부터의 침략에서 도시를 보호하기 위해 4개월 동안 9만 명을 동원하여 가로 2km, 세로 1.6km의 성벽을 쌓고 18m 너비의 해자를 팠다. 견고한 성벽이 완성된 후에는 벽의 동서남북에 하나씩 문을 달고, 그 위치와 치앙마이 사람들의 생활에 밀접한 의미를 담은 이름을 붙였다.

700년이나 지나도 비교적 견고한 모습으로 남아 있는 성벽과 문은 사실 여러 번의 복원 작업을 거쳤다. 일본이 태국을 점령했던 1940년대에는 성벽의 벽돌을 빼내어 빠이로 가는 길을 놓았기 때문에 파손이 심했는데, 60~80년대의 복원을 통해 지금의 모습을 되찾았다. 현재 직사각형의 성벽 안을 올드 시티라 하고, 이 지역의 넓이는 약 3.6km²다. 해자 곳곳에는 외부 공격 시 재빨리 걷어 낼 수 있는 가벼운 대나무 다리를 사용했었는데, 지금은 해자 일대에 공원을 조성하고 목조, 석조 다리와 분수를 여럿 놓아 인기 있는 포토 스폿이 되었다. 밤이 되면 알록달록한 조명이 켜져 더 예쁘다. 역사·지리적 가치 외에도 성벽의 문과 요새를 알아 두어야 하는 이유는 문 밖에 치앙마이 여행의 필수 코스인 시장이 서기 때문이다. 치앙마이 사람들의 일상을 엿볼 수 있고 놀랄 만한 가격에 훌륭한 식사를 할 수 있으며 독특한 기념품을 살 수 있다. 아침 일찍부터 밤늦게까지 각양각색의 모습을 가감 없이 보여 주는 재미난 시장은 각각의 문 주변에 있으니, 성곽을 돌며 눈길을 끄는 곳들만 들러도 치앙마이의 큼직한 명소들을 대부분 보게 된다.

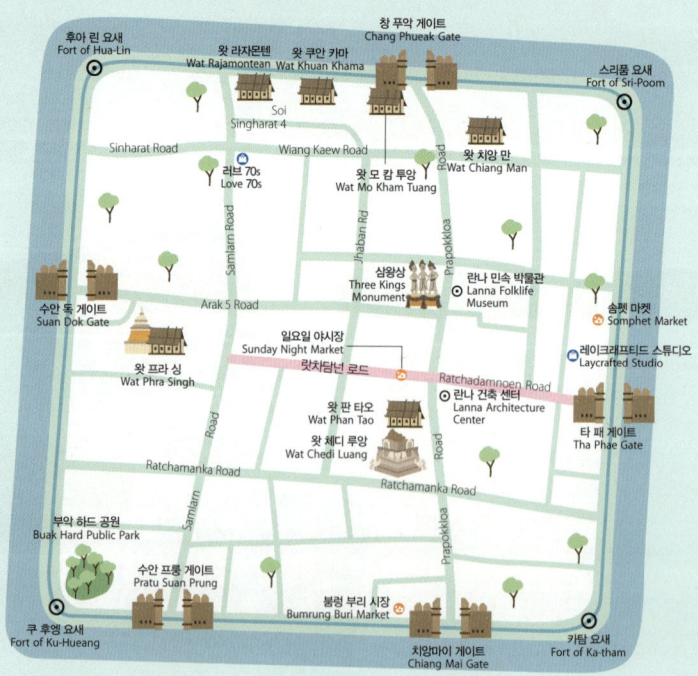

GATES
문

태국어로 '쁘라투 Pratu'는 '문'이라는 뜻으로, 해자에 둘러싸인 문을 뜻한다. 성문은 여닫는 방식이 아니라 벽돌로 쌓아 올린 올드 시티 성곽이 뚫려 있는 형태이다.

타 패 게이트 Tha Phae Gate
ประตูท่าแพ [쁘라투 타 패]

동문 인근의 마을 이름을 따서 치앙 루악 Chiang Ruak 문이라 부르던 동문은 현재 '물 위의 집들로 가득한 항구'라는 뜻의 타 패 Tha Pae라 불린다.
만남의 광장, 썽태우를 쉽게 탈 수 있는 곳, 투어의 픽업 장소 등 수많은 역할을 담당하는 치앙마이 올드 시티를 대표하는 랜드마크다. 사람과 오토바이만 출입 가능한 타 패 게이트 밖의 넓은 광장은 비둘기와 사람들로 언제나 가득하고, 웨딩 사진이나 여행 스냅을 촬영하는 사람들도 있다. 문을 통과하면 올드 시티의 중심대로인 랏차담넌 로드가 시원하게 뻗어 있고, 양옆으로 펼쳐지는 올드 시티의 거리는 여행자의 발걸음을 재촉한다. 타 패 게이트의 수호신은 인도 신화 속의 전쟁의 신인 인드라에 해당하는 수라키토 Surakkhito이다.

창 푸악 게이트 Chang Phueak Gate
ประตูช้างเผือก [쁘라투 창 푸악]

북문 도시로 들어오는 첫 번째 문이라는 뜻의 후아 비엥 Hua Vieng 문은 1400년경 지금의 이름인 창 푸악 Chang Puek(흰 코끼리)으로 바뀌었다. 창 푸악 문의 수호신은 인도 신화 속의 북방 수호신이자 재보(財寶)의 신인 쿠베라 Kubera와 같은 칸타라키토 Khantharakhito이다.

> **Tip 창 푸악 게이트의 전설**
>
> 이 문의 이름이 후아 비엥 Hua Vieng에서 창 푸악 Chang Phueak으로 바뀐 데는 두 가지 이야기가 전해진다. 먼저, 14세기경 한 승려가 치앙마이의 여덟 번째 통치자인 게나 Geu-Na 왕에게 성물을 선물하였다. 성물을 묻어 둘 성스러운 땅을 찾던 왕은 흰 코끼리의 등에 성물을 매달고 자유롭게 풀어 주어 어디로 가는지 쫓아갔다. 흰 코끼리는 후아 비엥 문으로 나간 뒤 도이 수텝으로 올라가 지금의 왓 프라탓 도이 수텝 사원 Wat Phrathat Doi Suthep 자리에 멈췄다고 한다. 또 다른 설은 비슷한 시기 게나 왕의 아들인 센 무엉마 Saen Muang Ma 왕에 대한 것이다. 왕이 수코타이를 점령하기 위해 군대를 이끌고 가던 중 날이 저물어 아침에 공격할 계획을 세우고 근방에서 밤을 보낸다. 하지만 수코타이 군대로부터 역습을 당하게 되고, 왕은 두 명의 충실한 신하와 함께 겨우 도망칠 수 있었다. 치앙마이까지 250km나 되는 거리를 두 신하가 번갈아 왕을 어깨에 올려 들고 왔는데, 치앙마이에 도착한 왕이 감격하여 많은 선물로 공을 치하하고 오른쪽 코끼리, 왼쪽 코끼리라는 이름의 작위를 수여했다고 전해진다. 당시 두 신하가 살던 지역이 후아 비엥 문 부근이었고, 신하들의 사후에 흰 코끼리 문이라는 이름으로 바뀌었다고 한다.

수안 독 게이트 Suan Dok Gate
ประตูสวนดอก [쁘라투 수안 독]

서문 원래의 이름을 지금까지 지켜 온 유일한 문으로, 꽃의 정원이라는 예쁜 뜻을 가지고 있다. 바로 옆에는 란나 타이 왕가가 종종 피크닉을 즐기던 왕실 꽃 정원이 있고, 매년 열리는 꽃 축제를 이곳에서 주관한다. 인도 신화의 물의 신 바루나 Varuna와 같은 사라차토 Sarachato 신이 수호신이다.

치앙마이 게이트 Chiang Mai Gate
ประตูเชียงใหม่ [쁘라투 치앙마이]

남문 도시의 마지막 문이라는 뜻의 타이 비엥 Tai Vieng 문은 이유는 알 수 없으나 지금은 치앙마이 문이라고 불린다. 쌀과 은이 풍부한 남부의 람푼 Lamphun 지역으로 가려는 사람들이 통과해야 했던 문이며, 수호신은 인도 신화의 염라대왕인 야마 Yama 신과 같은 초야푸모 Choeyaphumo라 한다.

수안 프룽 게이트 Suan Prung Gate ประตูสวนปรุง [쁘라투 수안 프룽]

처음에는 동서남북으로 네 개의 문이 있었지만 성벽이 만들어진 지 100여 년 뒤에 삼 펑 캔 King Sam Fang Kaen왕이 남쪽 성벽에 문을 더 만들었다. 근교 수안 라 Suan Ra 지역에 궁을 지어 살았던 왕후가 체디 루앙 사원의 건축 과정을 보러 매일같이 도시로 이동하는 것을 편하게 하기 위함이었다. 이후 수안 라 문의 이름이 바뀌어 수안 프룽 Suan Prung이 되었고, 쁘라투 쎈 풍 Pratu Saen Pung ประตูแสนปุง이라 부르기도 한다. 브라만교에서는 죽음의 방향이 남쪽이라 믿어 성안의 시신을 내가는 시구문의 역할을 했으며 수호신은 치앙마이 게이트와 같다. '무언가에 대항하여 행동하다', '다른 사람에게 창을 꽂아 넣다'라는 뜻을 가진 수안 Suan과 '배를 가격하다'라는 뜻의 프룽 Prung이라는 살벌한 두 단어가 문 이름으로 쓰인 이유는 과거에 이 부근에서 반역자들을 복부에 창을 찔러 넣는 방법으로 처형했기 때문이다.

FORTS 요새

치앙마이 올드 시티 성벽의 네 모퉁이는 벽돌로 쌓은 요새로 방어 체제를 더욱 견고히 했는데, 동쪽 요새는 사각형이고 서쪽의 것은 성벽에서 돌출된 형태를 하고 있다. 성벽과 요새의 보호, 보존을 위해 사람들이 만지거나 올라가는 것을 금지하고 있으니 유의하자.

스리품 요새 Fort of Sri-Poom แจ่งศรีภูมิ [깽 스리품]

'땅의 영광'이라는 뜻을 지닌 이름의 요새로, 성벽에서 돌출된 사각형 모양이다.

쿠 후엥 요새 Fort of Ku-Hueang แจ่งกู่เฮือง [깽 쿠 후엥]

'루앙이라는 사람의 유골을 보관하는 탑 형태의 구조물'이라는 뜻의 쿠 루앵이라고도 불린다. 루앙은 1321~1325년 동안 멩라이 왕의 아들 크루아 왕자가 이 성벽에 감금되었을 때 그를 지킨 사람이라고 한다.

후아 린 요새 Fort of Hua-Lin แจ่งหัวลิน [깽 후아린]

서북쪽 요새인 후아 린은 가장 파손이 많이 된 요새로, 그리 높지 않은 높이의 둥근 모습을 하고 있다. 후아 린 이라는 이름은 '물의 근원'이라는 뜻이다.

카탐 요새 Fort of Ka-tham แจ่งก๊ะต๊ำ [깽 카탐]

해자 물이 이곳에서 매남핑 Mae Nam Ping 방향으로 빠져나갔고 따라서 영양분이 풍부한 하수가 흘러 물고기가 많았던 지역이었기에 '생선 잡는 덫'이라는 뜻의 이름을 갖게 되었다.

카탐 요새

사원 Temple วัด [왓]

골목마다 사원으로 가득한 성스러운 도시

치앙마이에서 사원을 딱 한 곳만 구경하는 것은 여행 중 카오 소이를 단 한 번만 먹는 것보다도 어렵다. 종교에 관심이 없더라도, 건축 문외한이라 다 같은 사원으로 보이는 사람도, 막상 치앙마이에 도착하면 각 사원이 얼마나 다른 매력이 있는지 단박에 알아차린다.

치앙마이에는 300여 개의 사원이 있다. 굽이굽이 골목을 들어가야 모습을 드러내는 작은 사원부터 도시를 대표하는 거대한 사원까지 태국에서 치앙마이만큼 많은 사원을 가지고 있는 도시는 없다. 대부분의 사원은 13~18세기의 란나 양식으로 지어졌고, 대표적인 특징은 하늘로 솟은 곡선형의 나무 지붕이다. 깊은 불심, 여행지에 대한 호기심, 건축에 대한 관심 등 이유가 무엇이든 치앙마이의 사원이 선사하는 마음의 평안과 정교하고 화려한 건축미를 놓칠 수 없다.

왓 체디 루앙 Wat Chedi Luang วัดเจดีย์หลวง

MAPECODE **40002**

60m 높이의 불탑(체디 Chedi)이 인상적인 사원이다. 이곳은 한때 태국 최고의 종교 유물인 에메랄드 불상, 프랏 깨우 Phra Kaew를 보관했던 곳으로 유명하다(프랏 깨우는 현재 방콕 왓 프랏 깨우에 있다). 왓 체디 루앙의 뜻은 큰(루앙) 탑 사원이며 불탑의 원래 높이는 약 90m였으나 1545년 지진으로 파손되었다. 무너진 것을 완전히 복원하지는 못했어도 작은 피라미드 형태의 불탑은 여전히 위엄있는 모습이다. 불탑은 무려 1세기에 걸쳐 쌓은 것으로, 란나 타이 왕국의 일곱 번째 왕인 샌 무엉 마 Saen Muang Ma가 부친의 유해를 모시기 위해 건축을 명하였다. 도시의 기둥이라 불리는 락 므앙 Lak Muang을 모시는 작은 사원은 주 불당만큼이나 유명한데, 생리를 한다는 이유로 여성은 출입할 수 없다. 수도승과의 만남이 매일 열려 자유롭게 대화할 수 있으니 관심이 있다면 신청해 보자.

위치 103 Road King Prajadhipok Phra Singh, 50200 / 타 패 게이트에서 도보 11분 **전화** +66 53 24 8604 **시간** 06:00~17:00 **요금** 성인 40밧, 아동 20밧

> **Tip 왓 체디 루앙에서 열리는 인타킨 축제**
>
> 여섯 번째 음력 달의 열두 번째 날(보통 5~6월 사이) 왓 체디 루앙에서 성대하게 열리는 인타킨 Inthakin 축제는 사원이 모시고 있는 도시의 기둥을 축복하는 축제로 8일 동안 이어진다. 아침 일찍 헌화하는 것으로 시작하여 무용 공연, 행진, 향 태우기, 게임, 풍성한 음식 등 규모가 상당하다. 전설에 따르면 도시 기둥은 인드라 신이 란나 왕국이 세상의 중심임을 알리기 위해, 치앙마이를 보호하기 위해 도시 설립 후 내려준 것이라 한다. 사원을 지키는 커다란 고무나무 또한 도시 기둥과 함께 치앙마이를 수호하는데, 나무가 무너지면 큰 재앙이 있을 것이라는 믿음이 있다. 얼마만큼 신빙성이 있는 이야기인지는 몰라도 치앙마이 사람들은 도시 기둥과 나무를 지극정성으로 보호하며 매년 인타킨 축제를 치른다.

왓 판 타오 Wat Phan Tao วัดพันเตา

MAPECODE 40003

체디 루앙 바로 옆에 위치한 작은 목조 사원이다. 체디 루앙이 워낙 웅장하고 유명한 탓에 그냥 지나쳐 버리기 일쑤이지만, 이곳만의 매력이 있으니 한번 둘러보도록 하자. 사원 이름은 '천 개의 가마 사원'이라는 뜻으로, 주변 다른 여러 사원들을 위한 부처 그림을 굽는 가마에서 유래한 것으로 추정된다. 한때 치앙마이를 통치하던 왕의 거처의 일부이기도 했고, 왓 체디 루앙 승려들의 처소로 사용되기도 했다. 어두운 티크 원목으로 지은 불당은 티크 무역이 가장 활발했던 시절 나무 조공의 가치가 대단했을 때 세워졌다. 작은 연못과 사리탑, 정원을 가꾸고 손질하는 승려들의 모습을 볼 수 있다.

위치 Phra Pokklao Road, 50200 / 타 패 게이트에서 도보 8분 **시간** 07:00~17:00 **요금** 무료

왓 프라 싱 Wat Phra Singh วัดพระสิงห์วรมหาวิหาร

MAPECODE 40004

태국 북부에서 가장 신성한 불상인 '프라 싱상(사자 부처)'을 모신다. 사원 내부는 세 구역으로 나뉘어 있는데, 란나 양식의 날개 모양 지붕과 수백 년 전 이 지역에 살던 사람들의 모습을 담은 벽화가 복원된 우아한 라이 캄 Lai Kam 불당이 가장 큰 볼거리이다. 연초와 4월 중순의 송크란 기간에 가장 붐비고, 수코타이와 인도 팔라 스타일에 영향을 받은 우아한 프라 싱 불상은 송크란 기간 중 시내 퍼레이드에서만 대중들에게 모습을 드러낸다. 사람들은 불상이 지나갈 때 물을 뿌려 준다.

위치 2 Samlan Road, 50200 / 타 패 게이트에서 랏차담넌 길(Rachadamnoen Road)을 따라 직진하여 막다른 끝까지 오면 사원이 있음, 도보 14분 **시간** 06:00~17:00 **요금** 20밧

📸 왓 스리 수판 Wat Sri Suphan วัดศรีสุพรรณ

MAPECODE 40005

수공예 은장식으로 뒤덮여 있어, 실버 템플 Silver Temple이라고도 불린다. 왓 스리 수판은 1500년경 은공예 장인들이 모여 사는 마을에 세워졌다. 지금도 주변에 은공예 공방이 곳곳에 남아 있고, 경내에서 공예품을 판매하기도 한다. 여러 건물 중 은으로 지은 사원에는 여성은 출입할 수 없다. 벽과 지붕, 내부의 불상까지 모두 은이라 볕 좋은 날 낮에 방문하면 눈이 부시다. 압착 세공으로 정교하게 꾸민 벽이 특히 아름다운데, 밤이 되고 조명을 받으면 사원은 더욱 신비로운 분위기를 뽐낸다. 화, 목, 토요일 저녁에는 수도승이 일반 방문자와 이야기를 나누고 함께 명상한다.

위치 100 Wua Lai Road, 50100 / 타 패 게이트에서 도

보 19분 **전화** +66 61 403 2581 **시간** 06:00~21:00 / 수도승과 대화 17:30~19:00, 그룹 대화와 명상 19:00~21:00

📸 왓 치앙 만 Wat Chiang Man วัดเชียงมั่น

MAPECODE 40006

치앙마이에서 가장 오래된 사원으로, 1297년에 멩라이 왕명에 의해 세워져 왕의 거처로 사용되었다. 치앙마이에서 가장 높게 평가받는 진기한 불상 두 개(프라 세탄가마니 Phra Setangamani, 프라 씰라 Phra Sila)를 비롯하여 가치 있는 불교 관련 예술품을 여럿 보유하고 있다. 입구 부근에 두 부처를 모시는 왕좌가 있는데, 현지인들은 프라 씰라에 비를 부르는 힘이 있다고 믿어 매년 송크란 축제 전에 한 해 농작의 풍년을 기원하며 섬기는 의식을 행한다. 작은 불상이 바로 스리랑카에서 건너온 크리스털 불상 프라 세탄가마니로, 특별한 치유 능력이 있다고 한다.

위치 1270 Ratchapakhinai Road, 50200 / 타 패 게이트에서 도보 13분 **시간** 07:00~17:00

> **Tip 사원에서의 에티켓**
>
> 모든 사원의 불당 앞에는 그림과 함께 주의 사항이 안내되어 있지만 인파가 많으면 잘 보이지 않을 수 있으니 미리 숙지하자.
>
> ❶ 불당 입장은 맨발로 해야 한다. 신발장이나 계단 앞에 신발을 놓도록 공간이 마련되어 있다.
>
> ❷ 어깨와 무릎이 드러나지 않는 복장을 착용해야 한다. 더운 날에도 사원 입장을 할 때는 의복에 예를 다해야 한다. 야시장에서 쉽게 살 수 있는 냉장고 바지를 가방에 넣고 다니면 사원을 방문할 때 반바지 위에 입고 벗을 수 있어 편리하다. 미처 준비하지 못했다면 대부분 소정의 금액을 지불하고, 사원에서 빌릴 수 있다.
>
> ❸ 발끝으로 불상이나 다른 사람을 가리키지 않는다.
>
> ❹ 불상을 감상하는 줄이 있는 경우, 방향을 거스르지 말고 시계 방향으로 이동하도록 한다.
>
> ❺ 다른 사람들이 사진에 나오지 않도록 조심하며 촬영하도록 한다. 특별히 사진 금지 푯말이 없으면 태국 사원에서 사진을 찍는 것은 허용된다. 그러나 몸을 돌려 불상 앞에서 셀카를 찍는 것은 불경하다고 여겨지니 삼가자.
>
> ❻ 여성은 승려와 일체의 접촉을 삼간다. 승려는 어머니와도 신체적 접촉을 하지 않도록 되어 있어 실수로 몸이 닿는 경우 길고 복잡한 의식을 행해야 된다고 하니 주의하자.
>
> ❼ 승려들만 출입할 수 있는 예배당인지 확인하는 것과 불당에 놓인 물건을 함부로 만지지 않는 것 등의 기본적인 사항도 꼭 지키자.

그 외 사원

MAPECODE 40007 40008 40009 40010

창 푸악 게이트 부근의 커다란 좌불상과 무성한 야자나무로 이국적인 분위기가 물씬 나는 왓 라자몬텐 Wat Rajamontean, 커다란 좌불상이 있는 왓 모 캄 투앙 Wat Mo Kham Tuang, 왕실 병사가 사랑했던 말에게 헌정된 왓 쿠안 카마 Wat Khuan Khama, 사원 앞 정원에 국수 그릇을 든 작은 도널드 덕이 서 있는 왓 부프람 Wat Bupphram 등 어떤 곳을 우위에 두고 추천하는 것이 불가능할 정도로 각기 다른 매력의 사원들이 치앙마이 올드 시티 내에 가득하다.

왓 라자몬텐

왓 모 캄 투앙

왓 쿠안 카마

왓 부프람

삼왕상 Three Kings Monument พระบรมราชานุสาวรีย์สามกษัตริย์

치앙마이의 상징인 사이 좋은 세 명의 왕

치앙마이 예술 & 문화 센터 Chiang Mai City Art & Cultural Center 앞에 세워져 있는데, 이를 본 딴 여러 기념품을 시장에서 쉽게 찾아볼 수 있다. 동상은 치앙마이를 세운 멩라이 왕(가운데) King Mengrai 과 그의 좋은 친구였던 수코타이의 람캄행 왕(오른쪽) King Ramkamhaeng 그리고 파야오 Phayao 주의 남 왕(왼쪽) King Ngam이다. 전설에 따르면 멩라이 왕이 치앙마이를 세울 때 세 사람이 머리를 맞대고, 고대 군사 전략과 천문학을 참고하여 도시의 크기와 방어할 성벽, 그리고 요새의 크기를 결정했다고 한다. 오늘날에도 치앙마이 주민들의 존경과 사랑을 듬뿍 받고 있어, 종종 동상 앞에 작은 제물을

바치고 가는 사람들을 볼 수 있다. 특별한 축제가 있을 때 삼왕상을 이에 어울리게 꾸미는데, 주로 허리에 천을 두르거나 동상 주변을 꽃으로 장식한다.

위치 127/7 Prapokkloa Road, 50200 / 타 패 게이트에서 도보 11분

부악 하드 공원 Buak Hard Public Park สวนสาธารณะหนองบวกหาด

꽃이 만발한 주말 피크닉 장소

올드 시티 최남서단 귀퉁이에 자리한 꽃 정원이다. 매년 2월에 열리는 꽃 축제의 하이라이트도 이 공원에서 볼 수 있다. 공원 둘레는 약 840m로, 상쾌한 하루의 시작을 위해 조깅하는 사람도 많고, 새벽부터 태극권을 하는 중국인도 꽤 있다. 칠리향, 앵조화, 익소라, 자귀나무, 시왁 나무, 보리수나무 등 이국적인 꽃과 나무가 무성하게 자라 있어 수많은 썽태우와 스쿠터 먼지가 폴폴 날리는 시내에서 벗어나 싱그러운 풀 내음을 맡을 수 있다. 총천연색의 풍경이 워낙 예뻐서 공원 풍경을 스케치하러 스케치북을 들고 나오거나 출사를 나오는 사람이 많다.

위치 Arak Road, 50200 / 타 패 게이트에서 도보 21분, 쿠 후엥 요새와 수안 프룽 게이트 사이 **전화** +66 82 382 7956 **시간** 05:00 ~21:00

MAPECODE 40013

일요일 야시장 Sunday Night Market (Sunday Walking Street)

치앙마이의 일요일이 기다려지는 이유

나이트 바자와는 또 다른 매력이 있는 야시장이다. 나이트 바자에서 볼 수 있는 명품 이미테이션이나 공산품인 태국 전통 의상은 일요일 시장에서는 거의 볼 수 없다. 치앙마이 사람들의 뛰어난 손재주를 뽐내는 공예품이 많아 가게마다 한참을 서서 구경하게 되고, 희귀한 물건들도 있어 꼼꼼히 시장을 둘러봐야 한다. 올드 시티의 중추 역할을 하는 약 1km 길이의 랏차담논 길 Ratchadamnoen Road의 차량을 통제하여 주중보다 훨씬 더 바쁜 시장의 모습을 볼 수 있다. 음식, 공예품, 기념품, 옷, 문구류 등 저렴한 가격으로 내놓는 좋은 품질의 물건이 지천이다. 발품을 팔아 가격을 비교하는 것도 좋지만 시장 규모가 워낙 커서 길을 잃을 수 있고, 일찍 팔던 자리를 털고 일어나는 상인도 있으니 참고하자. 소상인 외에 현지 브랜드가 나와 세일 제품을 판매하기도 한다. 흥정을 많이 할 수 있는 편은 아니고, 여러 개를 사면 살짝 깎아 주는 정도이다. 악기 연주나 댄스 퍼포먼스 등 시장 곳곳에 다양한 공연이 펼쳐져 쇼핑 중 발길을 잡는다. 이처럼 볼거리가 무척 많으니 제대로 돌아보고 싶다면 이곳에 오기 전에 충분히 쉬어 체력을 비축해 놓도록 하자. 시장 구경을 하다 지치면 곳곳에 발 마사지 가게들이 있으니, 저렴한 가격으로 간이 마사지 가게에서 지친 발을 맡겨 보자.

위치 Ratchadamnoen Road, 50200 / 타 패 게이트에서 도보 1분 **시간** 매주 일요일 16:00~24:00

MAPECODE 40014

토요일 야시장 Saturday Night Street Market

있을 건 다 있는 일요일 야시장 축소판

치앙마이 게이트 인근 성벽 외곽에 자리한 타논 우아라이 Thanon Wualai에 토요일마다 서는 장이다. 일요일 시장과 마찬가지로 보행자 전용으로 길을 막아 둔다. 판매하는 품목도 수공예품, 의류, 기념품, 액세서리, 먹거리 등으로 꽤 비슷하다. 시장길을 왕복으로 돌아볼 수 있는 거리로 일요일 야시장보다 규모는 작지만 시장 전체를 다 둘러볼 수 있다는 장점이 있고, 일요일 야시장보다 발품 팔 시간을 단축할 수 있다. 빠듯한 여행 일정이라면 토요일 야시장을 추천한다. 지역 디자이너의 그림, 꽃, 에코백, 파우치 등은 이곳에서 사지 못하면 찾기 어려울 특별한 물건이 많고, 은 세공으로 유명한 지역에 위치하여 은 공예품도 심심치 않게 볼 수 있다. 길거리 공연, 간이 마사지 숍, 카페와 식당, 스트리트 푸드 역시 차고 넘치는 시장이다.

위치 Wua Lai Road, 50100 & Thipanet Road, 50100 / 타 패 게이트에서 도보 13분 **시간** 매주 토요일 16:00~24:00

토요일 야시장 맛집

움 베지테리안 레스토랑 Aum Vegetarian Restaurant

MAPECODE 40015

깔끔하고 조촐한 채식 레스토랑

1982년부터 시장 근처의 골목 끄트머리에서 성업 중인 채식 레스토랑이다. 채식과 웰빙 열풍이 불기 전부터 맛과 신선함을 고집해 왔으며 조미료를 사용하지 않는 건강한 맛집이다. 님만해민 한복판에서 인기를 얻는 트렌디한 채식 식당과는 확연히 다르다. 현지 식당 느낌이 물씬 풍겨 맛의 진정성이 느껴지기도 한다. 두부 카오 소이 등 각종 야채를 이용한 태국 요리와 여러 종류의 마끼가 맛있다. 담백한 아보카도롤을 한 접시 먹고, 토요일 야시장 구경을 나가면 꽤 든든하다. 자리는 1층 테이블과 2층 다락방으로 구성되어 있고, 2010년 주인이 바뀌었지만 맛은 그대로이다.

위치 8/8 Suriyawong Alley, 50100 / 타 패 게이트에서 도보 16분 **전화** +66 53 278 315 **시간** 10:30~20:30 **홈페이지** facebook.com/AumVegetarianRestaurant **가격** 아보카도롤 120밧, 망고 스티키 라이스 70밧

아티산 카페 Artisan Café

MAPECODE 40016

맛있는 커피를 파는 넓고 친절한 카페

문을 열고 들어가면 시장의 분위기와 대조되는 따뜻한 톤의 조명과 원목 인테리어, 빈티지 가구, 소품들로 꾸며진 내부가 펼쳐진다. 발명가의 워크숍에서 영감을 받아 꾸몄다는데, 구석에서 뚝딱뚝딱 무언가 만

들 수 있는 도구도 보인다. 테이블도 큼직하고 와이파이도 잘 잡혀 지도를 펼쳐 놓고 일정을 계획하는 여행자들이 즐겨 찾는 곳이다. 커피는 태국 블렌드를 주로 사용한다. 1층 일부와 2층은 카페와 함께 운영하는 옥소텔Oxotel(oxotelchiangmai.com) 호스텔이 있다.

위치 204/1 Wua Lai Rd, 50100 / 타 패 게이트에서 도보 24분 **전화** +66 91 079 7409 **시간** 일~금 08:30~19:00, 토 08:30~22:00 **홈페이지** facebook.com/Artisan-cafe-320893348061927 **가격** 플랫 화이트 80밧, 아티산 브렉퍼스트 세트 240밧

농 아주머니네 Auntie Nong

MAPECODE **40017**

달콤하고 고소한 토스트

토요일 야시장 끄트머리에 있어 자칫하면 지나칠 수 있는 달콤한 토스트 맛집이다. 에그 커스터드나 초콜릿 등의 토핑을 고르면 노릇하게 구운 도톰한 빵 위에 듬뿍 발라 준다. 한 입 거리라 그 자리에 서서 먹기에 불편함이 없다. 가게가 아닌 노점이라 매주 나올지는 확실치 않지만 장사가 잘되는 곳인 만큼 특별한 일이 있는 게 아니라면 매주 볼 수 있을 것이다.

위치 토요일 야시장 아티산 카페 부근 **가격** 5밧

란나 건축 센터 Lanna Architecture Center
ศูนย์สถาปัตยกรรมล้านนา [쑨싸카바뜨야깜란나]

수 세기에 걸친 란나 건축의 변천사를 볼 수 있는 장소

넓은 정원이 딸린 이국적인 저택은 라마 5세 때 110여 년 전 동서양 건축 양식을 혼합하여 세운 작은 박물관이다. 가볍게 읽어 볼 만한 정보와 모형 건축물로 이루어진 소규모 전시를 보고, 기념품 상점에서 품질이 뛰어난 공예품까지 둘러보는 데 30분이면 충분하다. 정원 한쪽에는 작은 오두막으로 된 쿰 카페 Khum Café가 있다. 커피, 디저트, 태국 요리를 선보이며 건축 센터 밖과는 완전히 다른 평온한 분위기라 빨간 파라솔 안에 오래 앉아서 쉬어가기 좋은 곳이다.

위치 117 Rachadamnoen Rd, 50200 / 타 패 게이트에서 도보 6분 **전화** +66 53 277 855 **시간** 월~금 08:30~16:30 **홈페이지** lanna-arch.net

란나 민속 박물관 Lanna Folklife Museum
พิพิธภัณฑ์พื้นถิ่นล้านนา [피피트판픈틴란나]

란나 왕조의 역사와 문화를 만날 수 있는 곳

옛 법원 건물에 위치한 민속 박물관으로, 과거 치앙마이 지역의 생활을 보여 주는 18개의 전시가 있으며 영어, 태국어, 중국어로 설명이 적혀 있다. 유물이나 유적보다는 실물 크기의 밀랍 인형들이 전통 의상을 입고 당시 생활상을 보여 주는 자료가 대부분이다. 과거 사람들의 사원 생활, 왕들의 친필서, 은 공예품, 불상, 도자기 공예, 란나 전통춤 등 보고 나면 치앙마이 여행을 더욱 풍요롭게 만들어 줄 정보로 가득하다. 그리 크지 않아 30분 정도면 돌아보고 나올 수 있다. 올드 시티 정중앙에 있어 접근성도 훌륭하다.

위치 Ratvithi Road, 50200 / 타 패 게이트에서 도보 10분 **전화** +66 53 217 793 **시간** 화~일(공휴일 포함) 08:30~17:00 / 월요일 & 송크란 축제 기간 휴관 **홈페이지** cmocity.com, facebook.com/cm.3museum **요금** 성인 90밧, 아동 40밧 / 통합권 180밧(맞은편의 치앙마이 예술 & 문화 센터와 치앙마이 역사 센터 방문 가능 / 7일간 유효, 월요일 휴관일이 있을 시 화요일까지 연장 가능)

MAPECODE 40020

러브 70s Love 70s

신상이 빠르게 입고되는 빈티지 보물 창고

일주일에 한 번씩 제품이 입고되는 규모 있는 빈티지 상점이다. 70년대를 상호명으로 하고 있지만, 70년대에 국한되지 않은 빈티지 패션을 추구한다. 놀랄 만한 가격에 아름답게 수를 놓은 걸개나 하와이안 셔츠, 멋진 원피스나 카우보이 부츠, 가죽 재킷을 골라잡을 수 있다. 여성복뿐만 아니라 남성복과 액세서리도 취급한다. 히피 느낌이 물씬 나는 주인은 편히 구경할 수 있도록 손님들을 잘 챙기고, 가끔 혼자 기타를 치며 분위기를 돋우기도 한다.

위치 Singharat Road, 50200 / 창 푸악 게이트에서 도보 8분, 타 패 게이트에서 도보 20분 **전화** +66 89 151 1505 **시간** 12:00~21:00 **홈페이지** instagram.com/Love_70s **가격** 티셔츠 200밧~, 원피스 300밧~

MAPECODE 40021

레이크래프티드 스튜디오 Laycrafted Studio

좋은 가죽과 꼼꼼한 손놀림이 만나는 곳

조심스러운 마음으로 공방을 구경하고 있노라면 주인이 고개를 들어 싱긋 웃어 주고 다시 꼼꼼한 손으로 가죽을 만진다. 작은 스튜디오 겸 상점에 전시된 모든 상품이 눈길을 끌어 꽤 오래 둘러보게 된다. 치앙마이 전통 공예품을 만드는데 가죽은 고품질 가죽을 사용하며, 야시장에서는 좀처럼 보기 힘든 견고한 카드 지갑이나 벨트 등을 살 수 있다. 고급스러운 가죽 자체를 강조하기 위해 디자인은 미니멀하고 심플하다. 부드러운 이탈리안 가죽과 일본 가죽을 주로 사용하며, 치앙마이에서 나는 로컬 가죽은 가격대가 낮아 부담 없다. 주인의 여자 친구가 바리스타라 곧 카페도 겸하는 것이 목표라고 하니 스튜디오의 확장을 기대해 본다.

위치 27/1 Moonmuang Road, Soi 6, 50200 / 타 패 게이트에서 도보 5분 **전화** +66 90 127 4560 **시간** 12:00~20:00 **홈페이지** facebook.com/laycraftedstudio, instagram.com/laycraftedstudio **가격** 여권 커버 1,000밧, 카드 지갑 400밧

솜펫 마켓 Somphet Market

가벼운 간식을 즐길 수 있는 전통 시장

작지만 전통 있는 시장으로, 먹거리를 주로 판매한다. 과일 주스나 가벼운 간식을 먹기 위해 지나가다 들르면 좋다. 꼬치가 특히 인기가 많고, 금방 후루룩 말아 주는 국수나 깜무, 코코넛 디저트류도 많다. 신선한 과채와 정육 상점들이 대부분이고 커피와 과일 주스 노상이 곳곳에서 바쁘게 영업한다. 아침 일찍부터 열려 있어 숙소가 근처라면 아침 산책을 나가 가볍게 돌아보고 오자. 타 패 게이트 근처에 있어, 많은 치앙마이 쿠킹 클래스들이 요리 수업 전 솜펫 마켓에서 장을 본다.

위치 Moonmuang Road Soi 6, 50200 / 타 패 게이트에서 도보 6분 **시간** 05:00~19:00

붐렁 부리 시장 Bumrung Buri Market ตลาดประตูเชียงใหม่ [딸랏 브라투 치앙마이]

싸고 맛있는 주전부리와 식자재가 가득한 시장

치앙마이 게이트 바로 옆에 위치한 시장으로 방금 볶은 따끈한 팟타이, 커리, 코코넛 아이스크림, 과일 꼬치 등 올드 시티 관광으로 허기진 배를 빠르게 채울 수 있는 먹거리들이 가득하다. 아침 일찍부터 부지런히 장사를 시작해 자정까지 영업하는데, 아침과 낮에는 주로 과채와 음식, 전통 란나 의상 등의 기념품을 판매하고 밤에는 주로 시장 음식을 판매한다. 카페의 반값인 20밧이면 과일 주스 한 잔을 마실 수 있어, 치앙마이에서는 비타민 C가 부족할 일이 없다.

위치 Bumrung Buri Road, 50200 / 치앙마이 게이트 바로 옆 **시간** 05:00~24:00 **홈페이지** facebook.com/pages/Bumrung-Buri-Market/1772555289650217

EATING

★ 올드 시티 지역

그래프 테이블 Graph Table
한 접시도 허투루 만들지 않는다는 신념

MAPECODE 40024

그래프 카페의 큰 성공에 힘입어 그래프 테이블이 탄생했다. 2010년 그래프 카페 문을 열고, 2011년부터 베트남, 중국, 한국을 여행하며 음식에 대한 영감을 얻었다. 이후 이탈리아 친구에게 피자 만드는 법을 배워 그래프 테이블의 청사진을 그렸다. 2014년 그래프 카페 자리를 지금 위치로 옮기고, 이듬해 카페 부근에 그래프 테이블을 열었다. 재료와 준비 과정, 디테일과 미적 가치를 중시하여 메뉴를 구성한 것이 특징이다. 람푼 지역의 농장에서 공수하는 달걀을 비롯한 유기농 재료를 고집하고, 주인의 친구인 시칠리아 셰프에게 전수받은 이탈리안 요리가 주메뉴다. 식감 좋고 소스도 독특한 생파스타 메뉴가 특히 맛있는데, '슬로우 푸드'를 모토로 하여 준비 시간이 조금 걸린다. 식사 후에는 그래프 카페와 동일한 커피 메뉴도 즐길 수 있다.

위치 8/3 Moonmuang Lane 6, 50200 / 타 패 게이트에서 도보 7분 **전화** +66 86 567 3333 **시간** 09:00~17:00 **홈페이지** graphdream.com **가격** 포스트 모던 (에그 베네딕트와 햄 토스트) 150밧

카오 소이 쿤 야이 Khao Soi Khun Yai ร้านข้าวซอยคุณยาย

MAPECODE 40025

줄 서서 먹는 천막 아래 동네 맛집

천막 아래서 장사하는 이 작은 가게는 하루 딱 네 시간만 국수를 말고 매정하게 문을 닫는 카오 소이 맛집이다. 워낙 인기가 많아서 줄을 서는 것이 부지기수고 모르는 사람과의 합석은 당연하다. 칼칼하고 얼큰한 이곳의 카오 소이는 과연 치앙마이에서 손꼽힐 정도로 맛있다. 하지만 시내 중심부와 꽤 멀고 얼마나 오래 기다릴지 알 수 없으니, 일부러 찾아오는 것보다는 주변을 관광할 때 시간이 맞으면 먹어 보는 것을 추천한다. 담백하고 상큼한 연꽃 뿌리 차는 이곳 말고는 잘 맛볼 수 없는 별미다. 구아바 주스도 새콤달콤해 맛이 있으니 얼큰한 국수 한 그릇을 먹고 나서 입가심하기에 좋다.

위치 Soi Sri Phum 8, 50200 / 창 푸악 게이트에서 도보 5분, 타 패 게이트에서 도보 22분 **시간** 월~토 10:00~14:00 **가격** 카오 소이 40밧, 연꽃 뿌리 차 20밧

블루 누들 Blue Noodle ก๋วยเตี๋ยวสีฟ้า

MAPECODE 40026

두툼하고 부드러운 고기와 진한 육수에 탱탱한 면발

얼큰하고 깊은 국물과 쫄깃한 면발의 조화를 따라올 곳이 없다. 태국어로 '파랑'은 '씨파'인데, 현지인에게 '씨파 누들'을 물으면 지도 없이도 수월하게 찾아갈 수 있을 정도로 유명하고, 이미 한국 여행객에게는 올드 시티 최고의 맛집으로 꼽힌다. 메뉴에는 다양한 면과 국물, 고명의 조합이 있지만 두툼한 소고기 덩어리가 푸짐하게 들어 있는 8번 국수가 가장 인기이다. 모든 메뉴는 면의 두께와 국수의 양을 취향껏 고를 수 있다. 스몰 사이즈는 야식으로 먹기 좋고, 한 끼 식사로는 라지를 주문하자. 고소하고 담백한 아보카도 스무디가 국수와 예상치 못한 훌륭한 조화를 이루고 적당히 배를 채워 주니 국수 스몰과 스무디의 조합도 추천한다.

위치 99 Ratchapakhinai Rd, 50200 / 타 패 게이트에서 도보 5분 **시간** 11:00~21:00 **가격** 8번 국수(Noodle Soup with Stewed Beef) 스몰 60밧, 라지 80밧

SP 치킨 SP Chicken
MAPECODE 40027

1인 1치킨을 부르는 맛

특징 없는 인테리어와 빈자리 없이 종일 바쁜 SP 치킨은 동네 맛집의 조건을 모두 갖추었다. 치킨을 입에 넣는 순간 바삭하게 구워진 껍질의 식감과 촉촉하게 잘 익은 속살의 맛이 환상적인 조화를 이룬다. 함께 나오는 칠리소스와 간장 소스를 번갈아 찍어가며 쉬지 않고 먹게 되는 매력적인 맛이다. 스티키 라이스나 일반 쌀밥과 함께 먹어도 좋고, 한국의 치킨 무가 떠오른다면 매운 파파야 샐러드인 쏨땀을 주문해 보자. 배부르게 한 상을 먹어도 가격이 저렴해서 계산하는 순간까지 행복한 맛집이다. 꽤 넓지만 언제나 만석이니 식사 시간을 살짝 피해 가는 게 좋다.

위치 9/1 Samlan Rd Soi 1, 50200 / 타 패 게이트에서 도보 17분 **전화** +66 80 500 5035 **시간** 10:00~17:00 **홈페이지** facebook.com/SP-Chicken-173895529336009 **가격** 한 마리 170밧, 반 마리 90밧, 쏨땀 40밧, 밥 10밧

티키 카페 Tikky Café
MAPECODE 40028

부담 없이 맛볼 수 있는 태국의 맛

동네 히피들이 하하 호호 웃으며 문을 열었을 것 같은 밝고 경쾌한 분위기의 식당이다. 태국 음식을 맛있게 하는 식당 중 하나로 손꼽히고, 소문을 듣고 찾아 오는 세계 각국의 손님들이 종일 티키 카페 자리를 가득 채운다. 메뉴를 보고 종이에 적어 주문하는 방식이고, 태국 음식이 입에 잘 맞지 않는 사람도 접시를 싹 비울 정도로 거부감 없으면서 태국의 맛을 잘 살린 것이 인기 비결이다. 모든 메뉴와 잘 어울리는 아이스 타이 밀크티도 맛이 좋다. 화려하고 알록달록한 무늬의 깔개와 천으로 덮인 오래된 테이블과 의자가 편안한 분위기를 자아낸다. 카페는 수안 독 게이트 근처에 있다.

위치 2/2 Arak Soi 3, 50200 / 수안 독 게이트에서 도보 5분, 타 패 게이트에서 도보 25분 **전화** +66 98 796 2182 **시간** 월~토 10:30~18:00 **가격** 볶음밥 50밧~, 아이스 타이 밀크티 50밧

아카 아마 커피 라 파토리아 Akha Ama Coffee la Fattoria

MAPECODE 40029

아카 마을에서 재배한 로컬 커피콩을 사용하는 카페

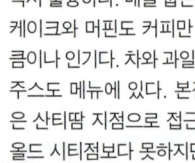

치앙마이 지역에서 나는 커피콩만을 사용하는 카페. 치앙마이 북부의 정글에서 나는 커피를 직접 공수하며 신선하게 로스팅하여 사용한다. 상호명은 아카 마을의 어머니(아마)라는 뜻으로, 이 여인이 직접 커피를 재배하자고 동네 사람들을 설득하여 치앙마이 일대의 커피 산업을 발전시켰다는 이야기에서 유래한 것이다. 이 이야기처럼 이 카페 역시 지역 사회의 경제를 활성화하는 데 큰 몫을 했다. 매장에서 로스팅하는 아카 아마의 커피콩은 유럽의 스페셜티 커피 단체가 선정하는 최고의 커피콩에 2010, 2011, 2012년 선정된 바 있으며 트렌드를 좇지 않고 뚝심 있게 좋은 커피를 만드는 것을 모토로 한다. 커피에 온 힘을 쏟고 있지만, 사이드 메뉴 역시 훌륭하다. 매일 굽는 케이크와 머핀도 커피만큼이나 인기다. 차와 과일 주스도 메뉴에 있다. 본점은 산티땀 지점으로 접근성은 올드 시티점보다 못하지만 더 조용해 여유를 즐기기 좋다.

위치 (올드 시티점) Rachadamnoen Rd, 50200 / 타 패 게이트에서 도보 13분, 왓 프라 싱 앞 (본점) 9/1 Mata Apartment, Hassadhisawee Rd, Soi 3, 50300 **전화** +66 86 915 8600 **시간** 08:00~18:00 **홈페이지** akhaamacoffee.com **가격** 카푸치노 50밧

펀 포레스트 카페 Fern Forest Café

동화 속에 나올 것만 같은 그림 같은 카페

시원하게 떨어지는 인공 폭포수 소리가 도시의 번잡함을 잊게 한다. 동화 속 정원으로 들어서는 듯한 하얀 철문을 지나면 키 큰 나무들이 울창하게 정원을 두르고 있고, 나무다리와 잉어 연못, 작은 맨션 같은 실내 카페 자리가 한눈에 들어와 그 싱그러움과 청초함에 심장이 두근두근 뛰기 시작한다. 골드 샹들리에가 걸린 흰색 2층 집은 화이트와 블루톤으로 꾸며져 있고, 먹음직스러운 케이크 진열대에서 커피와 곁들일 디저트를 골라 주문하면 화창한 날의 완벽한 나들이 분위기를 카페에서 느낄 수 있다. 푸짐한 브런치 메뉴와 사진 찍기 좋은 음료도 많다. 기분이 들떠 시끌시끌한 손님들로 언제나 바쁘지만, 책 한 권에 푹 빠져 있다 가기에도 좋은 곳이다.

위치 54 Singharat Soi 1, 50200 / 창 푸악 게이트에서 도보 10분, 타 패 게이트에서 도보 21분 **전화** +66 53 416 204 **시간** 08:30~20:30 **홈페이지** fernforestcofe. restaurantwebexperts.com / facebook.com/FernForestCafe **가격** 과일과 팬케이크 139밧, 펀 포레스트 빅 브렉퍼스트 169밧

바트 커피 BART Coffee

MAPECODE 40031

작지만 바리스타 솜씨에 다시 찾게 되는 카페

엄선하여 공수하는 커피콩을 바리스타가 직접 블렌드하여 최상의 맛을 뽑아낸다. 바리스타 솜씨를 본 후에는 꼭 다시 찾게 되는 맛있는 카페이다. 커피 맛은 물론 라테 아트 솜씨도 좋다. 하루의 카페인 할당량을 다 채웠다면 말차 라테가 특히 맛있으니 주문해 보자. 내부에 자리는 있지만, 오래 머무르기 민망할 정도로 좁다. 올드 시티를 바쁘게 돌아다니다 잠깐 쉬고 싶을 때나, 잠깐이지만 맛있는 커피를 꼭 한 잔 마시고 싶을 때 들르면 좋다. 무척 작지만 에어컨도 있고 무선 인터넷도 제공한다.

위치 51 Moonmuang Rd Soi 6, 50300 / 타 패 게이트에서 도보 8분 **전화** +66 99 049 4688 **시간** 08:00~17:00 **홈페이지** www.facebook.com/pages/Bartcoffee/833223796816573 **가격** 카페 라테 80밧

그래프 카페 Graph Café

철학을 담은 커피 잔

MAPECODE 40033

우리 인생은 오르락내리락하는 그래프와 같다고 생각하여 지었다는 뜻깊은 이름의 카페이다. 좁은 골목을 꺾어 돌아서면 문 앞에서 기다리거나 커피를 들고 나와 앉아 마시는 손님들의 모습이 간판보다 먼저 보인다. 치앙마이에서 가장 편안하고 또 세련된 콘셉트로, 그래프 카페를 모방한 여러 신생 카페들이 들어서고 있다. 실험적인 커피 메뉴를 주기적으로 선보여 매일 가도 색다른 맛을 즐길 수 있다. 차분한 색으로 빈티지하게 꾸민 내부는 오픈 시간에 맞춰 가서 조용히 모닝 커피를 마시기에 딱 좋은 아담한 크기이다. 오렌지를 넣은 콜드 브루도 맛있고 전 세계적으로 유행 중인 나이트로 콜드 브루도 판매하고 있다.

위치 25/1 Rajvithi Lane 1, 50200 / 타 패 게이트에서 도보 7분 **전화** +66 86 567 3330 **시간** 09:00~17:00 **홈페이지** graphdream.com **가격** 모노크롬 135밧

쿤캐스 주스 앤 스무디 바 Khunkae's Juice & Smoothie Bar

건강하고 새콤달콤한 주스 바

MAPECODE 40034

최고의 과일 주스 가게로 소문이 자자해 항상 바쁘다. 직접 재배하는 밀 싹을 갈아 샷으로 마시는 건강 음료도 하루의 에너지를 끌어 올리기에 무척 좋고, 한 끼 식사로 충분한 아사이 보울도 맛있다. 코코넛 워터, 요거트나 땅콩버터, 스피룰리나 등 10~15밧 정도만 내면 토핑을 추가할 수 있고, 메뉴판의 조합이 마음에 들지 않으면 원하는 대로 주문해도 좋다. 과일 맛만 온전히 느끼고 싶다면 '노 아이스'라 덧붙이자. 계산은 현금만 받는다.

사실 치앙마이 어느 거리에서도 생과일주스를 사먹는 것은 전혀 어려운 일이 아니다. 그럼에도 불구하고 갈증을 참아가며 꼭 쿤 캐스를 찾아와 마시는 이유는 이곳이 가장 맛있기 때문이다. 큰 컵에 가득 담아 주는 한 잔이 꽤 배가 부르다. 유기농 재료만 사용하고 설탕이나 별다른 첨가물 없이도 치앙마이

위치 Moonmuang Road Soi 7, 50200 / 타 패 게이트에서 도보 9분 **전화** +66 81 022 9292 **시간** 09:00~19:30 **홈페이지** facebook.com/khunkaejuicebar **가격** 생과일주스 40밧

나우히어 커피 브루어스 Nowhere Coffee Brewers

'지금 여기'에서 훌륭한 커피를 마신다

모르고 지나칠 수 있을 정도로 작아서 더 좋은 귀여운 카페이다. '어디에도 없다'는 뜻의 'Nowhere'인지 '지금 여기'라는 뜻의 'Now here'인지는 손님들의 마음에 따라 읽힌다. 주인이 직접 내려 주는 드립 커피가 유명한데, 커피 한 잔을 마시고 나면 '우리 지금 여기에서 행복하다'고 말할 것이다. 에스프레소 베이스 커피와 베이커리, 스낵, 간단한 식사 메뉴도 있다. 주로 로컬 콩을 사용하고 로스팅도 직접 매장에서 한다. 단, 실내 자리는 없으니 참고하자.

위치 20 Moon Muang Rd Lane 6, 50200 / 타 패 게이트에서 도보 8분 **전화** +66 64 553 8670 **시간** 11:00~19:00 **홈페이지** facebook.com/pg/Nowherehandroaster

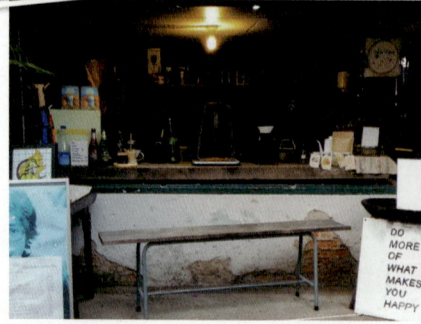

위브 아티산 소사이어티 Weave Artisan Society
촉촉한 풀 내음과 커피를 즐길 수 있는 곳

MAPECODE 40036

공예 가게가 많이 모여 있는 우아 라이 Wua Lai 거리에 자리한 넓은 다목적 공간이다. 수십 년간 방치되어 있던 폐공장을 개조하였다. 치앙마이 공예가들의 모임 장소를 겸하는 카페이기도 하다. 여러 로컬 브랜드와 협업을 하기 때문에 갈 때마다 새로운 모습을 볼 수 있다. 전시, 워크숍, 설치 미술, 강연, 공연 등 다양한 프로그램을 동시에 진행할 수 있을 정도로 넓고, 맛있는 커피와 간단한 푸드 메뉴를 준비하는 공간도 따로 마련되어 있다. 손님들이 충만한 체험 그 자체에서 즐거움을 찾고 돌아갔으면 한다는 위브의 말처럼 쉼을 위한 좋은 카페다. 급한 카페인 충전이 아니라 커피 한 잔을 여유 있게 음미하고 싶다면 들러 보자.

위치 12/8 Soi 3 Wua Lai Rd, 50100 **전화** +66 62 046 3338 **시간** 09:00~18:00 **홈페이지** weaveartisansociety.com
가격 플랫 화이트 75밧, 흑당 라테 85밧

베이글 하우스 카페 Bagel House Café
매일 집에서 구워 가져오는 향긋한 베이글

MAPECODE 40037

작은 가게지만 베이글 하나는 잘하는 곳이다. 참깨, 흑미, 플레인, 양파 등 다양한 맛의 베이글을 매일 집에서 구워 카페로 가져온다. 그 베이글에 아보카도, 연어, 후무스 등 건강하고 신선한 속 재료를 가득 채워 넣은 베이글 샌드위치는 든든한 한 끼 식사로 제격이다. 물론 샌드위치가 아닌 베이글만 사 먹는 것도 가능하다. 무엇을 먹을지 모르겠다면 매달 개발하는 '이달의 베이글 샌드위치'를 추천한다. 이외에도 바게트나 브라우니, 쿠키 등 다양한 메뉴를 판매한다. 타 패 게이트 근처인데다가 테이크아웃도 가능하니 일정이 바쁠 때는 잠깐 들러 포장해 가는 것도 좋다. 지역에서 나는 커피콩으로 내리는 커피도 맛있다.

위치 1 Moonmuang Rd Soi 8, 50100 / 타 패 게이트에서 도보 8분 **전화** +66 91 632 3688 **시간** 08:15~17:00 **홈페이지** facebook.com/bagelhousebakery **가격** 이달의 베이글 샌드위치 125밧

더 노스 게이트 재즈 코옵 The North Gate Jazz Co-Op
치앙마이의 깊은 밤 재즈가 흐르는 곳

MAPECODE 40038

치앙마이에서는 아무리 분위기 좋은 식당이나 바에 가더라도 음악이 항상 부족하다. 몇 년 지난 팝송이나 인기 있는 현지 노래들이 대부분이고, 태국 가수가 커버한 팝송도 심심찮게 들려온다. 진짜 재즈를 들을 수 있는 유일한 곳이라 자부하는 더 노스 게이트 재즈 코옵은 음악에 취해 몇 시간이고 머무를 수 있는 멋진 라이브 바다. 테이블과 경계도 모호한 좁은 무대에 올라, 깜짝 놀랄 수준의 재즈를 선보이는 뮤지션들에게 빠져들다 보면 어느새 밤이 깊어진다. 공연은 보통 저녁 9시부터 자정까지 이어지며 두어 팀의 밴드가 연주한다. 오픈 시간 전에 문 앞에서 기웃거리다 운이 좋으면 밴드 리허설을 구경할 수 있다. 문을 조금 열어 놓고 합을 맞추어 보거나 즉흥 잼을 하는데, 본 공연 못지않게 훌륭하다. 매일 밤 치앙마이에서 음악을 좋아한다는 사람들은 모두 모여들어 붐비니 오픈 시간에 맞추어 찾을 것을 권한다. 화요일에는 무료 잼 세션이 열린다. 2층은 금연층, 1층은 흡연층이다.

위치 91/1-2 Si Phum Road, 50200 / 창 푸악 게이트에서 도보 1분, 타 패 게이트에서 도보 18분 **전화** +66 81 765 5246 **시간** 19:30~24:00 **홈페이지** facebook.com/northgate.jazzcoop **가격** 칵테일 120~200밧, 맥주 75~110밧

조이 인 옐로우 Zoe in Yellow

MAPECODE 40039

치앙마이 파티 플레이스

루지 구시

펜타토닉 락 바

방콕의 카오산 로드를 연상케 하는 신나는 밤을 원한다면 조이 인 옐로우로 향하면 된다. 젊은 백패커와 현지인 모두 즐겨 찾는 칵테일이 맛있는 루지 구시 Loosey Goosey, 루츠 락 레게 바 Roots Rock Reggae Bar, 펜타토닉 락 바 Pentatonic Rock Bar 등의 인기 바들과 함께 모여 있으니 치앙마이의 나이트라이프를 즐기고 싶다면 조이 인 옐로우 부근을 돌아보면 된다. 트렌디한 팝을 주로 들을 수 있고 DJ와 함께하는 다양한 테마의 파티도 종종 열린다. 칵테일, 샷, 맥주 등의 다양한 음료와 음식 메뉴를 갖추고 있다. 가벼운 주머니 사정으로도 충분히 즐길 수 있는 위스키 버킷도 있다.

위치 40/12 Ratvithi Rd, 50000 / 타 패 게이트에서 도보 7분 **전화** +66 84 222 9388 **시간** 17:00~24:00 **홈페이지** zoe-in-yellow-bar-night-club.business.site **가격** 맥주, 칵테일 100밧~

반 딘 칵테일 바 앤 모어 Baa(n) Din Cocktail Bar & More บ้า(น)ดิน

MAPECODE 40040

치앙마이의 흥부자들이 매일 밤 모이는 곳

세련되지는 않았지만 격식을 차리지 않고도 훌륭한 칵테일 한잔을 마실 수 있는 곳이다. '반 딘'은 태국어로 '흙으로 만든 집'이라는 뜻이다. 가볍게 한잔하기 편안한 분위기의 바로, 맥주, 칵테일, 위스키 등 다양한 주류를 판매한다. 치앙마이에서는 보기 드문 시샤(물담배)가 있다.

위치 36 Chaiyapoom Road, 50300 / 타 패 게이트에서 도보 4분 **전화** +66 87 064 9669 **시간** 11:00~24:00 **홈페이지** facebook.com/baandinnimman13 **가격** 칵테일 140밧, 싱하(S) 80밧

님만해민
NIMMANHAEMIN

치앙마이의 트렌드를 이끄는 빠른 변화의 중심지

모든 골목에 이름난 볼거리와 먹거리가 있을 정도로 완전히 포화 상태지만 무언가가 또 새로 생겨나는 마법 같은 곳이다. 그리 넓지 않은 지역 안에 보물 같은 곳들이 셀 수 없이 많아, 바쁘게 이동하지 않아도 감각적인 느낌의 디자인 숍, 카페, 레스토랑 등이 곳곳에서 반겨 준다. 고유한 전통과 문화를 지켜 나가는 올드 시티와는 다른 님만해민의 색다른 매력에 여행자들이 몰려들고 있다.

님만해민에서 놓치지 말아야 할 것!

① 골목을 가득 채운 개성 넘치는 카페와 다양한 종류의 맛집 탐방하기
② 치앙마이의 제일 핫한 쇼핑몰인 원 님만 하루 종일 즐기기
③ 밤늦게 허기진 배를 채워 줄 '꾸 퓨전 로티 앤 티'와 토스트 가게 '몬놈솟'에서 야식 먹기

원 님만 One Nimman

치앙마이 쇼핑 최강자

오픈 직후부터 엄청난 인기몰이 중인 님만해민 초입의 대형 쇼핑몰이다. 님만해민에 카페와 호텔을 운영하는 더 바리스트로 The Baristro의 의류 상점, 치앙마이 외곽 매림에서 유명해진 통마 스튜디오 Thongma Studio, 쭉쭉 늘어나는 치즈 샌드위치로 유명한 볼케이노 Volcano, 님만해민 카페 최강자 그래프 Graph 등이 입점되어 있어 쇼핑뿐만 아니라 식사도 이곳에서 만족스럽게 해결할 수 있다. 가방 브랜드 프라이탁, 스파 브랜드 판퓨리 Panpuri, 빈티지한 인테리어로 눈길을 끄는 이발소, 멋진 태국 의류 브랜드 상점, 네일 숍, 마사지 숍도 있고 무료 요가 클래스 등의 다양한 행사도 자주 주최한다. 모든 상점과 카페에 한 번씩 들어가 구경하려면 하루로는 충분하지 않으니, 여러 번 찾아오는 것을 추천한다. 낮과 밤의 분위기가 확연히 다르고, 멋진 사진의 배경으로도 유명하여 졸업 시즌에 학사모를 쓰고 기념사진을 찍으러 오는 사람과 웨딩 사진을 찍는 커플도 많다. 또한 200대 이상의 차를 수용할 수 있는 주차장도 갖추고 있다.

위치 1 Nimmanhaemin Road, 50200 / 마야 몰에서 도보 3분 **전화** +66 52 080 90 **시간** 10:00~22:00 **홈페이지** onenimman.com

MAPECODE 40042

치앙마이 대학교 Chiang Mai University มหาวิทยาลัยเชียงใหม่

저수지가 딸린, 큰 공원 같은 아름다운 캠퍼스

태국 북부 최초의 고등 교육 기관이며, 최초의 지방 종합대학인 국립대학으로 1964년 설립되었다. 문과, 이과 학부와 대학원 석박사 교육 과정을 갖추고 있으며 도시 내 세 개의 캠퍼스로 이뤄져 있다. 교훈은 '지성인은 스스로를 제어한다'이다. 아주 큰 공원처럼 펼쳐진 푸른 캠퍼스는 자체 투어를 진행하는데, 정문을 통과하여 긴 대로를 따라 직진하면 기념품 상점과 카페, 투어 정류장이 나타난다. 매표소에서 표를 구입하면 30분 간격으로 출발하는 투어 시간대를 배정받는다. 교복을 입은 치앙마이 대학생들이 안내를 돕고 영어와 중국어 설명이 나오는 미니 전기차를 타고 학부와 주요 건물을 살펴본다. 모든 방문객은 투어를 통해서만 캠퍼스를 돌아볼 수 있다. (마야몰과 센트럴 페스티벌 쇼핑몰에서 치앙마이 대학교로 가는 무료 셔틀버스를 운행한다. 배차 간격은 30분~1시간으로 짧지 않으니 몰에서 확인하고 탑승하자.)

위치 239 Huay Kaew Road, 50200 / 마야몰에서 도보 22분 **전화** +66 53 941 300 **시간** 08:00~18:00(30분 간격 투어) **홈페이지** cmu.ac.th/en **요금** 캠퍼스 투어 60밧

앙 캐우 저수지 Ang Kaew Reservoir

치앙마이 대학교 캠퍼스 투어의 백미이다. 15분 동안 정차하여 저수지를 돌아볼 수 있는데, 계속해서 투어 차들이 오기 때문에 조금 더 머물렀다가 다음 전기차를 타고 돌아가도 괜찮다. 저수지를 한 바퀴 돌아보거나 작은 나무다리 위에서 사진을 찍거나, 맞은편 카페에서 커피를 마시거나 하며 캠퍼스 안에서 가장 예쁜 풍경을 마음껏 감상하면 된다. 저수지를 보고 싶어서 학교를 여러 번 찾는 사람들도 있다.

마야 라이프스타일 쇼핑센터 MAYA Lifestyle Shopping Center

치앙마이를 대표하는 대형 백화점

보통 '마야 몰'이라고 줄여 부른다. 아메리칸 이글, 크록스, 지오다노, 라코스테, 와코루, 나라야, 다이소 등의 중저가 브랜드들이 주로 입점되어 있다. 한국 브랜드 더 페이스샵을 비롯한 여러 뷰티 상점과 영화관, 푸드 코트, 루프톱 바와 모바일 통신사, 휴대폰 등 각종 전자 기기 부품 상점 등도 있어 실용적이다. 드럭 스토어, 스타벅스, 대형 서점과 여행사, 렌터카 회사, 은행도 있다. 무선 인터넷도 사용할 수 있으며, 1층에 위치한 신발 브랜드 캠퍼 Camper 매장은 아웃렛 매장으로 가격이 무척 저렴하다.

위치 55 Huay Kaew Road, 50300 / 수안 독 게이트에서 도보 26분, 차로 5분 **전화** +66 52 081 555 **시간** 월~금 11:00~22:00, 토~일 10:00~22:00 **홈페이지** mayashoppingcenter.com, facebook.com/maya.chiangmai

띵크 파크 Think Park

수박 빙수 카페가 자리한 캐주얼한 쇼핑몰

마야 몰 바로 맞은편에 위치한 쇼핑몰로, 식당과 카페가 많고 동네 아티스트의 브랜드가 입점되어 있어 편하게 둘러보기 좋다. 지역 예술 시장에 힘을 보태고, 작은 브랜드가 플랫폼을 얻고, 가족들이 주말에 다 같이 놀러 올 수 있는 곳을 만들고 싶었다는 것이 띵크 파크 설립자의 취지라고 한다. 한국 카페 탐앤탐스와 수박 빙수로 유명한 돔 카페 Dom Café가 특히 유명하다. 저녁에는 야시장이 서서 꼬치나 과일 스무디를 먹으며 올드 시티까지 가지 않고 미니 야시장을 구경할 수 있다. 란나풍의 느낌을 잘 살린 품질 좋은 기념품으로 유명한 플레이웍스 Playworks는 꼭 들러 보자.

위치 Nimmanhaemin Road, 50200 / 마야 몰에서 도보 1분 **전화** +66 87 660 7706 **시간** 11:00~22:00 **홈페이지** facebook.com/thinkparkchiangmai

돔 카페의 수박 빙수

더 북스미스 The Booksmith

예술 서적들로 가득한 독립 서점

한국에 크게 불고 있는 독립 서점 열풍처럼 북부 태국에서 독립 서점을 시작한 곳이다. 방콕 최대 규모 서점인 아시아 북스의 디렉터였던 주인이 킨포크, 모노클, 시리얼을 비롯하여 태국에는 유통되지 않는 외국책과 잡지를 소개한다. 2012년 님만 해민 초입에 문을 열고 태국과 영어 서적을 취급하며 조금씩 단골 손님층을 늘려 현재는 1만 4천여 명 이상의 회원이 더 북스미스에 가입되어 있다. 회원들에게 미리 주문을 받아 해외에서 구입해 들여오는 책이 많고, 이곳에서 소개하는 책의 70% 정도는 다른 태국 서점에서는 구할 수 없는 책이라고 하니 마음에 드는 것이 있다면 바로 구매하자. 디자인, 예술, 건축 서적이 많고 소설, 여행 관련 책과 중고 서적도 판매한다. 또한 문구류와 기념품도 판매하고 있다. 최근 방콕에 페이퍼스미스 바이 북스미스 Papersmith by Booksmith 지점을 냈다.

위치 Nimmanhaemin Rd, Soi 1, 50200 / 마야 몰에서 도보 4분 **전화** +66 2 656 1039 **시간** 10:00~22:00 **홈페이지** facebook.com/thebooksmithbookshop

란 라오 서점 Ran Lao Bookshop ร้านเล่า

예쁜 책과 필기구를 파는 빨간 서점

2000년 책을 사랑하는 네 명의 파트너가 공동으로 문을 연 '말하다'라는 뜻의 빨간 외관의 서점으로, 북스미스 맞은편에 있다. 책장을 가득 메우고 있는 책을 통해 말하고 싶은 것이 얼마나 많은지 가늠할 수 없다. 란 라오는 희귀 서적, 학술지, 소설, 종교 서적, 철학책, 시집 등 장르에 국한되지 않고 다양한 종류의 책을 판매한다. 동네 책벌레들에게는 이미 유명하며 지역 음악가들의 공연도 종종 열린다. 한편에 마련된 전시 공간에서는 작가 강연을 하거나 동네 아티스트의 수공예품을 판매한다.

위치 8/7 Nimmanhemin Road, 50200 / 마야 몰에서 도보 4분 **전화** +66 53 214 888 **시간** 10:00~22:00 **홈페이지** facebook.com/ranlaobookshop

치앙마이 대학교 아트 센터
Chiang Mai University Art Center
หอนิทรรศการศิลปวัฒนธรรม มหาวิทยาลัยเชียงใหม่

학생들의 다양한 작품과 전시를 볼 수 있는 곳

치앙마이 대학교 예술학부 전용 전시관으로, 상설 전시는 진행하지 않고 특별 전시로만 꾸며진다. 무용과 음악회, 조형과 회화 등의 다양한 장르를 다루며 학생들이 작업하는 모습도 심심찮게 볼 수 있다. 해마다 큰 전시 행사를 계획하여 열고 있으며, 현대 태국 아티스트와 해외 예술 영화 등 학생의 작품 외의 볼거리도 종종 기획한다. 건축미가 뛰어나 전시를 보지 않더라도 돌아볼 만하고, 공원과 대학교 캠퍼스 사이에 있어 캠퍼스 투어 후 들러도 좋다.

위치 Suthep Road와 Nimmanhemin Road의 교차점, 50200 / 마야 몰에서 도보 16분 **전화** +66 53 218 280 **시간** 화~일 09:00~17:00 **홈페이지** facebook.com/CMUartcenter

MAPECODE 40048

왓 수언 독 Wat Suan Dok วัดสวนดอก พระอารามหลวง

진신사리를 모시는 사원

1371년 왕실 정원 부지에 세워졌으며, '꽃 정원 사원'이라는 예쁜 이름을 가진 사원이다. 사원을 상징하는 종 모양의 황금 불탑은 고승 수마나 테라 Sumana Thera를 기리기 위해 세워진 것이고, 불탑 부근에 왕실 무덤이 있다. 지금의 창 푸악 게이트로 뛰어나가 도이 수텝 지역에 쓰러졌다는 전설의 흰 코끼리가 운반하던 진신사리는 왓 수언 독에도 모셔졌다고 한다. 수마나 스님이 흰 바위 안에 사리가 있는 꿈을 거듭해서 꾼 후, 실제로 흰 바위를 찾아 나서 부처의 사리를 발견하게 된다. 이를 모시기 위해 왕에게 사원을 건설할 것을 제시했지만 들어주지 않았고, 이웃 나라인 란나의 왕이 허락하여 치앙마이 부근에 왓 수언 독을 세운 것이다. 사원 완공 후 사리를 운반해 왔는데 사원에 도착한 순간 두 조각이 되어 한 조각은 이곳에, 나머지 한 조각은 도이 수텝에 모시게 되었다고 한다.

위치 139 Suthep Road, 50200 / 마야 몰에서 도보 24분 **전화** +66 53 278 304 **시간** 06:00~21:00

EATING

 ★ 님만해민 지역

러스틱 앤 블루 Rustic & Blue

MAPECODE 40049

맛깔나는 식사와 갓 구운 베이커리

음식을 통해 사람들을 가까워지게 하고 싶다는 소박하고 따뜻한 목표로 오픈한 카페 겸 식당이다. 넓은 정원의 테라스 자리와 실내 자리는 오픈 직후 얼마 지나지 않아 금세 만석이 된다. 님만해민에서 인기 있는 카페 중 하나로 신메뉴도 주기적으로 개발하고, 이벤트나 파티도 자주 열린다. 러스틱 앤 블루의 메뉴와 인테리어 등의 모든 것은 치앙마이에서 영감을 받은 것이라고 한다. 신선한 계절 식자재만을 사용하고, 향긋한 차를 베이스로 한 칵테일이나 한입에 들어가지 않는 먹음직스러운 수제 버거, 상큼한 아사이 보울, 직접 구운 스콘 등의 베이커리류까지 메뉴판 전체를 추천해도 좋을 정도로 모든 것이 맛이 좋다. 한 번도 안 온 사람은 있어도 한 번만 오는 사람은 없을 정도로 매력 있는 곳이다. 좀 더 프라이빗하고 특별한 건강식을 먹고 싶은 사람들을 위해 치앙마이 외곽에 농장(farm) 지점도 열었다. (p.290)

위치 2/1 Nimmana Haeminda Road Soi 7, 50200 / 마야 몰에서 도보 6분 **전화** +66 53 216 420 **시간** 08:30~22:00 **홈페이지** rusticandblue.com **가격** 스콘 65밧, 칵테일 165밧~

꼬프악 꼬담 GoPuek GoDam โกเผือกโกดำ

MAPECODE 40051

보기도 좋고 맛도 좋은 커스터드 크림과 빵

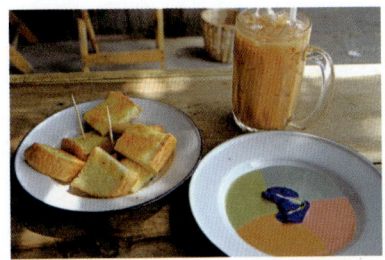

'검은 구스베리'라는 뜻의 꼬프악 꼬담은 최근 SNS상에서 핫한 장소이다. 예쁜 꽃이 올라간 네 가지 커스터드 크림 세트를 먹기 위해 사람들이 매일 이곳으로 몰려든다. 더욱이 네 가지 커스터드 크림 세트는 영업 종료 즈음 동이 난다고 하니 먹어 보고 싶다면 일찍 찾아가도록 하자. 연유와 코코넛 밀크, 크림 등으로 만드는 커스터드는 색마다 조금씩 맛이 다른데, 비트, 나비콩, 태국 밀크티, 녹차 이렇게 네 가지 맛으로 구성되어 있다. 바삭하게 구운 토스트와 먹을지, 부드러운 빵과 함께 먹을지가 손님들의 큰 고민거리인데, 결정을 내릴 수 없다면 둘 다 주문하자! 개인적으로는 바삭한 빵이 더 맛이 좋다. 양이 넉넉한 편은 아니기 때문에 커스터드 세트 한 접시를 1인분이라 생각하고 주문하면 된다. 커스터드 외에도 베트남 국수와 팬 프라이 에그도 맛이 좋아 든든한 아침 식사에 최적인 곳이지만, 자리가 많지는 않아 줄을 서서 기다릴 때도 있다. 시내 중심부와 떨어져 있으니 전후 동선을 잘 계획해서 찾아가 보자.

위치 Ban Nam Mae 3, 50300 / 마야 몰에서 도보 11분 **전화** +66 90 891 9622 **시간** 금~수 07:30~14:00 **홈페이지** facebook.com/GopuekGodum **가격** 커스터드 세트 45밧, 팬 프라이 에그 35밧, 베트남 스타일 국수 (끈적 국수) 45밧

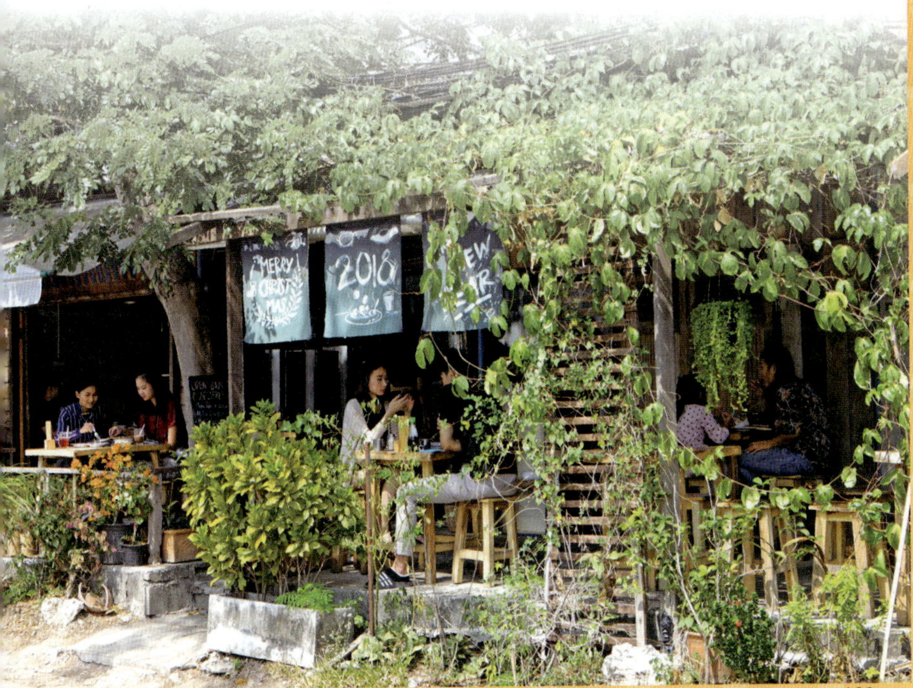

청 도이 로스트 치킨 Cherng Doi Roast Chicken ไก่ย่างเชิงดอย   MAPECODE 40050

쏨땀과 최고의 궁합, 고소하고 바삭한 통닭구이

1번 까이양이고, 일행이 여럿이라면 2번 돼지고기 스테이크나 6번 돼지 목살구이도 추천한다. 청 도이 로스트 치킨의 별미인 24번 파파야 튀김은 쏨땀과는 전혀 다른 파파야 요리로 까이양, 쏨땀과 함께 주문하는 인기 메뉴다. 쏨땀 종류가 여럿인데, 20번 옥수수 쏨땀과 26번 오이 쏨땀을 추천한다.

잘 다듬은 정원에서 뜯는 치킨의 맛은 이루 말할 수 없을 정도로 기가 막힌다. SP 치킨이 동네 맛집 같은 정겨운 분위기라면 청 도이 로스트 치킨은 트렌드한 분위기의 인기 맛집이다. 사진과 함께 메뉴가 영문으로도 설명되어 있어 주문이 쉽다. 대표 메뉴는

위치 Suk Kasame Road, 50200 / 마야 몰에서 도보 6분 **전화** +66 81 881 1407 **시간** 화~일 11:00~22:00 **홈페이지** facebook.com/pages/Cherng-Doi-Roast-Chicken/262283477196684 **가격** 까이양구이 85밧, 파파야튀김 70밧, 오이 쏨땀 55밧

비스트 버거 Beast Burger   MAPECODE 40052

치앙마이를 사로잡은 괴물 같은 맛의 수제 버거

북부 음식만 매일 세끼 먹기도 바쁠 줄 알았는데, 이곳의 햄버거는 한 번 먹으면 꼭 한 번 더 들르게 되는 맛을 자랑한다. 크리미 블루 치즈 버거나 베이컨과 체다 치즈가 들어간 클래식한 기본 메뉴인 더 비스트도 맛있고, 가장 인기가 많은 것은 치킨 버거이다. 치킨 버거는 늦게 가면 재료가 동이 나니 일찍 방문하여 꼭 먹어 보자. 베지테리안을 위한 미스터 베지 버거도 있으며, 버거를 주문하면 감자 튀김은 무료로 함께 제공해 준다. 2층에 테라스 자리도 있어서 시원한 바람을 쐬며 식사를 즐기기 좋다.

작은 푸드 트럭으로 시작해 님만해민에 번듯하게 매장까지 차린 맛집이다. 그야말로 이름처럼 햄버거 맛으로 치앙마이를 사로잡은 괴물 같은 곳이다. 사장은 비스트 버거의 인기 비결이 신선한 재료와 푸짐한 양, 밝은 분위기 덕이라고 겸손하게 말한다. 치앙마이에서 태국

위치 Nimmanhemin Road Soi 17, 50200 / 마야 몰에서 도보 12분 **전화** +66 80 124 1414 **시간** 월~토 11:00~14:30, 17:00~22:00 **홈페이지** beast-burger.com **가격** 크런치 파마산 치킨 버거 230밧, 크리미 블루 치즈 버거 210밧, 더 비스트 190밧, 베지 버거 180밧

더 반 이터리 앤 디자인 The Barn Eatery And Design

MAPECODE 40054

분위기가 좋은 멋스러운 헛간 카페

치앙마이 대학교 졸업반 학생 여섯 명이 졸업 프로젝트로 구상한 것을 시작으로, 치앙마이에서 가장 성공한 카페 중 하나로 자리 잡았다. 커피 맛이 최고는 아니지만 분위기가 워낙 좋아 식사를 하거나 소다 음료 한 잔과 함께 헛간처럼 꾸며진 공간을 구경하다 가는 것으로도 충분하다. 컵 받침대나 접시 등은 직접 만든 물건들을 사용하고, 통일된 콘셉트 안에서 모든 것이 독특해 천천히 눈길을 주어야 한다. 수안 독 사원과 가까워 사원을 둘러보고 쉬어가기 좋다. 케이크로 유명한 반 피엠 숙 Baan Piemsuk 카페에서 가져온 코코넛 케이크가 특히 맛있다. 바깥 정원과 단체 손님을 위한 미팅룸도 있다.

위치 14 Srivichai Soi 5, 50200 / 마야 몰에서 도보 24분 **전화** +66 94 049 0294 **시간** 10:00~01:00 **홈페이지** facebook.com/thebarnchiangmai **가격** 아메리카노 50밧

펭귄 게토 Penguin Ghetto Coffee and Beverages

MAPECODE 40055

예술혼이 불타는 예술가들의 작업실

치앙마이 아티스트들이 한데 모여 예술혼을 불태우는 작은 공동 작업 공간인 펭귄 게토 입구에 위치한 카페다. 펭귄 게토는 자연스럽게 여러 예술가가 작업하고 생활하다 만들어진 곳으로 만화 <닥터 슬럼프>에 나오는 가상공간 펭귄 빌라에서 이름을 따왔다. TCDC(p.145)와 함께 치앙마이의 디자인 허브 양대산맥 역할을 하고 있다. 펭귄 게토 구경에 앞서 목을 축이기 좋은 이 카페에는 펭귄 게토와 관련한 여러 소식과 행사를 알리는 포스터들이 붙어 있고, 펭귄 모양의 자석이나 브로치 등 귀여운 소품도 팔고 있다. 맞은편 코업 상점에서 더 많은 디자인 소품들을 볼 수 있는데, 특별히 장르를 가리지 않고 그때그때 파는 것이 조금씩 다르다. 운이 좋으면 작업하는 아티스트들의 모습도 구경할 수 있다. 손재주 좋은 친구 집 키친을 닮은 이곳에서 아이스 라테는 귀엽게도 빈 잼 병에 담겨 나온다. 직접 만들지는 않지만, 커피와 곁들이기 괜찮은 케이크도 판매하고, 차와 맥주도 있다.

위치 Chonprathan Road, 50300 / 마야 몰에서 도보 17분 **전화** +66 89 183 3224 **시간** 09:00~20:00 **홈페이지** facebook.com/PenguinGhetto **가격** 아메리카노 50밧

카오 소이 님만 Khao Soi Nimman ข้าวซอยนิมมาน

MAPECODE 40057

치앙마이의 카오 소이 1등 맛집

치앙마이의 수많은 카오 소이 가게들 중 단연 1등이라 자부한다. 여행 첫날부터 왜 이곳을 찾지 않았나 싶을 정도로 이곳의 카오 소이 맛은 단연 일품이다. 닭고기, 소고기, 돼지고기, 오믈렛 등 다양한 토핑을 올린 카오 소이 메뉴가 많다. 눈에 띄게 청결한 내부와 오픈 키친이라는 점이 맛과 위생에 더욱 신뢰가 간다. 양이 그리 많은 편은 아니지만, 치앙마이 물가가 워낙 저렴해서 다른 토핑으로 두 그릇 시켜 먹으면 된다. 내부는 넓은데, 식사 시간에는 언제나 붐빈다. 하지만 줄을 조금 서서라도 먹어볼 만한 맛집이다.

위치 Nimmanhemin Road Soi 7, 50200 / 마야 몰에서 도보 12분 **전화** +66 53 894 881 **시간** 11:00~21:00 **홈페이지** facebook.com/KAOSOYNIMMANSOI7 **가격** 카오 소이 카이(닭다리) 79밧

더 바리소텔 바이 더 바리스트로 The Barisotel by the Baristro

MAPECODE 40058

눈부시게 하얀 인테리어의 카페 겸 호텔

온통 화이트로 꾸민 예쁜 이 카페에는 파스텔톤 옷을 차려 입고 카메라를 들고 가보자. 사진 찍는 것을 그리 좋아하지 않는 사람들도 이곳에서 만큼은 셔터를 누르게 될 정도로 깜찍하다. 실제로 쇼핑몰과 블로거들이 대포 카메라를 들고 촬영을 하는 것을 하루 한 번은 보게 될 정도로 소문난 촬영지이다. 신발을 벗고 올라가는 2층 공간도 꽤 넓다. 다양한 종류의 케이크와 페이스트리, 코코넛을 비롯한 신선한 과채 주스 등 먹음직스러운 스낵과 음료 메뉴가 가득하다. 친구들과 브런치를 하러 오기 최고로 좋다. 음악과 수다 소리에 개의치 않는다면 2층 자리에서 책을 읽어도 좋다. 인기 메뉴로는 오렌지 나이트로 커피, 코코넛 커피, 말차 크레페 케이크 등이 있다. 호텔도 겸하고 있어 도어락으로 잠긴 문을 열고 들어가면 치앙마이에서 가장 아름다운 아파트 숙소가 나타난다.

위치 7/2 Soi 9 Nimmanhaemin Road, 50200 / 마야 몰에서 도보 8분 **전화** +66 93 494 4599 **시간** 08:00~21:30 **홈페이지** facebook.com/thebarisotelbythebaristro **가격** 나이트로 오렌지 145밧, 바리스트로 모카 85밧, 에스프레소 판나 코타 95밧

브라운 카페 Brown Café

MAPECODE 40059

더 바리소텔 바이 더 바리스트로 바로 옆에 위치한 브라운톤의 카페이다. 아기자기하게 작은 소품들로 꾸며 놓았다. 안쪽 깊숙하게 자리가 있어 생각보다 넓다. 버블(타피오카)을 넣은 밀크티가 주메뉴이며 커피도 판매한다.

위치 7/3 Soi 9 Nimmanhaemin Road, 50200 / 마야 몰에서 도보 8분, 더 바이소텔 바이 더 바리스트로 옆 **전화** +66 88 261 6665 **시간** 10:00~22:00 **홈페이지** facebook.com/browndessert **가격** 밀크티 45밧

프레시 카페 앤 주스 바 Fresh Café & Juice Bar

MAPECODE 40060

브라운 카페에서 몇 발자국만 더 가면 나타나는 곳이다. 들어가 보면 생각보다 넓지 않고 어두워, 잠시 쉬어 갈 아늑한 공간을 찾는 님만해민 여행자들에게 추천한다. 메이 플라워 호텔 바로 옆이라 호텔 투숙객들에게는 10% 할인 혜택을 제공한다. 신선한 과일로 만드는 요거트나 스무디 음료가 특히 맛있다.

위치 Soi 9 Nimmanhaemin Road, 50200 / 마야 몰에서 도보 8분, 브라운 카페 인근 **전화** +66 94 172 1754 **시간** 08:00~20:00 **홈페이지** facebook.com/pg/freshcafecnx **가격** 아메리카노 65밧, 망고 요거트 75밧, 파인애플 스무디 75밧

리스트레토 Ristr8to

MAPECODE 40061

세계 최고의 커피콩을 사용하는 카페

많은 유명 치앙마이 카페들이 로컬 블렌드를 사용하는데 비해, 리스트레토는 세계 최고의 커피콩을 공수해 사용한다. 호주에서 트레이닝을 받은 주인 겸 수석 바리스타는 태국의 라테 아트 챔피언십 우승과 세계 라테 아트 챔피언십 우승에 빛나는 훌륭한 경력을 자랑한다. 메뉴 가격대도 다른 카페에 비해 조금 비싸지만 한 모금이면 고개를 끄덕이게 되는 맛이다. 수많은 블렌드와 콩에 대한 설명은 질문하는 순간 자판기처럼 쏟아져 나오니 커피 애호가들은 치앙마이에 머무는 동안 하루 한 번씩 들린다고 한다. 에티오피아 에스프레소, 콜롬비아 카푸치노가 특히 인기가 많고 라테 아트는 두말할 것도 없다. 커피 외 다른 음료에는 크게 중점을 두고 있지 않고, 와플이나 치즈 아이스크림 등 간단한 사이드 메뉴도 판매한다. 오래 앉아 있기에는 매장이 좁고 자리도 편하지 않지만, 커피 맛으로 모든 것이 괜찮아지는, 실력으로 승부하는 카페이다.

위치 15/3 Nimmanhemin Road, 50200 / 마야 몰에서 도보 4분 **전화** +66 53 215 278 **시간** 07:00~18:00 **홈페이지** facebook.com/ristr8to **가격** 카푸치노 88밧

더 라더 카페 앤 바 The Larder Café & Bar

MAPECODE 40062

줄 서서 먹는 브런치 카페

치앙마이에서 가장 인기 있는 브런치 플레이스로, 아침 일찍 오픈 시간 전에 와야 줄을 서지 않는다. 한국에서도 쉽게 볼 수 있는 꽤 괜찮은 브런치 카페 정도지만, 가격 대비 음식 맛은 기대 이상이다. 항동의 로스터리에서 공수한 블렌드를 사용한 커피 맛이 꽤 좋아 브런치가 아니더라도 날 좋은 오후 바깥 테라스 자리에서 커피를 한잔하러 올 만한 곳이다. 건강한 재료를 다양하게 올려 만드는 오픈 샌드위치, 든든히 아침을 먹고 싶은 사람들을 위한 샌드위치, 핫도그, 프렌치토스트 등의 아침 세트 메뉴가 있다. 양이 부족하면 원하는 대로 달걀이나 소시지 등의 추가 토핑을 올릴 수 있다. 손님이 너무 많아 허탕을 치더라도 길을 건너면 치앙마이에서 가장 맛있는 까이양(닭고기)을 파는 청 도이 로스트 치킨이 있다. 메뉴당 10밧 추가금을 지불하고 테이크 아웃도 가능하다.

위치 3/9 Suk Kasame Road, 50200 / 마야 몰에서 도보 5분 **전화** +66 52 001 594 **시간** 08:30~15:00 (마지막 주문 14:00) **가격** 아이스티 120밧

꾸 퓨전 로티 앤 티 Guu Fusion Roti & Tea

MAPECODE 40063

질리지 않는 달콤함! 격이 다른 로티 맛집

새벽까지 님만해민 거리를 시끌시끌하게 만드는 로티 식당이다. 메뉴는 로티 하나인데 바삭한 크리스피 로티와 촉촉한 일반 로티에 여러 가지 토핑을 올리니 매일 가도 새롭고 놀랍다. 사실 태국에서 맛없는 로티를 먹기란 무척 드문 일인데, 바삭함과 고소함 그리고 달콤함 삼박자가 어우러진 로티 한 입에 하루가 행복해지는 기분을 느끼고 싶다면 꾸 퓨전을 찾아가자. 주문 즉시 뜨거운 판에 반죽을 올려 구워 내 토핑을 뿌려 주는데, 그 자리에서 한 접시를 비우고 호텔에서의 새벽 간식을 위해 포장해 가는 손님이 많다. 태국 연유 맛이 나는 달콤한 소스와 휘핑 크림을 듬뿍 올린 크리스피 로티는 너무 달거나 느끼하지 않아 모두를 만족시키는 메뉴다. 좀 더 담백한 것이 좋다면 기본 버터 로티로도 충분하다.

위치 Nimmanhaemin Road Soi 3, 50200 / 마야 몰에서 도보 4분 **전화** +66 82 898 8992 **시간** 월~토 09:30~01:30, 일 09:30~24:00 **홈페이지** facebook.com/guufusionrotiandtea **가격** 버터 로티 45밧, 치즈 로티 50밧, 크리스피 로티 타이 스위트 휘핑 크림 90밧

몬놈솟 Mont Nomsod มนต์ นมสด

MAPECODE 40064

달달하고 바삭한 토스트 강자

1964년부터 달달하고 고소한 토스트를 구워 왔다. 본점은 방콕으로 방콕 외에 유일하게 분점을 낸 곳이 바로 여기다. 허름한 외관과 인테리어지만 손님들이 종일 몰려 인산인해를 이루는 검증된 맛집이다. 지나가다 바쁘게 토스트를 굽는 모습과 가게 밖까지 길게 선 줄을 보고 들르는 사람들도 많다. 가장 기본은 설탕만 뿌린 버터 슈거 토스트다. 사실 마가린으로 빵을 굽는데, 10밧을 추가하여 버터 토스트로 만들어 달라고 요청할 수 있다. 초콜릿, 마멀레이드, 딸기잼, 타로 버터, 옥수수 스프 같이 빵과 가장 궁합이 좋은 친근한 맛들이 메뉴에 올라 있다. 토스트 외에도 바나나 토스트나 쿠키 등을 팔고 있지만, 90% 이상의 손님들은 가장 기본인 버터 슈거 토스트를 먹기 위해 찾아온다. 몬놈솟의 우유도 빵 못지않게 유명해서 계산대 옆 냉장 진열대에 다양한 맛의 우유 제품을 판매한다.

위치 45/21 Nimmanhemin Road, 50200 / 마야 몰에서 도보 6분 **전화** +66 53 214 410 **시간** 15:00~23:00 **홈페이지** mont-nomsod.com **가격** 버터 슈거 토스트 20밧, 연유 토스트 25밧, 에그 커스터드 토스트 25밧, 우유 35밧

갤러리 시스케이프 앤 SS1254372 카페 치앙 마이
Gallery Seescape and SS1254372 Cafe Chiang Mai

MAPECODE 40065

예술과 커피의 훌륭한 조화

크게 뚫린 원형의 창으로 유명한 멋진 카페로, 치앙마이 대학교 출신의 태국 아티스트가 운영하는 곳이다. 이름이 워낙 어려워 다들 갤러리 시스케이프라고만 부른다. 카페는 갤러리와 같은 공간을 쓰고 있어서 커피와 함께 전시된 예술 작품과 곳곳에 놓인 미술 서적을 보다가, 사진을 찍어도 좋다. 치앙마이에서 열리는 다양한 예술 행사 포스터도 여기저기 붙어 있어 관심이 있다면 찾아가 봐도 좋다. 모자이크 타일로 장식한 테이블과 화분이 놓여진 정원 자리는 볕이 잘 드는 날에 특히 예쁘다. 치앙마이의 또 다른 유명 카페 아카 아마에서 콩을 받아 사용하고, 신선한 과일로 만드는 소다나 스무디, 에그 베네딕트 등 보기도 좋고 맛도 좋은 브런치 메뉴들을 다양하게 선보인다. 유일한 흠은 주방이 너무 일찍 닫는 점이다.

위치 22/1 Nimmanhemin Road Soi 17, 50200 / 마야 몰에서 도보 11분 **전화** +66 93 831 9394 **시간** 08:00~18:00(주방 마감 15:00) **홈페이지** facebook.com/galleryseescape **가격** 카푸치노 60밧, 연어 베이글 174밧, 프렌치 토스트 바나나 175밧 **홈페이지** galleryseescape.co

로젤라또 카페 Roselato Café โรเซลาโต้

MAPECODE 40066

장미 한 송이처럼 담아 주는 상큼한 젤라또

과일 셔벗도 있다. 무더운 날 님만해민을 걷다가 들리게 되면 거의 항상 과일맛을 고르게 된다. 고운 꽃잎으로 만들어지는 과정을 보다 보면 어느새 완성된 아이스크림을 보고 감탄하게 된다. 화분에 담아 주기도 하고 더 여러 가지 맛을 고를 수 있는 큰 사이즈도 있다. 그리 넓지는 않지만 아이스크림이 녹기 전에 부지런히 먹으며 쉬어 가기에는 충분하다. 유난히 친절한 서버의 웃는 얼굴이 기억에 오래 남는다.

쫀득하고 달콤한 젤라또를 장미꽃 모양으로 담아 준다. 타이 티나 초콜릿 같은 진하고 우유 맛이 많이 나는 것도 있고, 상큼한

위치 Nimmanhemin Road Soi 11, 50200 / 마야 몰에서 도보 8분 **전화** +66 91 852 4885 **시간** 10:30~21:30 **홈페이지** facebook.com/RoselatoCnx **가격** 콘 85밧, 컵 99밧

플라워 플라워 카페 Flour Flour Café

MAPECODE 40067

빵이 좋아 시작한 소담한 베이커리 카페

상호명에서 잘 알 수 있듯이 빵이 맛있는 소담한 카페로, 베이킹을 사랑하는 두 연인이 운영한다. 효모부터 직접 만드는 유기농 베이커리의 맛이 무척 좋다. 가장 자신 있는 것은 '사워도우'라고 한다. 커피보다도 든든한 베이커리를 먹으러 오는 사람들이 대부분이지만 정성스럽게 내리는 커피 역시 일품이다. 한국 여행자들에게 이미 잘 알려져 한 자리 건너 한 자리에서 한국말이 들려오니 연남동으로 착각할 정도다. 직접 만든 땅콩버터와 아몬드 버터를 바른 토스트를 접시에 조심스레 담아 줄 때, 온 세상을 다 가진 것처럼 행복해진다. 아침형 인간이라 카페를 일찍 열고 일찍 닫는다는 주인들은 파트 타임으로 DJ와 영화 제작도 겸하고 있단다.

위치 Nimmanhemin Road Soi 17, 50200 / 마야 몰에서 도보 12분 **전화** +66 92 916 4166 **시간** 월, 수~금 08:30~16:00, 토~일 09:30~16:00 **홈페이지** facebook.com/flourflourbread **가격** 아몬드 휘낭시에 49밧, 레몬 포피시드 케이크 59밧

파인드 커피 FIND COFFEE

MAPECODE 40068

학생들이 즐겨 찾는 착한 가격, 좋은 커피

넓지 않은 공간이지만 깔끔한 실내, 충분히 쉬고 일어나기 좋은 자리, 사각형 투성이의 인테리어가 인상적인 곳이다. '품질과 공정함'을 슬로건으로 내세우고 있으며, 자신 있는 메뉴만 엄선하여 선보이는 케이크와 커피 맛이 뛰어나다. 크로와상과 머핀의 크로스오버인 크러핀이 대표 메뉴이고, 치앙마이 일대 커피콩만을 사용하여 커피 가격도 저렴한 편이다. 대학가에 있어서 그런지 전공 서적을 들고 삼삼오오 들어오는 학생 손님이 많다. 앞으로의 일정을 묻고 여행에 도움이 될 정보들을 스스럼없이 이야기해 주는 종업원은 시내에서 마주치면 먼저 알아보고 인사를 건넬 정도로 상냥하다.

위치 257/22 Suthep Road, 50200 / 마야 몰에서 도보 18분 **전화** +66 86 567 3330 **시간** 07:30~19:00 **홈페이지** facebook.com/findcoffeecnx **가격** 아메리카노 40밧

더 래보라토리 호텔 앤 어크로스 더 유니버스 카페
The Laboratory Hotel & Across the Universe Café

MAPECODE 40069

호기심을 자극하는 독특한 콘셉트의 카페

괴짜 과학자의 실험실처럼 꾸며 놓은 이 카페는 상점과 호텔도 겸하고 있다. 갤러리와 커피숍으로 쓰이던 건물을 8개월 동안 대대적으로 손봐 유니크한 공간으로 재탄생시킨 주인의 자부심이 대단하다. 님만해민에는 트렌드를 좇는 카페들이 우후죽순 생겨나고 있지만, 이렇게 독특한 콘셉트인 곳은 손에 꼽는다. 온실을 콘셉트로 꾸민 공간 속에 중학교 과학 실험실에서 보던 인체 해부도나 해골 모형, 낡은 책걸상이 놓여 있다. 인테리어에 반해 사진을 찍다 보면 커피가 식을 수 있으니, 커피를 마시고 촬영을 하길. 로컬 아티스트들의 작품을 전시하고 괜찮은 지역 의류 브랜드 상품을 카페 한 켠에서 판매하기도 한다.

위치 64 Siri Mangkalajarn Road, 50200 / 마야 몰에서 도보 10분 **전화** +66 81 855 6686 **시간** 10:00~21:00 **홈페이지** facebook.com/Thelabposhtel **가격** 아이스 라테 75밧

옐로우 크래프츠 – 홈 브루잉 Yellow Crafts - Home Brewing

MAPECODE 40070

포토제닉한 외관, 고소한 두유 카페

파인드 카페 바로 뒷골목에 자리한 노란색 외관이 인상적인 곳이다. 매일 직접 만드는 신선한 두유가 이 집의 자랑거리이자 대표 메뉴다. 또한 에어로프레스, 드립 커피, 나이트로 브루도 갖추고 있어 커피 역시 소홀히 하지 않는다. 이곳의 특별한 점은 주문 후 한 컵 양의 콩을 그라인딩하여 신선도를 최상으로 끌어 올린다는 것이다. 주로 태국, 라오스, 에티오피아 유기농 커피콩을 사용하며 매달 블렌드를 바꾼다. 두유가 워낙 고소하고 맛있어 두유만 팔기도 한다. 정원은 소문난 포토 스폿으로, 맑은 날 하얗고 노란 건물과 초록 잔디 위에서 찍는 사진은 인생 샷이다. 어찌나 포토제닉한지 카페 겸 스튜디오로 전문적인 촬영을 위해 대여해 주기도 한다.

위치 Mu Ban Dao Dueng Soi 2, 50200 / 마야 몰에서 도보 19분, 파인드 카페 뒷골목 **전화** +66 53 278 757 **시간** 07:00~19:00 **가격** 두유 40밧, 아이스 라테 80밧

차린 파이 Charin Pie พายจริณ

MAPECODE 40071

자꾸만 손이 가는 코코넛 파이

진열대 앞에서 한참을 고민하게 만드는 여러 종류의 파이는 바닥의 크러스트가 견뎌낼 수 있을까 싶을 정도로 신선한 토핑을 푸짐하게 쌓아 올려 입맛을 자극한다. 베스트셀러는 코코넛 파이인데, 한입에 넣을 수 있을까 싶을 정도로 두툼하고 입에 넣자마자 녹아 없어지는 코코넛 크림과 머랭에 감동하며 순식간에 한 접시를 비우게 된다. 초록이 가득한 정원 자리에 앉아 파이 한 조각과 함께 쉬었다 가자. 숙소가 근처거나 날이 너무 덥지 않다면 한 조각은 포장해 가자.

위치 Nimmanhemin Road Soi 17, 50200 / 마야 몰에서 도보 11분 **전화** +66 53 221 863 **시간** 09:00~21:00 **홈페이지** facebook.com/CharinPie **가격** 카페 라테 70밧, 코코넛 파이 84밧

치빗 치바 Cheevit Cheeva ชีวิต ชีวา

MAPECODE 40072

꾹꾹 눌러 담아 주는 시원한 빙수

무더운 치앙마이의 더위 속 코코넛 주스와 아이스크림으로는 해결되지 않는 갈증은 치빗 치바의 빙수로 해결하자. 주변 카페보다 가격대가 있지만, 양도 많고 비주얼도 훌륭하다. 메뉴에 Bingsu라고 쓰여 있는 것을 보면 메뉴 개발이나 창업에 '한국 사람이 관여하지 않았을까' 생각이 든다. 건드리면 와르르 무너질 정도로 넘치게 담아 주는 부드러운 우유 쉐이빙 아이스에 신선한 과일 토핑과 시럽이 여름의 더위를 한 방에 날려 준다. 정원과 실내 자리 모두 큼직한 초록 화분들로 꾸며져 있어 눈도 시원하다. 빙수 외 음료 메뉴도 다양하다.

위치 Siri Mangkalajarn Road Soi 7, 50200 / 마야 몰에서 도보 13분 **전화** +66 87 727 8880 **시간** 09:00~22:00 **홈페이지** cheevitcheevacafe.com **가격** 망고 스티키 라이스 빙수 189밧

말레드 커피 로스터스 Maled Coffee Roasters
하루 여섯 잔만 만드는 젤리 블랙

MAPECODE 40073

요즘 치앙마이 대학교 학생들에게 가장 사랑받는 카페다. 직접 카페에서 로스팅하는 풍미 좋은 커피 메뉴도 추천하지만 카페의 시그니처는 하루에 여섯 잔만 만들어 파는 젤리 블랙 Jelly Black이다. 커피를 진하게 뽑아 젤리처럼 만들어 컵의 반을 채우고, 그 위에 달콤하고 시원한 우유를 부은 음료인데 흑과 백으로 깔끔하게 나뉘는 비주얼이 호기심을 자극한 다. 생각보다 맛있는 커피 젤리는 식감도 재미있고, 달콤한 우유와 입안에서 대비되는 맛이 독특하다. 캐러멜이 흘러내리는 아이스 라테 라바도 맛있다.

위치 18 Old Airport Road, 50150 / 마야 몰에서 도보 20분 **전화** +66 99 295 5655 **시간** 08:00~18:00 **홈페이지** facebook.com/Maledcoffeeroasters **가격** 젤리 블랙 95밧

코튼트리 커피 로스터스 Cottontree Coffee Roasters
베이커리와 인테리어 그리고 커피가 매력적인 곳

MAPECODE 40074

시내 중심부와 떨어져 있지만 단골이 많은 예쁜 카페이다. 고속도로 근처인데, 골목 깊숙이 자리한 고급스러운 콘도 건물 바로 옆에 위치하여 시끄럽지 않다. 사각형 형태의 카페로 가운데 바가 있고 벽에 붙여 놓은 소파와 테이블, 바 자리로 둘러싸였다. 로스팅하는 날이면 향긋하고 고소한 커피 냄새로 가득찬다. 여행이 끝나갈 무렵 엽서나 일기장을 들고 와 마음을 쏟아 내고 가기 딱이다. 좋아하는 사람들에게 꼭 소개해 주는 곳으로, 아카 아마에서 일하던 주인이 커피 맛을 보장한다. 밤새 천천히 내리는 콜드 브루, 신선하게 매일 굽는 케이크 등의 베이커리도 맛있어 간단하게 아침을 먹으러 가기도 좋다.

위치 45/38 Moo 5 Chang Phuak Road / 마야 몰에서 도보 5분 **전화** +66 86 090 9014 **시간** 수~월 08:00~16:00 **홈페이지** facebook.com/cottontreecnx **가격** 아메리카노 65밧

와이 낫? Why Not?
제대로 된 이탈리안

MAPECODE 40075

풍미가 좋은 태국 음식도 매일 먹다 보면 질릴 수 있다. 그럴 땐 치즈가 쭉쭉 늘어나는 피자나 꾸덕꾸덕한 파스타, 코코아 가루를 듬뿍 뿌린 티라미수가 정답. 대표 메뉴는 역시 오븐에서 구워 내는 바삭하고 얇은 도우의 피자다. 입맛에 따라 다양한 토핑을 추가할 수 있다. 오늘의 메뉴는 매일 바뀌고, 샐러드와 수프부터 전부 이탈리아 전통 레시피대로 직접 만든다. 이탈리아, 프랑스, 스페인에서 가져온 샤큐테리와 치즈도 맛있어 와인을 한잔하러 저녁 식사 후 들려도 좋다.

위치 14 Nimmanahaeminda Road, 50000 **전화** +66 08 39 464 548 **시간** 17:00~23:00 **가격** 마르게리타 피자 20밧 **홈페이지** whynotchiangmai.com

비어 랩 Beer Lab
믿기지 않는 가격으로 즐기는 맥주 파티

MAPECODE 40076

문자 그대로 맥주 공장이다. 편의점에서 믿기지 않는 가격에 여섯 캔 들이를 사와 호텔 침대에 누워 새벽에 먹는 캔맥주도 맛있지만, 왁자지껄 분위기에 휩쓸려 아무것도 아닌 일에 크게 웃으며 묵직한 잔을 부딪치며 마시는 맥주 맛은 견줄 것이 없다. 님만해민의 젊은이들, 동네 주민들, 술꾼들이 편하게 한잔하러 모이는 인기 펍으로 독일, 네덜란드, 뉴질랜드, 벨기에, 호주, 한국 맥주까지 나라별로 정리해 놓은 메뉴판을 보고 이것저것 마셔 보자. 맥주와 잘 어울리는 안주도 다양하다.

위치 Nimmanhaemin Road Soi 12, 50200 / 마야 몰에서 도보 9분 **전화** +66 97 997 4566 **시간** 17:30~24:00 **홈페이지** facebook.com/beerlabchiangmai **가격** 맥주 330cc 270밧~, 치킨 나초 180밧, 치즈 프라이 150밧

나이트 바자 & 핑강
NIGHT BAZAAR & PING RIVER

별이 뜨고 질 때까지, 온종일 활기가 넘치는 곳

치앙마이에서 가장 일찍 일어나고 가장 늦게 잠드는 사람들이 여기 살고 있다. 아침 시장, 낮 시장, 저녁 시장, 야시장까지 핑 강변을 따라 수많은 시장이 바쁘게 돌아가니 늘 활기로 가득 차다. 이름 모를 작은 사원과 맛집, 부티크 호텔이 골목골목 숨어 있어 열심히 걷는 만큼 이 동네의 매력을 찾아낼 수 있다.

나이트 바자 & 핑강에서 놓치지 말아야 할 것!

❶ 나이트 바자에서 밤늦게까지 쇼핑 즐기기! 볼거리가 다양하고, 시장 양옆으로 늘어선 스파 숍과 식당이 밤늦게까지 운영한다.
❷ 핑강 뷰를 바라보며 즐기는 애프터눈 티와 화려한 밤 핑강 주변에서 마시는 맥주 한잔

나이트 바자 Night Bazaar ไนท์บาซาร์เชียงใหม่

밤이 되면 치앙마이에서 가장 신나고 번화한 장소

태국 전통 의상, 잡화, 기념품, 먹거리, 명품 모조품, CD, DVD, 앤티크, 여행 가방, 향신료, 태국 북부 소수 민족이 만든 수공예품, 태국 티크 나무로 만든 가구와 소품 등 볼 것도 먹을 것도 많다. 다양한 공연이 열리고 주변에 맛집도 많아서 쇼핑이 아니더라도 즐거운 시간을 보낼 수 있다. '창 클란 Changklan Road'과 '로이 크로 Loi Kroh Road' 두 대로를 중심으로 하여 양옆으로 뻗어 있는 골목까지 두 블록을 크게 아우르는 일대가 전부 나이트 바자다. 해 질 무렵 하나둘씩 문을 열고 11시 즈음 파한다. 보통 타 패 게이트에서 시작해서 핑강 쪽으로 이동하며 구경한다. 물건이 굉장히 많으니 매의 눈으로 좋은 것을 골라 흥정해 보자. 장터 내에는 작은 규모의 시장들도 있는데, 대표적으로 '칼레 Kalare'와 '아누산 Anusarn', 라이브 공연과 스트리트 푸드가 많은 '파빌리온 Pavillion'이 있으며, 아케이드 형식으로 조성되었다. 치앙마이의 시장은 정찰제는 아니지만 가격 차이가 크게 나는 편은 아니다. 하지만 치앙마이 동네 사람들의 말에 의하면 나이트 바자는 시장 중에서도 가격대가 조금 높은 편이라, 로컬들이 쇼핑을 하는 곳은 아니라고 한다. 왁자지껄하고 밤늦게까지 이어지는 음악과 맛의 향연을 즐기기 위한, 분위기 값이 조금 보태졌다고 생각하면 되겠다. 작정하고 쇼핑이 하고 싶다면 나이트 바자에서는 구경만 실컷 하고, 주말 야시장(토요일 야시장, 일요일 야시장)에서 구입하는 것을 권한다. 장이 파할 때쯤에는 큰 폭으로 할인하고 흥정도 적극적이니 이 시간대를 노려보는 것도 좋다. 첫 손님이 아무것도 사지 않고 그냥 가면 불운하다는 징크스가 있어서 장이 서고 조금 지난 후에 찾는 것이 좋은데, 첫 손님이 지불한 현금을 들고 물건들을 내리치며 복을 비는 상인들이 종종 보여 이 모습을 구경하러 일찍 나가는 사람들도 있다.

위치 Changklan Road, Loi Kroh Road, 50100 / 타 패 게이트에서 도보 15분 **시간** 해 질 녘~24:00(19:00 이후 가장 활기를 띤다)

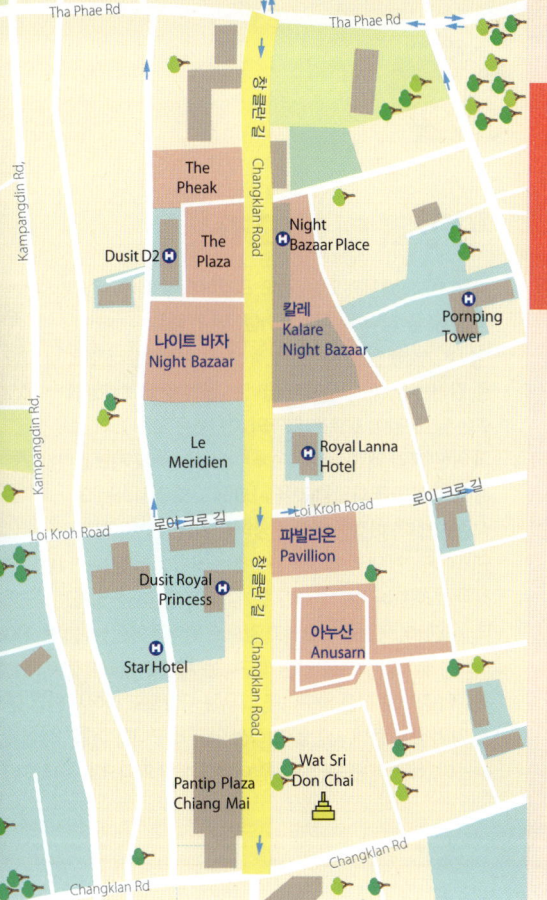

플로엔 루디 나이트 마켓 인터내셔널 푸드 코트
Ploen Ruedee Night Market International Food Court

MAPECODE 40078

여기저기 헤맬 필요 없이 푸드 트럭이 모여 있는 넓은 공터를 찾으면 된다. 칼레 야시장에도 푸드 코트가 마련되어 있는데, 그곳은 한국의 백화점에서 볼 수 있는 직사각형 형태로 구간을 나눠 요리를 하는 스타일로 운영되는 반면 플로엔 루디는 좀 더 경쾌하고 젊은 분위기다. 햄버거, 로티, 어묵 볼, 바비큐, 꼬치, 맥주, 칵테일, 디저트, 피자, 생선구이, 게 요리 등의 메뉴가 무척 다양하다. 테이블 자리도 넉넉하며 쓰레기통도 곳곳에 놓여 있어 밤새 깨끗하게 운영된다. 작은 무대에서는 라이브 밴드 공연이 열리고, 드럼통으로 된 테이블이나 서서 먹을 수 있도록 높게 만든 바 형식의 테이블 등 먹고 가는 손님들을 위한 자리도 다양하게 갖추고 있다.

위치 24 Changklan Road, 50100 / 타 패 게이트에서 도보 14분 **시간** 월~토 17:30~23:30

핑강과 러이 끄라통

치앙다오에서 내려오는 '차오 프라야 Chao Phraya강'의 두 갈래 중 하나로, 치앙마이를 지나 '람푼 Lamphun', '탁 Tak', '캄팽 펫 Kamphaeng Phet' 지역으로 흘러간다. 총 길이는 658km. 우기가 끝나는 음력 12월 보름달이 뜨는 날, 핑강이 흐르는 지역의 사람들은 모두 모여 물의 여신 '프라 매 콩카 Phra Mae Khongkha'에게 지난 한 해 동안 강물을 더럽힌 것을 사죄하고 또 감사하는 의식을 지낸다. 이것이 바로 치앙마이 일대의 연중 최대 행사이자 6천 년의 역사를 자랑하는 러이 끄라통('바구니를 띄우다'라는 의미)이다. 바나나 잎을 접어 장식한 끄라통(바구니)에 꽃과 초, 강의 정령에게 헌정하는 동전을 담아 물에 띄운다. 축제가 끝나면 동네 아이들이 동전을 찾으려고 강으로 뛰어들어 물놀이하는 귀여운 모습을 볼 수 있다.

바나나 줄기와 빵으로 만든 바구니는 자연 분해되어 문제가 없지만, 최근 들어서는 스티로폼이나 플라스틱 등으로 만든 바구니를 띄우는 사람들도 있어서 환경 문제가 대두되고 있다. 축제를 즐기기 위해 맘씨 좋은 동네 사람들이 직접 만든 바구니를 여행자들에게 하나둘씩 나누어 주던 때도 있었다고 하는데, 최근 몇 년 동안은 시장에서 엄청난 가격으로 축제용 바구니를 판다고 한다.

매 핑 리버 크루즈 Mae Ping River Cruise แมปิง ริเวอร์ ครุ้ยส์ เชียงใหม่

MAPECODE 40079

물살에 몸을 맡기고 여유로운 오후를 보낼 수 있는 크루즈

지친 발을 쉬어 갈 겸 핑강에서 신선한 계절 과일과 허브 주스를 마시며 뱃놀이를 해 보자. 동네 농부의 집에 잠시 멈춰서 재스민 쌀밥을 재배하는 모습도 살펴보고, 태국 요리와 의약에 널리 쓰이는 허브도 구경할 수 있다. 크루즈는 왓 차이 몽콜 Wat Chai Mongkol에서 출발하여 상류로 거슬러 올라간다. 태국 요리와 함께 강의 밤 풍경을 감상하는 90분 디너 크루즈는 매일 오후 5시 전까지 예약해야 한다. 호텔 픽업 서비스를 진행하여 무척 편하다.

위치 Chareonprathet Lane 8 Alley, 50100 / 아이언 다리에서 도보 8분 **전화** +66 53 274 822 **시간** 09:00~17:00 (정시에 출발), 디너 크루즈 18:30 **홈페이지** maepingrivercruise.com **가격** 매 핑 투어(1인) 550밧, 디너 크루즈(1인) 650밧

나와랏 다리 & 아이언 다리 & 나콘핑 다리
Nawarat Bridge & Iron Bridge & Nakhon Ping Bridge
สะพานนวรัฐ & สะพานเหล็ก & สะพานนครพิงค์

MAPECODE 40080 40081 40082

각각의 개성이 뚜렷한 핑강의 다리들

나와랏 다리 이탈리아의 엔지니어가 설계하고 600여 그루의 티크 나무로 1910년 완공한 나와랏 다리는 수직으로 흐르는 핑강의 동쪽과 서쪽을 믿음직스럽게 연결해 주었다. 이후 화재로 손상되어 1923년에 두 번째 다리를 지어 사용하였고, 1965년에 튼튼하게 다시 지은 것이 지금의 모습이다. 러이 끄라통 축제 때는 등을 들고 모이는 인파로 굉장히 붐빈다. 핑강에서 가장 유명하고 가장 많은 사람이 이용하는 다리다.

아이언 다리 두 번째 나와랏 다리 철거 이후, 이를 기념하기 위해 1970년대에 지은 다리로, 밤이 되면 색색의 조명이 켜져 강가의 경관이 더욱 아름다워진다. 정직한 이름에서 알 수 있듯 철로만 지었다.

나콘핑 다리 심미적인 부분은 없어서 단순히 강을 건너는 수단으로 이용하는 상류 부근의 다리. 보행자와 차 모두 건널 수 있다.

버스 바 Bus Bar

MAPECODE 40083

낡은 버스에서 흘러 나오는 EDM

강 건너편에서 아이언 다리로 돌아오면 다리 끝에 독특한 콘셉트의 오래된 버스가 보이는데, 이곳이 바로 밤이 되면 신나는 EDM 음악과 함께 맥주 파티장으로 변하는 버스 바다. 반면 낮에는 여느 강가 카페와 식당처럼 한가로운 분위기다. 최신 유행하는 태국 음악과 팝 음악을 모두 들을 수 있으며 라이브 밴드 연주도 있어 다양한 연령층이 즐기러 온다. 빨간 버스 앞에 놓인 널찍한 공간에 자유롭게 자리를 잡고 앉아 맥주를 마시며 강이 흐르는 소리에 귀를 기울이고 한없이 높은 하늘을 바라보는 기분은 더없이 짜릿하다. 파란 하늘과 빨간 버스가 대조되는 낮은 낮대로, 버스가 무대로 바뀌고 신나게 취하고 춤을 추는 밤은 밤대로 좋다. 등불이 핑강을 밝히는 모습을 가장 잘 볼 수 있는 곳이기도 하여 러이 끄라통 축제 기간에는 특히 붐빈다.

위치 Charoen Prathet Road, 50100 / 타 패 게이트에서 도보 17분 전화 +66 84 173 3113 시간 17:00~24:00 가격 창 맥주(S) 60밧

와위 커피 Wawee Coffee กาแฟวาวี

MAPECODE 40084

치앙마이의 대형 체인 카페

와위 커피는 치앙마이 부근의 매 사 Mae Sa 지역에서 탄생하였다. 이 지역의 스타벅스라 불리는 대형 체인 카페로 시내에 16개의 지점이, 방콕에 5개의 지점이 있다. 커피에 까다롭기로 유명한 치앙마이 사람들도 자주 찾는 곳으로, 맛이 꽤 좋고 메뉴도 다양하다. 와이파이와 냉방 시설을 갖추었고, 좌석이 많아서 모든 지점이 다 인기가 많다. 특히 핑 강변에 위치한 지점은 카페에서 보이는 경관이 무척 좋아 커피를 한잔하며 강을 구경하기에 안성맞춤이다. 모든 와위 지점은 치앙마이 북부 도이 창 Doi Chang의 유기농 커피 농장에서 커피콩을 공수하여 사용하므로 맛이 균등하다.

위치 Praisanee Road, 50300 / 타 패 게이트에서 도보 16분 전화 +66 52 001 145 시간 07:00~20:00 가격 아메리카노 65밧, 아이스 카푸치노 95밧

MAPECODE 40085

와로롯 시장 Warorot Market ตลาดวโรรส

현지인들이 장을 보는 동네 시장

동네 시장 구경을 하기에 적격인 와로롯 시장은 조금의 겉치레도 없는 정겨운 곳으로 치앙마이의 차이나타운에 있다. 3층 건물을 사용하는데, 1층만 살짝 돌아봐도 두꺼비인지 개구리인지를 양파 망에 담아 파는 모습, 수조 속에서 팔딱이는 장어, 산더미처럼 쌓아 놓은 메뚜기와 같이 다른 야시장이나 주말 시장에서는 볼 수 없는 풍경이다. 음식점보다 훨씬 싼 가격의 꼬치와 과일 주스, 태국식 소시지, 닭고기와 돼지고기구이, 쏨땀과 팟 타이도 있다. 2, 3층에는 의류와 공예품, 생필품을 주로 판매한다. 현지인을 대상으로 하는 시장이기 때문에 전통 의복보다는 평상시에 입을 티셔츠나 바지 등의 캐주얼한 옷을 팔고 있다.

위치 90 Wichayanon Road, 50300 / 타 패 게이트에서 도보 15분 **전화** +66 61 865 8958 **시간** 05:00~18:00 (시장 건물 바깥에서 장사하는 사람들은 23:00까지 영업) **홈페이지** warorosmarket.com

Tip 금도 팔아요

태국 사람들이 주식이나 채권보다 더 중시하여 투자하는 것이 바로 금인데, 치앙마이에서는 보통 22캐럿(99.9%)의 꽤 괜찮은 품질의 금을 거래한다. 와로롯 시장 부근에서 많은 금은방을 볼 수 있는데, 대부분 중국인들이 운영한다.

MAPECODE 40086

톤 람 야이 시장 Ton Lam Yai Market ตลาดต้นลำไย

꽃향기가 나는 식료품 시장

와로롯 시장 맞은편 건물에 있는 톤 람 야이 시장은 와로롯 시장과 비슷한 품목을 취급하는 동네 시장이다. 특히 꽃을 많이 팔아 플라워 마켓이라고도 부른다. 아침 일찍, 장이 설 때 지나치면 특히 예쁘다. 강렬한 색감의 꽃들이 다발로 묶여 싱그럽게 얼굴을 내밀고 있다. 치앙마이의 택시와 썽태우 기사들은 차에 좋은 냄새를 풍기게 하려고 재스민 꽃을 목걸이처럼 엮어 룸미러에 걸어 놓는데, 영업을 시작하기 전 아침 일찍 톤 람 야이 시장에 들러 재스민 꽃을 사간다.

위치 Wichayanon Road, 50300 / 타 패 게이트에서 도보 15분 **시간** 24시간

MAPECODE 40087

금요일 아침 무슬림 시장 Friday Morning Muslim Market

일주일에 한 번, 특별한 장이 열리는 곳

이슬람 사원 바로 옆에 있는 시장으로 일주일에 딱 하루, 금요일 오전에만 열린다. 치앙마이 다른 곳에서는 쉽게 찾을 수 없는 할랄 식재료와 의류 등을 판매하고, 할랄 음식도 시장 한편에서 즉석으로 요리하여 판매한다. 미얀마와 중국의 요리나 식재료도 볼 수 있는데, 대부분의 상인들이 미얀마나 라오스를 통해 태국으로 이주한 중국인 무슬림, 친 하우 Chin Haw이기 때문이다. 국물을 콩죽처럼 걸쭉하게 내는 미얀마식 국수인 샨 Shan 국수도 맛있고, 매콤한 소스를 뿌린 두부 튀김, 쌀가루로 만드는 도넛, 바삭한 옥수수전도 추천한다. 막 튀겨 따끈한 사모사를 먹으며, 그리 넓지 않은 시장을 한 바퀴 돌아보는 것으로 금요일 아침을 시작해 보자.

위치 Soi Charoen Prathet 1, 50100 / 타 패 게이트에서 도보 15분 **시간** 금요일 06:00~11:00

MAPECODE 40088

무앙 마이 시장 Muang Mai Market ตลาดเมืองใหม่

치앙마이의 신선한 식재료 시장

와로롯 시장에서 조금 더 위쪽으로 올라가면 나타나는 곳으로, 신선한 식재료로는 따라올 곳이 없다는 시장. 치앙마이 최고의 요리사들이 이곳의 신선한 식재료를 구입하기 위해 새벽같이 달려온다. 소매상을 대상으로 하는 규모 있는 도매상이지만 개인 구매도 가능하다. 치앙마이에서 과일 가격이 가장 싸다. 장기 여행자들이 종종 장을 보러 오기도 한다.

위치 1/1 Wichayanon Road, 50300 / 타 패 게이트에서 도보 18분 **전화** +66 80 499 3491 **시간** 24시간 (대부분의 상인들은 05:00~18:00 동안 장사한다)

TCDC 치앙마이 TCDC Chiang Mai ศูนย์สร้างสรรค์งานออกแบบ

치앙마이 최초의 디자인 정보 센터

사업가, 디자이너, 학생, 지역 주민 등 창의성을 개발하고 싶은 누구에게나 열려 있으며 좋은 아이디어를 경제적인 수익으로 전환하는 것을 돕고자 만들어졌다. 멀리서도 눈에 띄는 모던한 디자인의 건물에 있으며, 9천 권이 넘는 디자인 서적, 천 개 이상의 멀티미디어 자료, 80여 종류의 주간지 컬렉션과 GMID 마케팅 데이터베이스 등 방대한 자료를 자랑한다. 세계적인 디자이너들이 사용하는 재료 샘플 컬렉션도 준비되어 있으며 디자인 컨설팅 서비스도 진행하고 세미나와 워크숍도 자주 주최한다. 1층에는 테라스에서 편히 쉴 수 있는 카페가 입점되어 있다. 본점은 방콕에 있다.

위치 1/1 Muang Samut Road, 50300 / 타 패 게이트에서 도보 15분 **전화** +66 52 080 500 **시간** 화~일 10:30~18:00 **홈페이지** tcdc.or.th/chiangmai **요금** 1일권 100밧 (신분증 확인)

아트 인 파라다이스 Art in Paradise

재미난 사진을 찍으러 가는 트릭 아트 박물관

한국의 아티스트 장규석 씨가 14명의 동료와 함께 개관한 곳이다. 박물관이지만 얌전하게 돌아보는 전시는 없다. 3D 회화와 움직이는 액자 앞에서 익살스러운 포즈를 취해 보자. 특수 도료와 과학적인 기법으로 그린 130여 점의 그림이 수중 세계, 야생, 고전 명화 등의 테마로 이루어진 6개 전시관에 있다. 배경 퀄리티가 상당해 리얼한 사진을 남길 수 있으니 연기력을 발휘해 작품을 만들어 보자. 남녀노소에게 모두 인기가 많은데, 아이들이 즐거워해 가족 손님들이 특히 많다. 혼자 찾아가는 경우 수많은 배경을 구경할 때마다 사진 촬영을 부탁해야 하니, 두세 명이 무리를 지어 가야 원하는 만큼 사진을 잘 찍을 수 있다. 입구의 큼직한 빨간 LOVE 레터링도 놓칠 수 없는 포토 스폿이다.

위치 199/9 Changklan Road, 50200 / 타 패 게이트에서 도보 23분 **전화** +66 53 274 100 **시간** 09:00~19:00 **홈페이지** chiangmai-artinparadise.com, facebook.com/artinparadise.cnx **요금** 성인 300밧, 아동 200밧

EATING

★ 나이트 바자 & 핑강 지역

록 미 버거 Rock Me Burger
거부할 수 없는 뜨거운 철판 위의 패티

MAPECODE 40091

2014년부터 치앙마이 버거계를 꽉 잡고 있는 수제 버거집이다. 야시장에서 이것저것 사 먹은 것으로 배가 차지 않는다면, 양손으로 들어야 하는 큼직한 록 미의 햄버거를 먹으러 가자. 자정까지 영업해서 저녁 시간을 훌쩍 넘기고 찾아가도 좋다. 태국의 한 록 가수가 미국에서 생활하며 영감을 받아 차린 곳이다. 로큰롤 콘셉트로 기타도 벽에 걸려 있고, 블랙 앤 화이트로 강렬하게 매장을 꾸몄다. 크기도 록 스타들이 먹음 직한 햄버거처럼 큼직하다. 스테이크 메뉴도 맛이 있어 든든한 저녁 식사를 하러 오기에도 좋다. 번은 직접 만드는 것을 사용한다. 대로변에 있어 찾기도 쉽고, 바 자리가 있어서 간단히 감자튀김과 맥주를 먹고 일어나기에도 편하다. 입구 쪽에 그릴이 있어 요리하는 것도 구경할 수 있다. 님만해민(Nimmanhaemin Road Soi 15)에도 지점이 있다.

위치 17-19 Loi Kroh Road, 50100 / 타 패 게이트에서 도보 6분 **전화** +66 63 895 2456 **시간** 11:30~24:00 **홈페이지** facebook.com/Rockmeburger **가격** 라킹 온 헤븐(비프 또는 돼지고기 패티 150g, 체다 치즈, 스크램블드에그, 양상추, 토마토, 베이컨, 자체 마요네즈 소스) 195밧

마-칠 커피 MA-CHILL Coffee

모두의 입맛에 맞춘 독특하고 방대한 커피 메뉴

MAPECODE **40092**

2014년 오픈한 마-칠은 관광객이 적어 조용히 커피 한잔을 즐길 수 있다. 태국 북부에서 가져오는 커피콩을 사용하고 로컬 로스터리 퐁 Pong 커피 로스터스에서 로스팅한다. 키치한 느낌도 살짝 풍기는 빈티지한 원목 인테리어는 처음 오는 사람도 편하게 오래 머무를 수 있는 분위기를 자아낸다. 커피를 정말 사랑하는 주인은 모든 질문에 친절히 답해 주고, 생소한 마-칠만의 메뉴를 하나하나 짚어가며 최고의 커피를 경험할 수 있도록 돕는다. 탄산수와 오렌지 주스에 에스프레소를 타는 등 실험적인 메뉴도 많으며, 하우스 블렌드와 싱글 오리진 태국 커피 각각 두 종류씩 에스프레소, 블랙커피, 밀크 베이스 커피, 아이스 블랙 4종류를 세트로 묶어 85g 미니 사이즈 컵에 판매하는 테이스팅 플라이트 Tasting Flight 가 시그니처다. 토마토 양파 오믈렛과 크로와상, 바삭하게 구운 토스트와 베이크드 빈과 같은 든든한 메뉴는 브런치로 훌륭하다. 티와 과일 스무디도 메뉴에 있는데, 특히 망고 스무디가 맛있기로 유명하다.

위치 11/11 Sridonchai Road, 50100 / 타 패 게이트에서 도보 11분 **전화** +66 86 615 7689 **시간** 화~일 08:00~16:00
홈페이지 machillespressochiangmaithailand.wordpress.com **가격** 테이스팅 플라이트 180밧, 아메리카노 60밧

MAPECODE 40093

어 데이 인 치앙마이 커피 브루 & 리브.어데이
A Day in Chiang Mai Coffee Brew & live.aday

커피가 있는 치앙마이에서의 하루

낭만적인 이름의 작은 카페. 이렇게 인기가 많은데 공간이 넓었으면 좋겠다고 생각했다가 또 좁고 아늑한 것이 이곳의 특징이라 더 좋은 것 같기도 하다. 독특하게 커피를 마시는 사람들을 좋아한다는 어 데이의 오너 바리스타는 에어로프레스와 드립 커피뿐 아니라 추운 날, 허니문, 맑은 날 등 다양한 기호에 맞춘 오리지널 메뉴를 선보인다. 에티오피아, 탄자니아 등 세계 각지에서 좋은 원두를 가져와 사용한다. 어 데이 인 치앙마이 커피 브루 바로 옆에 있는 사랑방 같은 작은 공간은 '리브.어데이'다. 이곳에서는 다쿠아즈, 까눌레, 케이크 등의 디저트만 판매하고, 커피는 어 데이에서 주문하면 리브.어데이로 가져다준다. 최근 유행하는 카페 인테리어를 집대성한 느낌으로, 마샬 스피커와 색 유리잔, 작은 액세서리와 소품이 진열되어 있다. 한편에서는 일회용 카메라를 판매한다. 아날로그 감성에 자극받은 손님들이 충동구매해서 멋진 사진을 찍어 가기도 한다. 잔을 부딪치고 기울이는 사람들 모두 나직한 목소리로 대화하는 독특한 공간으로, 커피 맛도 좋으니 조금 멀어도 한번쯤 찾아가 볼 만하다.

위치 107/1 Ragang Road, 50100 / 타 패 게이트에서 도보 18분 **전화** +66 53 277 777 **시간** 월~토 10:00~16:00 **홈페이지** facebook.com/adayinchiangmaicoffee **가격** 에스프레소 60밧

산티땀 & 창 푸악
SANTITHAM & CHANG PHUEAK

요즘 핫한 동네, 산티땀 & 창 푸악

얼마 전까지만 해도 창 푸악 게이트 시장 너머 골목으로는 아예 가지도 않던 여행자들이 많았다. 오랫동안 단순 거주 지역이었던 곳으로 맛집이나 볼거리가 이제 막 들어서기 시작해, 조용한 골목들 사이에 갑작스럽게 인기몰이를 하는 스폿들이 속속들이 생겨나고 있다. 숙박비가 저렴하고 인테리어가 예쁜 호텔들도 대거 생겨나는 중이다. 치앙마이 여행을 거듭할수록 가장 크게 변화할 지역일 것이다.

산티땀 & 창 푸악에서 놓치지 말아야 할 것!

① 창 푸악 야시장의 족발 덮밥
② 주말이 더 좋다. 찡 짜이 마켓 제대로 즐기기
③ 치앙마이의 일등 빵집, '플립스 앤 플립스 홈메이드 도넛츠'의 도넛 맛보기

왓 쳇 욧 Wat Chet Yot วัดเจ็ดยอด

일곱 개의 불탑이 세워져 있는 이국적인 사원

치앙마이의 국립 박물관 옆, 고속도로변에 자리한 사원. 7개의 불탑이 있어 불탑 사원이라 이름 붙여졌다. 란나 타이 왕조의 티로카라트 왕이 1477년 불력 2000년을 기념한 불교 경전 편찬 회의를 주최하기 위해 세웠으며, 사원의 외형은 부처가 깨달음을 얻었다는 인도 부다 가야의 마하보디 사원을 모방하였다. 티로카라트 왕의 유골도 이곳에 안치되어 있고, 뱀의 해에 태어난 사람들이 성지 순례를 오는 것으로 유명하다. 치앙마이의 여느 사원들과 다르게 인도, 라오스, 중국 양식의 영향을 받은 란나풍으로 지어져 더욱 이국적이다.

위치 Moo 2 Super Highway 69, 31000 / 창 푸악 게이트에서 도보 39분 **전화** +66 53 224 80 **시간** 06:00~18:00

Tip 란나의 12간지 성지 순례

란나 사람들은 본인의 띠에 해당하는 해에 그 띠와 관련된 사원을 찾아 평생 한 번은 성지 순례를 해야 좋은 삶을 살 수 있다고 믿었다.

치앙마이 Chiang Mai	왓 쳇 욧 Wat Chet Yot	뱀 사원
	왓 프라 탓 시 촘 통 오라위한 Wat Phra That Si Chom Thong Worawihan	쥐 사원
	왓 프라 싱 Wat Phra Sing	용 사원
	왓 케드카람 Wat Kedkaram	개 사원
치앙라이 Chiang Rai	왓 프라탓 도이 퉁 Wat Phra That Doi Tung	돼지 사원
람팡 Lampang	왓 프라 탓 람팡 루앙 Wat Phra That Lampang Luang	소 사원
프래 Phrae	왓 프라 탓 초 해 Wat Phra That Cho Hae	호랑이 사원
난 Nan	왓 프라 탓 채 항 Wat Phra That Chae Hang	토끼 사원
탁 Tak	왓 프라 보롬마탓 Wat Phra Borommathat	말 사원
	도이 수텝 Wat Phra That Doi Suthep	양 사원
나콘 파놈 Nakorn Panom	왓 프라 탓 파놈 Wat Phra That Panom	원숭이 사원
람푼 Lamphun	왓 프라 탓 하리푼차이 Wat Phra That Haripunchai	닭 사원

MAPECODE 40095

치앙마이 국립 박물관 Chiang Mai National Museum
พิพิธภัณฑสถานแห่งชาติเชียงใหม่

치앙마이의 뿌리를 알 수 있는 국립 박물관

란나 왕조와 치앙마이의 역사를 알리기 위해 1973년 개관했다. 박물관의 목적은 방문객에게 란나 왕조의 자연적, 지리적, 문화적 배경을 교육하는 것이며 선사 시대 태국 북부 지역 부족들의 이주와 정착의 역사를 알리는 것이다. 관련 유물과 유적, 기록, 예술품이 6개의 전시관에 나뉘어 보관되어 있고 태국 북부 예술 작품도 볼 수 있다. 전시 설명은 태국어와 영어로 무척 자세하게 되어 있다. 넓은 정원을 갖춘 박물관의 3층 건물도 무척 아름답다. 여러 층으로 되어 있는 란나 양식의 지붕이 특징적이다. 규모가 아주 크지는 않아서 1시간 정도면 모두 돌아볼 수 있다.

위치 451 Moo 2, Super Highway (Chiang Mai-Lampang Road), 50000 / 창 푸악 게이트에서 도보 35분 **전화** +66 5322 1308 **시간** 수~일 09:00~16:00 / 송크란 기간과 1월 1일 휴관 **가격** 100밧

왓 록 몰리 Wat Lok Moli วัดโลกโมฬี

MAPECODE 40096

두 마리의 코끼리가 지키고 있는 사원

14세기에 세워진 높은 불탑이 유명한 사원으로, 방문자가 많지 않은 편이라 운이 좋으면 혼자 조용히 돌아볼 수 있다. 언제 세워졌는지 확실하지 않으나 가장 이른 기록으로는 1367년의 것이 있다. 란나 왕조 쿠에나 왕 Kue Na이 고승 마하 테라의 제자들인 버마(현 미얀마)의 승려 10명을 초청하여 이곳에서 기거하며 소승 불교를 전파하도록 했다고 한다. 대부분의 불교 사원은 동서축으로 짓는 데 반해 왓 록 몰리는 수직축으로 지은 것이 특징이다. 또 하나 눈여겨볼 것은 불탑과 도르래로 연결된 새 모형이다. 새에 매달려 있는 대나무 통에 물을 담아 도르래 줄을 당기면 불탑의 부처상까지 이동한다. 부처의 더위를 식혀 드리는 일종의 불공이다. 불당에 들어서면 고개를 들어 천장을 보자. 유리 모자이크로 만든 연꽃무늬와 금빛 나뭇잎 장식 등을 이용하여 부처의 삶을 아름답게 그려 냈다. 정원에는 두 그루의 소원을 비는 나무가 있고 하트 모양의 금빛과 은빛 나뭇잎을 구입하여 소원을 적어 걸 수 있다. 사원 내에는 불교 관련 신과 인물들 그리고 왕가 사람들에게 헌정된 조각상들도 있다.

위치 Thanon Manee Nopparat Soi 2, 50200 / 창 푸악 게이트에서 도보 6분 **시간** 06:00~17:00

찡 짜이 마켓 JJ Market เจเจมาร์เก็ต

현지인과 관광객의 활기가 느껴지는 '진짜' 시장

'진짜'라는 뜻의 시장으로, 나나 정글의 확대판이라 할 수 있다. 번호표를 들고 서두를 필요가 없어서 훨씬 조용하고 편하다. 시내와 꽤 떨어져 있고 넓은 대로변에 위치하며 주차 공간도 넓어 운전해서 오는 사람이 많다. 관광객들이 많이 오지만 그럼에도 불구하고 어수선하거나 소란스럽지 않다. 규모가 상당한데, 계속해서 새로운 치앙마이 음식과 브랜드들이 입점되고 있다. 상점마다 정체성이 뚜렷하고 개성이 있어야 한다는 것을 전제로 하며 공장에서 찍어낸 듯한 대량 생산 물건들은 판매할 수 없다. 치앙라이에 본점을 둔 도이퉁 Doitung 커피나 꾸 로티, 더 바리스트로 등 치앙마이 인기 상점과 맛집들도 찡 짜이 마켓에 한 자리씩 맡았다. 대로 한쪽에는 매일 열리는 동네 과채 시장이 있고, 건너편에는 요일별로 다른 장이 선다. 주말이 가장 바빠 하루에 5천 명이 넘는 손님들이 다녀간다. 유기농 과채를 파는 파머스 마켓을 제외하고 러스틱과 호비는 겹치는 품목이 많고, 여느 시장에서 볼 수 있는 음식과 음료도 함께 판매한다. 수많은 상인들 중 드립 커피를 내려 주는 아저씨는 찡 짜이의 명물인데, 원하는 만큼만 커피값을 지불하라는 독특한 장사 방식으로 유명해졌다. 커피 맛이 꽤 좋아 시가대로 지불하고 가는 사람들이 대부분이고, 치앙마이 사람들은 농담을 몇 마디 주고받다가 팁을 넉넉히 주고 가기도 한다. 그 밖에 앤티크 가구를 파는 구역도 규모가 꽤

큰 편이고, 란나 전통 예술과 워크숍 및 행사도 종종 열린다. 새로 들어오는 상인과 상점, 행사 정보 등을 페이스북 페이지에 열심히 업데이트하고 있으므로 찡 짜이 마켓 방문 전에 정보가 필요한 사람들은 들어가 보자.

위치 45 Atsadathon Road, 50300 / 창 푸악 게이트에서 도보 27분 **전화** +66 53 231 520 **시간** 09:00~21:00 / **파머스 마켓** 토~일 06:00~13:00, **러스틱 마켓** 매달 첫째·셋째 주 일요일 07:00~13:00, **호비 마켓** 매달 둘째·넷째 주 일요일 07:00~13:00 **홈페이지** facebook.com/jjmarketchiangmai

CHIANG MAI
EATING

★ 산티땀 & 창 푸악 지역

카오 소이 매 사이 Khao Soi Mae Sai ร้านข้าวซอยแม่สาย

MAPCODE 40098

칼칼한 국물, 수더분한 편한 맛집

과음했거나 피곤한 밤을 보내고 아침에 눈을 떴을 때, 칼칼한 카오 소이가 생각난다면 이곳을 추천한다. 세월의 흔적이 보이지만 깨끗하고 정돈된 이곳에는 아침 일찍부터 큰 냄비에서 카오 소이 국물이 보글보글 끓고 있다. 매운맛, 짠맛, 단맛, 새콤한 맛이 균형을 이루고 있는데, 첫술부터 마지막까지 만족스럽다. 무심한 듯 세심하게 챙겨 주는 주인과 종업원들의 마음씨, 카오 소이에 곁들이는 라임과 얼음물도 모두 정겨운 동네 맛집이다. 국수 한 그릇으로 배가 차지 않는다면 돼지고기 사테이(꼬치)도 시켜 보자.

위치 29/1 Ratchaphuek Alley, 50300 / 창 푸악 게이트에서 도보 20분 **전화** +66 53 213 284 **시간** 월~토 08:00~16:00 **홈페이지** facebook.com/khaosoi.maesai.chiangmai **가격** 카오 소이 45밧, 돼지고기 사테이(꼬치) 40밧

창 푸악 야시장 족발 덮밥 Khao Kha Moo Chang Phueak

MAPECODE 40099

밤이 내리고 허기질 때 찾으면 좋은 야시장

썽태우 기사, 세븐일레븐 종업원, 호텔 프런트 데스크도 모두 알고 추천하는 치앙마이 최고의 야식인 족발 덮밥이 창 푸악 게이트에 있다. 어지럽게 노점이 다닥다닥 붙어 있는 시장이지만 쉽게 찾을 수 있는 이유는 쉐프 겸 주인아주머니가 카우보이모자를 쓰고 있기 때문이다. 태국 향신료와 함께 오래 끓여 부드러운 족발을 바로 썰어 접시 가득 담아 주는 덮밥은 단돈 30밧이다. 야들야들한 족발과 함께 얹어 주는 반숙 달걀이 무척 잘 어울린다. 창 푸악 야시장에서는 족발 덮밥 외에도 치앙마이 여러 시장에서 볼 수 있는 과일 스무디, 꼬치 요리, 팟 타이 등을 판매하고, 테이블 자리도 꽤 많아서 먹고 가기 좋다.

위치 Pratu Chang Phueak, 50200 / 창 푸악 게이트 앞 **시간** 17:00~02:00 **가격** 카우보이 족발 덮밥 (소) 30밧, (대) 50밧

옴니아 카페 앤 로스터리 Omnia Cafe & Roastery

MAPECODE 40100

분위기와 커피 맛 모두 훌륭한 카페

힙하고 편안한 분위기의 깔끔한 카페이다. 에티오피아, 태국 커피콩 모두 사용하며, 소량으로 들여오는 좋은 블렌드를 한정 판매하기도 한다. 자체 로스터기가 있어 늘 신선한 블렌드를 마실 수 있고 카페 안에 감미로운 커피 향이 항상 감돈다. 콜드 브루나 V-60, 에어로프레스 등 다양하게 추출하고 내려 마시는 커피 메뉴를 폭넓게 소개한다. 배를 채울 사이드 메뉴보다는 커피와 어울릴 간단한 쿠키류가 주로 있다. 바리스타 추천 메뉴로 자주 등장하는 리치 커피도 마셔 보자. 새콤달콤 신선한 리치와 말린 산딸기를 작은 나무 막대에 끼워 아메리카노 위에 얹어 주는데, 커피와의 합이 의외로 좋다. 로컬 바리스타나 커피 애호가들을 위해 종종 워크숍을 열기도 한다.

위치 181/272 Moo 3 Potaram Road, 50300 / 창 푸악 게이트에서 도보 40분 **전화** +66 89 999 4440 **시간** 08:00~17:00 **홈페이지** facebook.com/OmniaCafeChiangmai **가격** 카페라테 65밧, 바리스타 추천 메뉴 110밧

옴브라 카페 Ombra Caffe

MAPECODE 40101

빈티지한 인테리어, 든든하고 맛있는 아침과 커피

피우르 Pyur 호텔 1층에 있는 한적하고 널찍한 카페. 호텔 투숙객들이 조식을 먹는 곳이라 자리가 넓고, 가죽 소파와 큰 원목 테이블로 편안하게 꾸며 놓았다. 무럭무럭 잘 자란 큰 화분들이 여럿 놓인 작은 정원 자리도 있다. 안쪽으로 깊숙이 들어가면 조명을 은은하게 켜 두어 아침에도 차분하고 어두운 분위기를 띠고, 창가 자리는 배부르게 아침을 먹고 눈을 감으면 스르르 잠이 들 정도로 따뜻한 볕이 잘 든다. 그 어떤 것에도 방해받지 않고 혼자 조용한 아침을 보내고 싶을 때 찾아오면 좋다. 진한 커피와 과일 음료, 케이크, 베이커리, 맥주 등 다양한 음료와 음식을 판매한다. 요거트 뮤즐리, 오렌지 주스, 크로와상, 타이 디저트로 구성된 아침 세트가 든든하고 맛있다. 카페 한편에는 책들이 꽂혀 있는데, 호텔 손님들이 두고 갔는지 한국어로 된 책도 몇 권 보인다.

위치 21/8 Ratchaphuek Road, 50300 / 창 푸악 게이트에서 도보 21분 **전화** +66 85 417 9449 **시간** 08:00~22:00 **가격** 에스프레소 40밧, 아침 세트 125밧, 뮤즐리 요거트 75밧

플립스 앤 플립스 홈메이드 도넛츠 Flips & Flips Homemade Donuts

MAPECODE 40102

앉은 자리에서 열 개도 먹을 수 있는 인생 도넛

사람들이 치앙마이에서 꼭 가볼 베이커리로 가장 먼저 추천하는 곳이다. 치앙마이 다른 곳에 비해 상대적으로 조용한 산티땀에 있지만 이곳만은 인기가 대단해서 거의 항상 줄을 서야 한다. 테이블 몇 개가 놓인 그늘진 정원 자리가 시원하니 먹고 가자. 테이크 아웃을 해도 호텔에 도착하기 전에 다 먹어 치우게 될 정도로 맛있다. 말차 아이싱을 올린 작은 도넛 꼬치, 팥이 들어간 말차 도넛, 코코넛 누텔라, 피넛 버터 등 오리지널 슈거 글레이즈 외에도 독창적인 메뉴가 많다. 쫄깃한 반죽에 진한 토핑과 속이 어우러져 여태까지 먹어 본 그 어떤 도넛보다도 맛있다.

위치 14 Hussadhisawee Soi 5, 50300 / 창 푸악 게이트에서 도보 18분 **전화** +66 91 865 1535 **시간** 금~수 11:00~16:00 **홈페이지** facebook.com/FlipsandFlipsHomeMadeDonuts **가격** 슈거 글레이즈 25밧, 피넛 버터 45밧

라이트 업 카페 Light Up Café

MAPECODE 40103

생크림 토스트가 맛있는 카페

신선한 제철 식재료를 사용하기 때문에 디저트 메뉴가 자주 바뀌는데, 딸기 생크림 토스트가 메뉴에 보인다면 꼭 주문하자. 평생 먹은 생크림 중 가장 되직하고 신선하게 친 생크림을 듬뿍 얹어 한 입 먹는 순간 깜짝 놀라게 될 것이다. 파파야나 망고, 바나나, 치즈 등 입맛을 돋우는 신선한 식재료로 만드는 음료와 스낵 메뉴 모두 맛있다. 규모는 작지만 부지런히 예쁘고 달콤한 것들을 만들어 낸다. 커피 가격이 무척 싼 편인데, 토스트가 너무 맛있으니 커피만 마시고 가기 아쉽다.

위치 Sanam Kela Road, 50200 / 창 푸악 게이트에서 도보 7분 **전화** +66 64 538 5124 **시간** 월~토 07:00~20:00, 일 09:00~18:00 **홈페이지** facebook.com/Light-Up-Cafe-1543816655881347 **가격** 아이스 아메리카노 35밧, 딸기 토스트 95밧

나나 정글 Nana Jungle

MAPECODE 40104

토요일 아침에는 정글에서의 만찬을

토요일 아침은 으레 늘어지고 싶기 마련인데, 동이 트기도 전에 일어나 부지런히 도시 외곽으로 나가는 사람들이 있다. 바로 나나 정글의 빵을 맛보기 위해서인데, 엄청난 인파가 몰리기 때문에 일찌감치 도착해 번호표를 받아야 한다. 나나 정글에는 빵만 있는 게 아니라 주변으로 다양한 먹거리와 의류, 소품 등을 판매하는 큰 장이 열리니, 번호표를 받고 순서를 기다리며 시장을 구경하면 된다. 빵 다음으로 독일 소시지가 인기가 있고 태국 디저트, 날염 옷, 귀여운 소품, 심지어 한국 음식을 파는 곳도 있다. 차례가 되면 빵을 담을 봉지와 위생 장갑을 나누어 준다. 크로와상과 키쉬, 샌드위치, 호밀 빵 등 종류가 무척 다양하고 빵을 사서 나오면 무료로 커피를 한 잔 마실 수 있다. 한편에 빵을 먹고 갈 수 있는 자리도 마련되어 있다. 한참을 기다려 먹어야 할 정도는 아니지만, 정글처럼 나무와 꽃이 무성한 정원에서 아침 공기를 마시며 빵을 사 먹을 수 있다는 점이 이색적이라 많은 사람들이 찾는다. 나나 정글은 나나 베이커리의 토요일 판매처로, 메인 베이커리는 농 호이 Nong Hoi(Siri Watthana Niwet Alley, 50000)에 있으며 이곳에서 구운 빵을 나나 정글로 운반하여 판매한다. 산티땀에도 지점이 있는데 (9/1 Hussadhisawee Soi 5, 50300), 이곳은 카페로 운영되어 빵집처럼 빵을 개별적으로 사 가는 것이 아니라 빵을 포함하는 브런치를 먹을 수 있다.

위치 Rural Road Chiang Mai 4307 끝 골목, 50300 **전화** +66 86 586 5405 **시간** 토요일 06:00~11:00 **홈페이지** nana-bakery-chiang-mai.com **가격** 초콜릿 크로와상 30밧

Tip 돌아갈 택시를 부를 때

차나 스쿠터를 운전해서 오지 않았다면 워낙 인파가 몰려 그랩을 부르는 것이 어려울 수 있다. 썽태우도 큰길로 나가야 보이는데, 대로변으로 걸어 나와 '카페 드 오아시스 Café de Oasis'에서 구입한 빵과 함께 커피를 마시며 차량을 부르는 것을 추천한다. 유명한 오아시스 스파에서 운영하는 곳으로, 나나 정글에서 나누어 주는 무료 커피보다 훨씬 맛이 좋다. 정원이 넓고 소파 자리도 편안하다.

카페 드 오아시스
위치 202/9 Moo 1 Route 4307, 50200 / 나나 정글에서 도보 10분 **전화** +66 53 920 191 **시간** 08:00~17:00 **홈페이지** facebook.com/CafeDeOasisCM **가격** 아메리카노 65밧

아티스틱 랩 Artistic Lab

MAPECODE 40105

과학과 예술에서 영감을 받은 카페 겸 뷰티 스토어

시내 중심부와 조금 떨어져 있어 차분하고 조용하다. 티끌 하나 없이 새하얀 문을 열고 들어가면, 미니멀하고도 발랄한 인테리어에 기분이 좋아진다. 꿀과 설탕을 담은 시험관들이 나란히 등장하면 원하는 대로 섞어 맞춤형 커피를 만들어 마실 수도 있고, 차와 과일을 베이스로 한 음료 종류도 다양하다. 문 하나로 연결되어 있는 상점에서는 목욕용품과 향수, 향초 등을 판매한다. 재료들의 향은 이국적인 재료들의 조합으로 독특하고 신선하며, 다양한 취향을 만족시킬 제품들이 예쁘게 진열되어 있다.

위치 The Kannas Mini Mall, 50300 / 창 푸악 게이트에서 도보 31분 **전화** +66 53 218 097 **시간** 목~화 10:00~20:00 **홈페이지** facebook.com/ArtisticLab.official **가격** 에스프레소 콘 파냐 55밧

강 건너편 무한한 가능성을 보이는 미지의 동네

올드 시티 방향에서 핑강을 건너오면 더욱 조용하고 새롭고 다듬어지지 않은 치앙마이를 만나게 된다. 바쁘고 반짝이는 다른 동네를 모두 돌아본 후 왓 켓을 여행하면 치앙마이 여행의 방점을 찍게 된다. 맛집들은 멀리 떨어져 있고 중심대로가 되는 번화한 큰길도 없지만 그래서 더 좋다. 목적지만큼이나 그곳을 찾아가는 길이 즐겁다. 작은 발걸음을 옮기는 것이 왠지 보람된 왓 켓을 탐험하자.

왓 켓에서 놓치지 말아야 할 것!

1. 왓 켓 맛집 정복! 베스트는 역시 포레스트 베이크, 미나 라이스 베이스즈 퀴진과 조허니
2. 왓 켓의 고급스러운 호텔과 감각적인 인테리어의 부티크 호텔에서의 하룻밤. 프라이빗한 테라스와 바가 멋진 137 필라스 하우스, 미슐랭 레스토랑이 있는 X2 리버사이드 리조트, 멋스러운 식당에서 조식과 티를 즐길 수 있는 데자티스트 핑 실루엣 추천!

MAIIAM 현대 미술관 MAIIAM Contemporary Art Museum
พิพิธภัณฑ์ศิลปะร่วมสมัยใหม่เอี่ยม

예술혼을 자극하는 모던한 전시관

예로부터 수많은 예술가의 고향이었던 태국 북부는 오늘날에도 태국의 내로라하는 아티스트들을 배출하고 있다. 이곳은 치앙마이와 치앙마이의 예술을 사랑하는 한 가족이 30년 동안 수집한 컬렉션을 기증하여 생겨난 미술관으로, 더 많은 수집가에게 영감을 불어 넣고 예술로써 관람객들의 삶을 더욱 풍요롭게 하는 것이 목적이다. '새로운 도시'라는 치앙마이의 '마이'와 쭐랄롱꼰 왕 King Chulalongkorn(1868~1910)의 배우자였던 선대 차오 촘 이암 Chao Chom Iam의 끝자를 가져와 박물관 이름을 지었다. 미술관 건물은 3,000m²의 창고를 개조한 것으로, 건축미를 살리되 자연 채광이 충분히 들고 내부 전시에 초점을 맞춘 현대적인 설계도를 택했다고 한다. 거울로 된 두꺼운 문에서 현대 미술관의 세련됨이 물씬 느껴진다. 영구 전시와 함께 동남아시아의 엑소더스, 꽃의 시적인 언어 등 흥미로운 주제의 특별 전시들이 열리고 파리, 앤트워프 등 세계 각지에서 활약하는 다양한 현대 예술가들의 개인전도 주최한다. 라이브 공연도 종종 있으며 규모 있는 기념품 상점과 레스토랑도 함께 운영한다.

위치 122 Moo 7 Tonpao, 50130 / 나와랏 다리에서 차로 23분 / **흰색 미니버스** 와로롯 시장에서 산 캄 팽으로 가는 버스를 타고 MAIIAM에 내린다고 기사에게 말하면 산 캄 팽 가는 도중 내려준다(15밧). 돌아오는 것도 마찬가지로 18:00까지 주기적으로 흰색 미니버스가 있으니 기다렸다가 탑승하면 된다. 단, 언제 올지 몰라 꽤 오래 기다릴 수도 있다. **전화** +66 81 386 6899 **시간** 수~월 10:00~18:00 **홈페이지** maiiam.com **요금** 성인 150밧, 학생 100밧, 12세 미만 무료

MAPECODE 40107

시암 셀라돈 Siam Celadon

현대 미술관 맞은편에 있는 도자기 전시관

MAIIAM 현대 미술관 맞은편에 있는 도자기 전시관. 두 가지 나무가 타고 남은 재를 이용하여 굽는 전통 방식을 고수하여 은은한 옥색의 자기를 만든다. 빅토리아 시대풍으로 꾸민 라밍 티 하우스 Raming Tea House가 딸려 있다.

위치 38 Moo 10 Tonpao, 50130 / 나와랏 다리에서 차로 23분 **전화** +66 53 331 526 **홈페이지** siamceladon.com, facebook.com/Raming-Tea-House-Siam-Celadon-306947066109172

MAPECODE 40108

보상 우산마을 Borsang Umbrella Making Center

빙그르르 돌아가는 알록달록 우산 마을

뽕나무로 만든 종이우산은 태국 북부의 유명한 공예품 중 하나이다. 우산 장인들이 모여 함께 작업하고 완성된 것을 판매하는 보상 우산 마을은 알록달록 예쁘고 넓어 멀리까지 나와 구경하는 재미가 있다. 농업만으로는 살림살이가 어려워 시작한 우산 공예는 튼튼한 철제 우산이 등장하면서부터 판매가 급격하게 줄었고, 그에 따라 우산 장인들의 수 역시 줄고 있다고 한다. 1978년 지역의 유산인 우산 공예를 보존하기 위해 우산 마을이 조성되었고, 관광지로 부상하며 명맥을 이어가고 있다. 보상 우산의 특징은 꽃무늬로, 채색하는 과정에 특히 공을 들인다. 하나하나 손수 만들어 색을 입히고 장식한 우산은 색도 모습도 고와서 해가 쨍쨍한 날에도 받쳐 들고 온종일 산책을 하고 싶은 기분이 든다. 뽕나무 종이에 대나무나 면, 실크를 섞기도 하고 같은 재료로 부채도 만들어 판매한다. 뽕나무로만 만든 것은 관상용이고, 대나무로 만든 우산은 방수 기능이 있어 비 오는 날 들어도 무방하다. 색색의 우산으로 꾸며 놓은 정원에서 사진도 찍고, 작업하는 장인들의 모습도 엿보고, 햇볕에 물감을 말리기 위해 우산들을 나란히 잔디밭에 늘어놓은 예쁜 광경도 감상할 수 있다. 1월 셋째 주 금요일에는 해마다 보상 우산 축제가 열린다. 온 마을이 제각기 우산을 뽐내며 퍼레이드를 한다.

위치 111/2 Moo 3, Bo Sang-Doi Saket Road, 50130 / 나와랏 다리에서 차로 22분 **전화** +66 53 338 195 **시간** 08:15~17:00

EATING

★ 왓 켓 지역

힌레이 커리 하우스 Hinlay Curry House
한적한 골목에 자리한 매콤한 인도 음식 전문점

MAPECODE 40109

자전거나 스쿠터를 타고 온 손님들은 화장실이 있는 식당 뒤쪽 정원에 주차할 수 있다. 여기서 옆에 있는 포레스트 베이크의 빵을 먹기도 한다. 그러다 고소하고 매콤한 커리 냄새에 혹해 식사까지 하고 가는 사람들도 많다. 알루 고비(토마토소스, 콜리플라워, 감자로 만드는 인도 전통 요리), 호박 커리, 로티 등 퓨전이 아닌 정통 인도 커리의 맛을 제대로 낸다. 커리 아닌 웨스턴 메뉴도 다양하게 준비되어 있다. 아침 세트가 특히 건강하고 맛있다. 이슬이 내린 정원이 특히나 싱그러워 오전에 오면 더 좋다. 홈메이드 코코넛 아이스크림으로 입가심하는 것도 잊지 말자.

위치 8/1 Nha Wat Kate Road Soi 1, 50000 / 나와랏 다리에서 도보 10분 **전화** +66 53 242 621 **시간** 목~화 08:00~17:00 **홈페이지** facebook.com/HinlayCurry **가격** 사모사 20밧, 비프 커리 120밧, 호박 커리 75밧, 아이스크림 60밧

포레스트 베이크 Forest Bake

MAPECODE 40110

빵이 옹기종기 모여 있는 숲속의 베이커리

아침마다 이 빵집으로 산책하듯 걸어와 갓 구운 바게트, 컵케이크, 브리오슈를 한 아름 안고 돌아가는 길은 행복했다. 빵을 좋아하는 사람이라면 이곳의 빵 때문에 치앙마이에 더 머무르고 싶다는 생각이 절로 들 것이다. 푸드 스타일리스트가 차린 빵집답게 비주얼이 엄청나고, 더불어 유기농 재료를 사용하여 건강하기까지 하다. 긴 나무 테이블과 꼬마전구로 꾸며진 넓은 정원을 갖춘 작은 오두막의 문을 열면 정원보다 더 많은 꽃과 나무가 가장 먼저 눈에 들어온다. 딸기 퓨레를 담뿍 얹어 놓은 치즈 케이크가 늘어선 냉장 진열대가 있고, 그 맞은편에는 시나몬 번, 더블 초콜릿 브라우니, 까눌레가 이름표 뒤로 줄지어 앉아 있다. 포장해 가면 금세 모양이 망가지니 정원에서 느긋하게 먹고 가는 것을 추천한다. 카페 식당 힌레이 커리 하우스가 바로 옆에 있어 식사 후 들러도 좋다.

위치 8/2 Nha Wat Kate Road Soi 1, 50000 / 나와랏 다리에서 도보 10분 **전화** +66 91 928 8436 **시간** 금~화 10:30~17:00 **홈페이지** facebook.com/forestbake **가격** 레드 베리 타르트 110밧, 뉴욕 스티키 번 115밧, 코튼 폭스 치즈 케이크 95밧

우 카페 아트 갤러리 라이프스타일 숍
WOO Café Art Gallery Lifestyle Shop

맛도 멋도 갖춘 복합 공간

MAPECODE 40111

꽃집으로 착각할 정도로 다발로 묶인 꽃과 화분에 심어진 꽃나무들이 넓은 공간을 가득 메우고 있다. 긴 이름 그대로 카페이자 식당이며 예술 작품을 전시하는 갤러리이기도 하고 케이크 스탠드나 도자기 접시 등을 판매하는 라이프스타일 상점이다. 치앙마이 소시지를 넣은 타이 스타일 스파게티를 비롯한 퓨전 요리와 북부 태국 요리, 웨스턴 요리가 메뉴에 있다. 카페 안쪽으로 들어가면 꽃다발이 특히 많이 꽂힌 곳에 디저트가 디스플레이 되어 있는데, 꽃송이를 살짝 들추면 나타나는 케이크도 전부 맛있다. 테라스와 창가 자리가 가장 인기가 좋다. 식사 후 1층의 상점과 2층의 현지 아티스트들의 작품 전시를 천천히 구경하는 것으로 이곳에서의 화사한 시간을 마무리한다.

위치 80 Charoenwat Road, 50000 / 나와랏 다리에서 도보 7분 **전화** +66 52 003 717 **시간** 10:00~21:00 **홈페이지** woochiangmai.com **가격** 모닝글로리 150밧, 콥샐러드 350밧, 수박 주스 120밧

키친 허쉬 Kitchen Hush

MAPECODE 40112

소문내고 싶은 조용한 일본 가정식 맛집

조용한 주방이라는 이름의 오사카 스타일 일식집이다. 언뜻 보기엔 일반 가정집 같은 분위기로, 정원이 딸린 2층 오두막집에서 묵묵히 맛있는 밥을 짓는다. 계단을 올라 들어서면 은은한 조명, 묵직한 공기, 갓 지은 고슬고슬한 쌀밥의 맛있는 냄새가 반겨준다. 치앙마이에는 일식집이 여럿 있으나 키친 허쉬 같은 곳은 없다고 확신한다. 영어가 서툰 직원이 주문을 전달하면 주방장이 빠른 손으로 솜씨 좋게 요리를 시작한다. 타코야키, 가츠동, 도시락, 회, 간단한 맥주 안주까지 메뉴가 다양하다. 점심 도시락 세트 메뉴도 있고, 단품을 여러 개 주문해 먹어 보는 것도 좋다. 내주는 녹차를 천천히 마시며 여유로운 식사를 해야 하는 곳이다. 저녁에는 키친 허쉬만의 고즈넉한 분위기가 한층 더 짙어져 찾는 사람들이 많으니 예약을 추천한다. 단, 가격대는 조금 높은 편이다.

위치 4, Soi Kaeo Nawarat 2, Kaeo Nawarat Road, 50000 / 나와랏 다리에서 도보 11분 **전화** +66 53 247 731 **시간** 목~화 11:30~14:00, 18:00~22:00 **가격** 카레라이스 240밧, 도시락 박스 150밧, 타코야키(6피스) 90밧

데크 원 Deck 1

MAPECODE 40113

밤에 진가를 드러내는 환상적인 강변 레스토랑

맞은편의 '라린진다 웰니스 스파 리조트 RarinJinda Wellness Spa Resort'에서 운영하는 식당이다. 핑강의 야경은 날씨에 따라, 강을 거니는 사람의 기분에 따라, 조명에 따라 그 모습이 너무나 다르다. 강을 따라 수많은 카페와 식당, 바가 저마다 훌륭한 뷰를 감상할 자리를 마련해 두었는데 그중 최고로 꼽는 곳은 바로 데크 원이다. 빨강과 검정톤 인테리어로 감각적으로 꾸민 데크 원은 달과 별처럼 높이 매달아 놓은 크고 작은 조명으로 밤에 더욱 우아하고 화려하게 빛난다. 테라스 자리에서 강을 마주하고 먹는 저녁 식사는 타이 퓨전이다. 칵테일 메뉴도 괜찮다. 가격대는 조금 비싼 편. 서비스가 훌륭하고 종종 라이브 음악 공연도 있다.

위치 1, 14 Charoenraj Road, 50000 / 나와랏 다리에서 도보 4분 **전화** +66 53 302 788 **시간** 07:00~24:00 **홈페이지** thedeck1.com **가격** 태국식 새우볶음밥 280밧

데이비즈 키친 앳 909 David's Kitchen at 909

MAPECODE 40114

훌륭한 서비스의 퓨전 프렌치 메뉴

세계적인 여행 정보 웹사이트 트립어드바이저에서 치앙마이 1등 레스토랑으로 꼽히는 파인 다이닝이다. 태국에 건너온 지 20년이 다 되어가는 영국인이 이미 성공적이던 909를 인수해 유명세를 이어가고 있다. 요리의 맛보다는 흠잡을 데 없는 서비스가 1등을 만들었지만, 기분을 내고 싶은 저녁에 가보는 것도 좋다. 프렌치와 태국 요리를 기반으로 한 퓨전 메뉴들을 선보이며 주기적으로 바뀌는 세트 메뉴가 가격 대비 만족스럽다. 헤드 셰프의 시그니처는 부드러운 단호박 스프, 망고 처트니를 곁들인 푸아 그라, 트러플 크림을 얹은 랍스터 페투치니, 참치구이, 양고기구이 등이 있다. 정통 프렌치 요리와 육류, 해산물, 샐러드, 디저트 메뉴로 구성되어 있고, 음식 선택 폭이 넓은 편이다. 규모 있는 식당이지만 항상 만석이라 홈페이지를 통해 예약하고 가도록 한다.

위치 113 Bamrungrad Road, 50000 / 나와랏 다리에서 도보 19분 **전화** +66 91 068 1744 **시간** 월~토 17:00~22:00 **홈페이지** davidskitchen.co.th **가격** 단호박 스프 220밧, 푸아 그라 650밧, 참치구이 460밧, 4코스 디너 세트 1,450밧

미나 라이스 베이스즈 퀴진 Meena Rice Based Cuisine

MAPECODE 40115

좋은 쌀로 만드는 건강한 태국 요리

시내와 한참 떨어진 미나 라이스 베이스즈 퀴진을 가는 길은 참 좋아서, 차보다는 스쿠터나 자전거를 추천한다. 정원을 지나, 연못의 다리를 건너면 식당이 나타난다. 꽤 넓고 테이블 간격도 넉넉하고 시가지에서 멀리 벗어난 만큼 한적한 분위기를 즐기며 건강한 식사를 할 수 있다. 메뉴는 물론 쌀을 기반으로 하고 계절마다 신선한 식재료를 태국 전역에서 공수해 사용한다. 오색 삼각 주먹밥, 매콤한 소스로 볶은 다진 돼지고기, 각종 야채로 구성된 큰 접시(49번)가 가장 인기가 많다. 다른 메뉴도 맛있는데 그중 안찬꽃으로 물을 들인 새파란 밥은 생긴 게 신기하고 사진도 잘 나와서 대부분의 손님들이 꼭 주문한다. 새우에 쌀 반죽을 묻혀 튀긴 요리도 맛있고, 생선 요리도 추천한다. 디톡스 워터, 피자도 인기가 많다. 패션프루트와 꽃을 얹은 플레이팅이 예뻐서, 이곳을 찾아오느라 허기가 지더라도 한참 동안이나 음식을 들여다본 후에야 첫술을 뜰 수 있다.

위치 13/5 Moo 2, Tambon San Klang 50130 / 나와랏 다리에서 차로 21분 **전화** +66 95 693 9586 **시간** 목~화 10:00~17:00 **홈페이지** facebook.com/meena.rice.based **가격** 49번 메뉴(Stir fried basil pork mince 5 colored rice) 119밧, 스파이시 두부 샐러드 80밧

버스 피자 Bus Pizza

맛있는 이탈리안 스타일 피자를 파는 버스

MAPECODE 40116

주차장으로 착각하기엔 주차된 버스가 너무 예쁘다. 미나 라이스와 무척 가까워 걸어서 2~3분이면 찾을 수 있다. 넓은 정원이 있어 음악 연주회나 페스티벌, 플리 마켓을 열기도 한다. 피자 외에도 스파게티, 치킨 윙, 너겟, 감자튀김, 치즈 스틱, 갈릭 브레드, 뉴올리언스 스타일의 치킨 요리가 있다. 정원 반대편 쪽에는 간이 카페도 함께 운영하고, 통디 Thongdee라는 공예품 옷가게도 있다. 피자를 굽는 동안 아이 쇼핑하기 좋다.

위치 13/16 Moo 2 Soi 11, Tambon San Klang, 50130 / 나와랏 다리에서 차로 20분 **전화** +66 87 545 9166 **시간** 목~화 10:30~17:30 **홈페이지** facebook.com/buspizza **가격** 피자 200밧, 감자 튀김 49밧

Tip 안다 인디고 치앙마이 Anda Indigo Chiang Mai อันดามันมัดย้อม เชียงใหม่

미나 라이스 베이스즈 퀴진이나 버스 피자에 간다면 버스 피자 이웃인 안다 인디고도 구경해 보자. 타이 다이 tie-dye 날염과 프린트 천을 이용해 편하고 맵시 나는 디자인의 옷과 패션 소품을 만들어 판매한다. 여행지뿐만이 아니라 평상시에도 입을 수 있는 옷들이 많다. 튼튼한 직물과 꼼꼼한 바느질이 언뜻 보아도 오래 입을 수 있을 것 같다. 직접 물을 들이는지 건너편 넓은 빈터에 막대를 세워 새파랗게 물들인 천을 걸어 놓았다. 바람에 펄럭이는 파란 무늬 천을 보고 가게에 우연히 들어오는 손님이 대부분이다. 가끔 염색 워크숍도 진행하니 페이스북으로 소식을 확인해 보자.

위치 13/13 Moo 2, Baan Mon Soi 11, 50130 / 나와랏 다리에서 차로 20분 **전화** +66 89 999 8686 **시간** 목~화 10:00~17:00 **홈페이지** facebook.com/AndaIndigoChiangmai

카지 Khagee

MAPECODE 40117

포토제닉한 작지만 트렌디한 카페

태국어로 '초록'이라는 뜻의 카지는 인스타그램 계정이 있는 여행자라면 빼놓지 않고 꼭 들르는 곳이다. 일본인 아내와 태국인 남편이 운영하는 베이커리 겸 카페로 오픈한 지 몇 년 되었지만, 여전히 트렌디한 카페 중 하나로 꼽힌다. 자리가 넓지 않아 부지런히 찾아가도 운이 좋아야 바로 앉을 수 있다. 케이크 접시와 커피 잔을 수직으로 내려다본 채 쉴새 없이 항공 샷을 찍는 사람들을 피하고 싶다면 평일 오픈 시간에 가는 것이 좋다. 자연 효모를 사용하는 베이커리 중 가장 인기가 많은 것은 포슬포슬한 당근 케이크인데, 진한 크림치즈 아이싱을 도톰하게 얹어 준다. 까눌레, 메론빵, 베이글, 타르트, 바게트, 샌드위치 등 메뉴가 제법 여러 가지다. 커피는 치앙마이에서 커피 좀 마신다 하는 사람들에겐 이름이 난 '피여우 커피 룸 FIEOW Coffee Room'에서 로스팅한 콩을 사용하고, 과채 주스 등 논커피 음료도 있다.

위치 Chiang Mai-Lamphun Soi 1, 50000 / 나와랏 다리에서 도보 3분 **전화** +66 53 302 290 **시간** 수~일 10:00~17:00 **홈페이지** facebook.com/khageecafe **가격** 당근 케이크 90밧, 아메리카노 90밧

브루잉 룸 Brewing Room
땀을 식힐 청량한 민트색의 카페

MAPECODE 40118

평범한 길목과는 전혀 어울리지 않는 민트색의 카페가 있다. 길을 지나던 사람들도 걸음을 멈추고 들어와 언제 생겼냐 묻기도 한다. 아담한 테이블과 의자, 어제 막 칠한 것 같은 하얀 벽과 손대기 아까운 비주얼의 베이커리가 눈길을 끈다. 가장 맛있는 것은 역시 커피다. 파푸아 뉴기니, 에티오피아, 페루 등지에서 훌륭한 블렌드를 자주 들여와 신선하고 다양한 커피를 선보인다. 커피를 마시려는 사람만큼 커피콩을 사러 오는 손님들도 많다. 벽 한쪽을 나뭇잎이 뒤덮고 있는 바깥자리는 인증 사진 배경으로 인기 만점이다.

위치 145 Charoen Muang Road, 50000 / 나와랏 다리에서 도보 5분 **시간** 월~금 08:00~16:00, 토~일 09:00~17:00
홈페이지 facebook.com/brewingroom2558 **가격** 카페 라테 65밧

조허니 Johoney
치앙마이 최고의 아이스크림 가게

MAPECODE 40119

영화 세트장처럼 하얗고 자그마한 건물에 직접 만든 아이스크림을 판매하고, 커피와 디저트 메뉴도 있다. 주변에 다른 맛집이나 명소는 없어서 일부러 찾아와야 하지만 후회하지 않을 만한 아이스크림을 맛볼 수 있다. 치앙마이에서 먹어 본 코코넛 아이스크림 중 조허니의 것이 가장 진하고 맛있다. 아이스크림을 직접 개발해 생소한 종류가 많은데, 망설이는 손님에게는 작은 숟가락으로 떠서 맛을 보게 해준다. 스파이시 그린 망고 아이스크림은 상당히 매워서, 얼얼하면서 시원한 맛에 도전하고 싶다면 추천한다. 티라미수, 쿠키&크림도 맛있고 상큼하고 달콤한 과일 맛이 가장 인기가 많다. 그리 넓지는 않지만 조용한 거리에 있어 줄을 서서 기다릴 필요도 없고 소란스럽지도 않다.

위치 19/1 Montri Road, 50000 / 나와랏 다리에서 도보 12분 **전화** +66 53 247 229 **시간** 10:00~18:00 **홈페이지** facebook.com/johoneyicecream

룽크쩐 왓 켓 ลุงจรวัดเกฑ
아침 일찍부터 온 거리에 진동하는 고소한 향

MAPECODE 40120

오랜만에 찾아온 친구를 맞이하듯 함박웃음으로 인사를 나누는 가족의 손은 단 1초도 쉬지 않고 요리를 한다. 직원들은 영어를 한마디도 하지 못하는데, 제일 잘 팔리는 메뉴는 가게 맨 앞에 플라스틱 포장 용기에 층층이 쌓여 있어 고민 없이 고르면 된다. 외관 또한 정말 허름하고 제대로 된 간판도 없지만, 치앙마이 최고의 태국 디저트를 만든다. 문을 열고 얼마 시간이 지나지 않아 동네 사람들이 삼삼오오 모여 줄을 서니 큰길을 따라가다 보면 어렵지 않게 찾을 수 있다. 대표 메뉴인 '카우끄리야빡ข้าวเกรียบปาก'은 쫄깃한 찹쌀 반죽에 다진 돼지고기와 소스를 버무려 넣어 찐 것으로, 한입에 쏙 넣어 오물오물하면 금방 녹아 없어진다. 재료에서 느껴지는 맛의 조화가 오묘한데, 함께 주는 소스와 먹어야 제대로 된 맛을 느낄 수 있다고 한다. 코코넛, 찹쌀 반죽, 과일, 콩 등으로 만드는 다른 디저트 메뉴들도 팔고 있다. 대부분 처음 보는 음식이지만 맛있다.

위치 Charoenrat Road, 50000 / 나와랏 다리에서 도보 9분 **전화** +66 53 243 157 **시간** 07:00~17:00 **가격** 카우끄리야빡 20밧

준준 숍 앤 카페 Junjun Shop & Café

다정한 주인들이 내어 주는 앙증맞은 컵케이크

MAPECODE **40121**

손바닥에 쏙 들어오는 미니 컵케이크가 맛있고 언제 가도 웃으며 맞아 주는 두 주인의 친절함이 따뜻한 카페 겸 숍이다. 마감 직전에 헐레벌떡 도착해도 따듯하게 환영해 줘서 단골이 되고 싶은 곳이다. 커피와 함께 먹으면 좋은 컵케이크는 아주 작지만 맛있어 하나로는 만족할 수 없다. 가게 한편에서는 문구류나 디자인 소품, 의류 등을 판매하는데, 누구라도 갖고 싶을 만큼 센스가 넘쳐 커피 한잔을 마시러 갔다가 이곳에서 파는 제품을 양손 가득 살지도 모른다. 커피와 컵케이크, 파는 물건 모두 질이 뛰어나기 때문에 이미 치앙마이 여행자들 사이에는 꼭 들러야 하는 곳으로 소문나 있다. 치앙마이에서 가끔 열리는 플리 마켓이나 공예품 관련 행사에도 빠짐없이 초대받는다.

위치 1 Soi 2, Tambon San Klang, 50130 / 나와랏 다리에서 차로 17분 **전화** +66 91 989 8417 **시간** 화~일 08:00~17:00 **홈페이지** facebook.com/Junjun shopcafe-1443240995962022 **가격** 카푸치노 45밧, 컵케이크 20밧

WAT UMONG & BAAN KANG WAT

왓 우몽 & 반 캉 왓

내 안의 예술가를 소환하는 고요하고 아늑한 이곳
치앙마이는 퍼즐 같아서 동네마다 대표적인 명소와 분위기, 자연과 맛이 확연히 달라 전부 돌아보지 않으면 도시를 완전히 여행했다고 할 수 없다. 왓 우몽 사원과 반 캉 왓 예술가 마을이 있는 이 소박하고 한적한 동네는 그리 넓지는 않지만 오래 머물수록 많은 매력을 느낄 수 있는 곳이다.

왓 우몽 & 반 캉 왓에서 놓치지 말아야 할 것!

❶ 왓 우몽 사원이나 라자프루엑 국립 공원에서 보내는 여유로운 오후
❷ 카페 반녹 커피 로스터스에서 시원한 커피와 즐기는 피크닉
❸ 반 캉 왓에서 아기자기한 소품 쇼핑하기(일요일 아침 시장이 가장 규모가 크다.)

왓 우몽 Wat Umong วัดอุโมงค์

도이 푸이 산기슭, 울창한 나무들 사이에 신비롭게 서 있는 사원

치앙마이 유일의 숲속 사원이다. 공식 명칭은 '동굴과 부처님 가르침의 사원'이라는 뜻의 '왓 우몽 수안 푸타탐 Wat Umong Suan Puthatham วัดอุโมงค์สวนพุทธธรรม'이다. 란나 왕조의 초대 왕인 멩라이 왕이 13세기 말 세웠다. 전설에 의하면 왕이 치앙마이 올드 시티에 머물던 승려를 자주 만났는데, 이 승려는 조용한 동굴에서 명상하는 것을 즐겼다고 한다. 도시가 점점 커지고 사람들도 많아지며 명상에 방해를 받자, 왕은 승려를 배려하여 시 외곽에 인공 동굴을 만들어 명상을 할 수 있도록 왓 우몽을 만들어 주었다고 한다. 15세기부터 사용하지 않고 버려졌다가 1948년 지금의 모습으로 복원되었다. 길이 여러 갈래로 나뉜 동굴 사원으로 구조와 형태가 독특하다. 관광객들이 많이 찾게 된 이후부터는 승려들이 동굴에서 명상을 거의 하지 않고 따로 명상 센터가 마련되었다. 이곳에서는 호흡에 집중하는 아나빠나사띠(안반수의 安般守意 anapanasati, 호흡의 알아차림) 명상법을 가르친다. 동굴 속에는 13~14세기 그림들이 여전히 희미하게 남아 있다. 태국어와 영어로 지혜의 글이 쓰여져 있는 '말하는 나무 Talking Tree'가 유명하고, 사원 안에 큰 호수와 다리가 있어 호수의 메기에게 밥을 줄 수 있도록 물고기 밥을 한쪽에서 팔고 있다. 동굴 속 사원으로 들어서면 발소리도, 말소리도 평소보다 크게 들리니 더욱더 조심스럽게 방문하도록 하자. 일요일 15:00~18:00에는 호숫가에서 영어로 부처님의 말씀을 전하고 질의응답도 진행한다.

위치 135 Moo 10 Suthep, 50200 / 반 캉 왓에서 도보 18분 **전화** +66 85 033 3809 **시간** 06:00~17:00 **홈페이지** watumong.org

라자프루엑 국립 공원 Royal Park Rajapruek อุทยานหลวงราชพฤกษ์

MAPECODE 40123

황금빛으로 빛나는 노란 꽃의 공원

공원 로고와 이름에서 볼 수 있는 예쁜 노란 꽃 '라자프루엑Rajapruek'은 태국의 국화이다. 흐드러지게 핀 꽃이 무거워 얇은 가지가 축 처져 있는 모습을 묘사한 영어 이름은 골든 샤워Golden Shower다. 15분 간격으로 운행하는 무료 트램을 타면 열 곳 남짓한 정류장에 멈추어 공원의 곳곳을 구경할 수 있다. 선인장과 분재 공원, 허브 공원, 열대 돔, 커다란 모형 곤충이 있는 버그 월드Bug World도 있으며 시원하게 뻗은 난들이 모여 있는 오키드 파빌리온Orchid Pavilion과 한국, 일본, 네덜란드 등 여러 나라의 정원도 있다. 국가별 조경의 특징을 쉽게 비교, 감상할 수 있도록 하는데, 한국 정원은 그리 크지는 않지만 장독대와 기와도 있다. 공원 중심부에 우뚝 솟은 로열 파빌리온Royal Pavilion은 호 캄 루앙Ho Kham Luang이라고도 불리며 못을 사용하지 않고 나무로만 지은 건물로 유명하다. 유명 란나 건축 장인의 최고의 작품으로 꼽히는 전통 란나 양식의 건물로, 삼각형 지붕과 입구의 기둥이 특징이다. 2017년 서거한 푸미폰 왕을 기리는 공간도 마련되어 있다. 60년에 걸친 왕의 업적을 멀티미디어로 전시하고 있으며 왕을 추모하는 치앙마이 사람들의 편지로 꾸며져 있다. 기념주화나 왕가의 사진도 걸려 있다.

위치 Mae Hia Sub District, Mueang Chiang Mai District 50100 / 반 캉 왓에서 차로 15분 **전화** +66 53 114 1105 **시간** 08:00~18:00 **홈페이지** royalparkrajapruek.org **요금** 입장료 성인 200밧, 아동(신장 100~140cm) 150밧, 신장 100cm 미만 무료 / 자전거 대여 60밧, 골프 카트 1시간 600밧

로열 파빌리온

MAPECODE

왓 프라 탓 도이 캄 Wat Phra That Doi Kham วัดพระธาตุดอยคำ

300개의 계단을 올라 만나는 절경

골든 템플이라고도 불리는 왓 프라 탓 도이 캄은 치앙마이 북서쪽 언덕 꼭대기에 자리하여, 이곳에서 내려다보는 도시의 경관은 정말 아름답다. 양 옆이 산을 타는 구렁이로 장식된 300개의 계단을 오르면 도이 푸이 산 뒤로 펼쳐지는 산맥과 치앙마이 도시를 모두 관망할 수 있다. 특히 17m의 장신을 자랑하는 불상이 유명한데, 황금으로 장식하여 멀리서도 보인다. 치앙마이 사람들은 치앙마이의 수호신들인 '뿌새Pu Sae'와 '야새Ya Sae'가 도이 푸이 산에 머무른다고 믿어 불공을 드리러 오고, 불당 안에 있는 '루앙 포 툰 자이Luang Por Tun Jai'라는 부처에게 소원을 빈다. 한 번에 딱 한 가지의 소원만 빌 수 있고, 이루어졌을 때는 재스민 꽃을 바치러 다시 돌아와야 한다는 설이 있다. 소원을 빌 때는 원하는 것을 말하고 본인의 이름과 이루어졌을 때 얼마만큼의 재스민 꽃을 바칠 것인지도 약속해야 한다. 그래서 불당 밖에는 수많은 복권 상인들, 재스민 꽃을 파는 상인들을 볼 수 있다. 사원은 차마드비 여왕Queen Chamadevi 시대 때 그녀의 두 아들이 지은 것으로 그녀에게 헌정된 성지도 있다. 사원에서 가장 오래된 부분은 687년 세워진 불탑으로 부처님의 사리가 안치되어 있다고 한다. 수호신 거인 둘은 원래 사람을 잡아먹었는데, 석가모니가 이들을 혼내며 더 이상 식인을 말라 이르고 거인들은 불교에 귀의했다. 처음에는 1년에 한 명만 먹겠다고 애원했다가 부처가 거절하자 7년에 한 명은 안 되겠느냐고 졸랐다. 들어줄 리 만무한 부탁은 결국 1년에 한 번 사람들이 물소를 거인들에게 바치는 것으로 합의가 되었고, 매년 6월 물소를 바치는 '뿌새야새 축제'가 치러진다.

위치 Mu Ban Chiang Mai Lake Land Road, 50200 / 라자프루엑 국립 공원 내 로열 파빌리온에서 차로 11분 **전화** +66 53 263 001 **시간** 06:00~17:00

반 캉 왓 Baan Kang Wat บ้าน "ข้างวัด"

따뜻함이 감도는 예술인 공동체

태국의 아티스트인 '나따웃 룩쁘라싯 Nattawut Ruckprasit'이 주도하여 2014년 조성한 곳으로, 나따웃이 운영하는 도자기 스튜디오를 비롯한 여러 개성이 넘치는 곳들로 이루어져 있다. 필요에 따라 모인 상업 구역이지만 친구들이 한데 모여 사는 듯한 정겨운 분위기가 있다. 층이 난 원형 정원과 무대 주변으로 가지각색의 상점과 맛집이 있는데, 어느 하나 튀지 않고 서로 어울리며 사이좋게 지내는 모습이 보기 좋다. 반 캉 왓 뒤편에는 작은 텃밭도 있는데, 한 움큼 뜯어 샐러드에 뿌려 먹기 좋은 채소들이 무럭무럭 자라고 있다. 월요일을 제외하고는 매일 영업하니 언제 가도 좋은데, 가장 사람이 많이 몰리는 때는 일요일 오전(07:00~11:00)에서는 파머스 마켓 때이다. 더 많은 상인이 반 캉 왓 정원을 가득 메우고, 물건을 매달고 장사를 하는데, 그래서 쇼핑을 하기에는 일요일이 가장 좋다. 10시 이후로는 급격하게 물건이 줄어드니 오픈 시간에 맞춰 일찍 찾는 것이 좋다. 식사를 하거나 커피를 마시러, 또는 반 캉 왓의 분위기를 감상하고 차분하게 돌아보고 싶다면 파머스 마켓은 피하는 것이 좋다. 반 캉 왓의 여러 스튜디오와 갤러리에서는 자주 자체 워크숍을 진행한다.

위치 1 123/1 Moo 5 Tambon Su Thep, 50200 / 수언 독 게이트에서 차로 11분 **전화** +66 98 427 0666 **시간** 화~일 11:00~18:00 **홈페이지** facebook.com/Baankangwat, (일요일 오전 시장) facebook.com/marketbannkangwat

〔개성 넘치는 상점들〕

부쿠 스튜디오 BooKoo Studio	나따웃이 운영하는 도자기 스튜디오 facebook.com/bookoo.chiangmai
마하사뭇 도서관 Mahasamut Library	북 카페 facebook.com/mahasamutlibrary
갤러리 캉 왓 Gallery Kang Wat	치앙마이 대학교 예술 전공 학생들의 작품과 15.28 스튜디오 워터컬러 15.28 Studio Watercolor의 작품을 전시하는 곳 1528studio.blogspot.com
파차나 도자기 스튜디오 Pachana Ceramic Studio	다부진 손길로 빚고 구운 접시, 컵, 소품을 판매하는 곳 facebook.com/pachanastudio
시즌 아이스크림 Season Icecream	신선한 핸드 메이드 시즌 아이스크림 facebook.com/Seasonsicecream
패스트 퍼펙트 Past Perfect	솔바람을 맞으며 커피 마시기 좋은 원두막 카페 겸 식당 facebook.com/PastPerfectCNX
온더 로지즈 Orn The Roses	액세서리, 잡화점 facebook.com/Orn-The-Roses-230722376939908

MAPECODE

페이퍼 스푼 Paper Spoon

작고 예쁜 것을 만드는 공동체

말라이 공동체Commune Malai เวิ้งมาลัย(facebook.com/CommuneMalai)에 속한 상점으로 게스트하우스와 카페 레이지 데이지 Lazy Daisy, 아동복을 파는 핸드 룸 Hand Room, 아트 숍 지트라콘 파니치 Jitrakorn Panich, 공예품과 의류, 쿠션을 판매하는 진 타나 Jyn Tana와 같은 공간을 사용한다. 페이퍼 스푼은 자체 제작 상품과 중고 소품을 판매한다. 신발을 벗고 2층으로 올라가면 어두운 다락방 같은 공간에 상품이 진열되어 있다. 공간이 좁아 상품을 건드려 떨어뜨리지 않을까 살금살금 걷게 되는데, 분위기가 묘하게 매력적이다. 에어컨이 없는 여름에는 페이퍼 스푼 아래층 레이지 데이지에서 아이스 커피와 수제 스콘을 먹어 보자. 잼과 바나나 등의 토핑을 골라 올려 먹는 토스트 메뉴도 몇 개 있다. 손때가 많이 묻은 의자에서 더위를 식히고, 다시 2층으로 올라가 쇼핑을 마무리하는 것이 좋다.

위치 36/14 Wat Umong, 50200 / 반 캉 왓에서 도보 10분 **전화** +66 81 602 6506 **시간** 목~월 10:00~17:00 **요금** 아메리카노 50밧

MAPECODE 40127

지버리시 홈메이드 자카 숍 Jibberish Homemade Zakka Shop

매일 좋아하는 것을 만들고 팔아요

'아무 의미 없는 말들'이라는 뜻의 영어 단어 'Gibberish'에서 상호를 땄다. 일본 수공예품과 라이프 스타일에 영감을 받아 두 명의 그래픽 디자이너들이 국립 공원 옆 오르막길에 차린 소담한 상점이다. 반 캉 왓이 처음 생겼을 때 그곳에서 작게 문을 열었다가 단독 숍을 차려 나오게 되었다. 주인이 직접 만든 물건이 많고 나머지는 메이드 인 치앙마이 수공예품들이라 작은 소품 하나까지 특별하고 유일하다. 도자기 그릇, 인디고 날염 의류, 에코백, 액세서리, 목각 장식 등 한참 머무르며 구경할 것이 많아 그리 넓지 않고 외진 곳에 있는데도 먼 걸음을 할 만하다. 미처 구입하지 못하고 돌아가 눈에 밟히는 것이 있다면, 온라인 스토어로 주문도 가능하니 걱정하지 말자. 주인이 특히 애정을 가지고 만드는 날염 제품은 태국 북부 이산 Isan 지역에서 수십 년간 날염을 해온 장인에게 기술을 전수받아 만든 염료로 물들인 것이라고 한다. 염색한 천은 주인의 어머니가 손바느질로 꿰매고 여동생이 수를 놓아 완성한다. 종종 날염 워크숍도 진행한다.

위치 230 Moo 3 T, A. Muang, 50100 / 반 캉 왓에서 차로 16분 **시간** 금~수 10:00~18:00 **홈페이지** facebook.com/jibberish.chiangmai, [온라인 스토어] pinkoi.com/store/jibberish

EATING

★ 왓 우몽 & 반 캉 왓 지역

대디스 앤티크 카페 앤 레스토랑
Daddy's Antique Café & Restaurant

유럽의 어느 작은 마을에 온 것 같은 카페 겸 식당

MAPECODE 40128

앤티크를 수집하는 아버지와 유러피언 요리에 푹 빠진 자녀들이 오픈한 규모 있는 카페 겸 식당이다. 두 개의 건물이 있는데, 분위기가 꽤 다르니 둘러보고 앉을 자리를 정하도록 한다. 이상한 나라의 앨리스가 티 파티를 했을 것 같은 정원의 긴 테이블 자리는 주변에 놓인 작은 화분들, 앤티크 소품과 가구로 둘러싸여 있다. 뒤편에 나란히 붙어 있는 좁고 키 큰 색색의 건물들은 산 파레니 San Pareni 호텔이다. 사진을 찍으러 꽤 먼 걸음을 하는 사람들로 늘 붐빈다. 콜드 브루가 특히 맛있고, 아침 식사 세트 메뉴도 추천한다. 이외에도 크로크 무슈, 아보카도 토스트, 스리라차 치킨 윙 등 다양한 식사 메뉴가 있다. 플레이팅이 예뻐서 먹기 전에도 먹는 중에도 연이어 사진을 찍게 된다. 조리 공간이 분리되어 있어 음식 냄새가 나지 않는다.

위치 45/8 Moo 1 Ampoe Muang, 50100 / 반 캉 왓에서 차로 11분 **전화** +66 94 764 1441 **시간** 09:00~22:00 **홈페이지** facebook.com/daddyAntique **가격** 콜드 브루 99밧, 크로크 무슈 265밧, 아보카도 토스트 220밧, 스리라차 치킨 윙 165밧

올 어바웃 커피 빠이 All About Coffee Pai

MAPECODE 40130

왓 우몽 & 반 캉 왓

그림을 그리고 커피를 내리는 한적한 커피집

빠이의 유명 카페로 오랫동안 성업하다 치앙마이로 이전해 왔다. 공교롭게도 올 어바웃 커피라는 원래 상호명을 쓰고 있는 카페가 근처에 있어서 '빠이'를 더했다고 하니 동명의 다른 카페와 착각하여 잘못 찾아가지 않도록 주의하자. 마당이 있는 2층집을 짓고 그림을 그려 전시하고 손수 만든 기념품과 홈 메이드 베이커리, 든든한 브런치 메뉴와 맛있는 커피를 판매한다. 삐거덕거리며 돌아가는 천장의 팬도 나름 운치가 있다. 나무 테이블은 홈을 파서 오래 된 자동차 장난감이나 미니어처 그림책을 넣고 유리로 덮어 장식했으며, 신발을 벗고 올라서는 평상 자리도 있다. 라자프루엑 국립 공원으로 가는 길에 들르기 좋다.

위치 98 Moo 15, Soi 6 Khang Lek Laen2, 50200 / 반 캉 왓에서 도보 25분, 차로 7분 **전화** +66 88 253 6615 **시간** 08:00~17:00 **홈페이지** facebook.com/AllaboutcoffeePai1999ChiangmaiThailand **가격** 카푸치노 55밧

카페 반녹 커피 로스터스

MAPECODE 40135

Kafe Bannok Coffee Roasters เสพศิลป์ กลิ่นกาแฟ บ้านนอก

부족한 것 하나 없는 치앙마이 최고의 카페

카페 반녹 커피 로스터스를 찾았을 때, 이곳에 온 것만으로 치앙마이 여행이 충분하다고 느꼈다. 좋은 커피와 물과 바람과 푸르름이 있는, 한적하고 즐거운 공간이다. 1269번 고속도로를 타고 한참을 달리면 시냇물이 흐르는 터에 자리한 넓은 카페가 나타난다. 고속도로 1269번은 '항동-샤멩 고속도로', 또는 '커피 로드'라 불린다. 이 길을 따라 좋은 카페들이 생겨나고 있는데, 그중에서도 반녹은 꽤 멀리 떨어져 있지만 도착하면 볼 것도 할 것도 많다. 태국 북부 아카Akha 커피에서 콩을 공수하여 이곳에서 직접 로스팅한다. 주변 카페들이 반녹에서 콩을 구입하기도 할 정도로 종류가 다양하고 품질도 뛰어나다. 친절한 바리스타에게 추천받는 것도 좋다. 레트로, 빈티지 소품 컬렉션을 구경하며 커피를 기다리고, 잔을 받아 잔디 정원으로 나가면 빈 백(bean bag) 자리가 마련되어 있다. 저녁에는 스크린에 영화 상영도 하고 맥주도 판매한다. 개울가로 내려가면 물에 발을 담그고 앉을 수 있는 자리도 있다. 커피 로드를 따라 올라오며 함께 들르기 좋은 곳으로는 '케이크 클럽 베이크드 바이 에임', '호피폴라', '더 빌리지 커피 이터리' 등이 있다.

위치 1269, Tambon Nong Kwai, 50230 / 반 캉 왓에서 차로 18분 **전화** +66 62 549 5303 **시간** 09:00~19:00 **가격** 아이스 아메리카노 70밧, 돼지목살 바비큐 라이스 80밧

넘버 39 카페 No. 39 Café

MAPECODE 40131

작은 호수가 있는 호젓한 카페

호수 주변으로 꽤 큰 규모로 자리한 이 카페는 거의 텅 빈 골목에서 엄청난 존재감을 뿜어낸다. 여러 그루의 큰 나무들이 그늘을 만들어 주어 오후 두세 시에도 삼림욕 기분을 내며 편안히 휴식을 취할 수 있다. 미끄럼틀을 타고 내려오도록 설계된 2층 오두막과 실내카페, 유리로 된 온실, 빈백, 소파, 의자 등 다양한 형태로 호수 주변에 꽤 많은 자리를 마련해 놓았지만, 여행자들에게 오래전부터 유명했던 곳이라 만석인 날이 대부분이다. 빨간 카누 하나가 물놀이를 하고 싶은 손님을 위해 물가 한편에 있고, 호수 위로 조금 뻗어 나온 평상이 가장 인기가 많다. 커피, 소다, 차 메뉴를 비롯해 아침 세트와 햄버거가 있어 간단한 식사도 할 수 있다. 주말에는 라이브 음악 공연이 있다. 카페 입구 옆에 스쿠터와 자전거 주차 공간이 있다.

위치 Su Thep, 50201/ 반 캉 왓에서 도보 8분 **전화** +66 86 879 6697 **시간** 09:30~19:00 **홈페이지** facebook.com/no39chiangmai **가격** 카페 라테 70밧, 치즈 버거 180밧

루트 푸드 드링크 디저트 √Root Food Drinks Dessert

MAPECODE 40132

건강한 식사와 시원한 바람과 따스한 햇볕

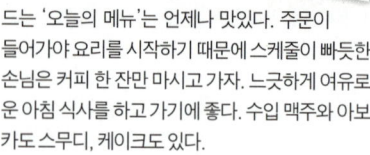

루트 기호를 이름으로 쓰는 브런치 카페다. 시가지와 조금 동떨어진 곳에 있고, 주방 건물은 뒤편에 따로 두었다. 층고 높은 카페는 볕과 선선한 바람도 잘 들고 잔잔한 음악이 흘러나오는 안락한 곳이다. 오래된 모노클 잡지가 한쪽에 쌓여 있고, 상냥한 종업원들이 자리에서 일어나는 순간까지 세심하게 배려해 준다. 정원에는 해먹이 걸려 있으니 바람을 쐬러 한번 나가 보자. 그날그날 신선한 재료로 만드는 '오늘의 메뉴'는 언제나 맛있다. 주문이 들어가야 요리를 시작하기 때문에 스케줄이 빠듯한 손님은 커피 한 잔만 마시고 가자. 느긋하게 여유로운 아침 식사를 하고 가기에 좋다. 수입 맥주와 아보카도 스무디, 케이크도 있다.

위치 163/2 Moo 5 Chonprathan Road, 50200, 반 캉 왓에서 도보 10분 **전화** +66 83 085 0477 **시간** 금~수 08:00~21:00 **가격** 단호박 스프 89밧, 에스프레소 25밧, 카푸치노 59밧

피차논 카페 Pi-Cha-Non Café
갤러리 같은 감각적인 공간

MAPECODE 40133

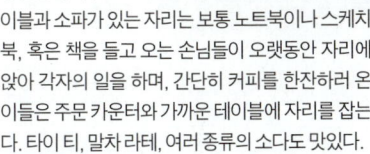

외진 골목의 해가 잘 드는 카페로, 독특한 이름의 카페는 주인의 이름을 음절로 나누어 표기한 것이다. 여러 카페의 수리공으로 일하며 쌓은 노하우를 집대성한 곳이다. 그림을 전시하고 에코백을 판매하는 등 규모는 크지 않지만, 갤러리와 작은 상점을 겸하는 곳이다. 동그라미 창이 여러 개나 있는 벽은 중국 예술에서 영감을 받은 것이라고 하며, 색을 과감히 쓴 그림들과 제각기 다른 디자인의 빈티지 의자, 흰 벽돌을 사용한 벽과 콘크리트 바닥의 대비가 눈에 띈다.

공간은 두 곳으로 나뉘는데, 큰 테이블과 소파가 있는 자리는 보통 노트북이나 스케치북, 혹은 책을 들고 오는 손님들이 오랫동안 자리에 앉아 각자의 일을 하며, 간단히 커피를 한잔하러 온 이들은 주문 카운터와 가까운 테이블에 자리를 잡는다. 타이 티, 말차 라테, 여러 종류의 소다도 맛있다.

위치 Soi Ratchapruek, 50100 / 반 캉 왓에서 차로 11분 **전화** +66 84 481 9662 **시간** 목~화 09:00~19:00 **홈페이지** facebook.com/PICHANONCAFE **가격** 아메리카노 50밧, 타이 티 40밧, 말차 라테 50밧, 딸기 소다 55밧

먼치스 카페 Munchies Café
따끈한 치즈 샌드위치와 함께 즐기는 커피 한 잔

MAPECODE 40134

그릴드 치즈 샌드위치로 유명한 숲속 카페. 빨간 우체통이 반겨 주는 먼치스 카페에 도착하면 '이런 곳에서 살면 좋겠다'라는 생각이 든다. 통유리창의 카페가 딸린 예쁜 집으로, 날씨 좋은 아침 혼자 스쿠터를 타고 탈탈거리며 먼치스를 찾아오는 길은 상쾌하고 조용하다. 채광 좋은 창가 자리에는 작은 화분들이 줄을 지어 나란히 서 있다, 빵 두 쪽이 닫히지 않을 정도로 치즈를 가득 채운 그릴드 치즈 샌드위치로 배부른 아침을 여유롭게 즐겨 보자. 스크램블드에그나 참치, 햄, 또는 베이컨을 넣어 주문할 수도 있다. 그 외에도 홈메이드 허브 주스, 과일 주스, 커피를 비롯한 음료와 토스트, 달걀 요리 등의 간단한 브런치 메뉴가 있으며 케이크도 꽤 맛있다.

위치 Ubosod Soi 9, 199/3 Moo 2, 50100 / 반 캉 왓에서 차로 12분 **전화** +66 81 764 3446 **시간** 화~토 09:00~18:00 **홈페이지** facebook.com/MunchiesCafeChiangMai **가격** 아메리카노 55밧, 그릴드 치즈 샌드위치 85밧

CHIANG MAI

SLEEPING

치앙마이의 빛나는 밤

★ 치앙마이의 고급 호텔과 리조트 ★

137 필라스 하우스 137 Pillars House

MAPECODE 40136

치앙마이에서 가장 럭셔리한 하룻밤

치앙마이에서 가장 럭셔리한 하룻밤을 보내고자 한다면 137 필라스 하우스를 추천한다. 19세기 티크 나무 수출업체 보르네오 무역 회사의 본사 맨션을 서른 개의 스위트룸과 폴로 경기장, 프라이빗한 풀이 있는 호텔로 개조했다. 한 번 누우면 일어나기 힘든 푹신하고 높은 침대, 아이팟 데크와 훌륭한 음향 시스템, 일정을 마치고 돌아오면 자기 전에 읽을 수 있도록 베개 위에 놓아 둔 작고 귀여운 책, 어두운 조명과 섬세한 바텐딩이 인상적인 잭 베인스 바Jack Bain's Bar, 태국의 고유한 식재료를 가지고 현대적으로 재해석한 애프터눈 티까지 무엇 하나 고급스럽지 않은 것이 없다. 신선한 과일과 주문 즉시 만들어 주는 양식, 태국식 요리로 구성된 수준 높은 조식은 캐노피 소파 자리에서 느긋하게 즐길 수 있다. 최근 방콕에 32층짜리 지점을 냈다.

위치 2 Soi 1 Nawatgate Road, 50000 / 나콘핑 다리, 나왓랏 다리에서 도보 8분 **전화** +66 53 247 788 **시간** 체크인 15:00, 체크아웃 12:00 **홈페이지** 137pillarschiangmai.com **가격** 라자 브룩 더블 룸 530,000원~, 스위트 룸 1,330,000원~ / 방 종류와 시기에 따라 가격 상이함

X2 치앙마이 리버사이드 리조트 X2 Chiang Mai Riverside Resort

MAPECODE 40137

파인 다이닝과 함께하는 럭셔리한 밤

은은한 향기의 은방울꽃 목걸이를 걸어 주며 손님을 맞이하고, 모던한 갤러리 느낌의 객실에 들어서면 이름이 새겨진 웰컴 초콜릿 바가 한 번 더 환영해 준다. 핑강 주변의 숙소 중 고급스러움의 정점에 올라선 이곳은 우물이 있는 정원, 훌륭한 소믈리에가 있는 리버 뷰 미슐랭 레스토랑, 시내 중심부와의 접근성까지 모두 갖춘 곳이다. 우아한 30개의 스위트룸에서 숙면을 취하고, 루프톱 바, 풀, 헬스장이 모여 있는 오존에서 조식 후 나만의 시간을 보내자. 고급스러움이 무엇인지 제대로 보여 주는 X2 치앙마이 리버사이드 리조트에 도착하는 순간 치앙마이 일정을 늘리고 싶게 된다.

위치 369/1 Charoenraj Road, 50000 / 나콘핑 다리에서 도보 14분 **전화** +66 53 931 999 **시간** 체크인 12:00, 체크아웃 12:00 **홈페이지** crosshotelsandresorts.com/x2/resorts/x2-chiang-mai-riverside-resort **가격** 리버 프런트 스위트 300,000원~ / 방 종류와 시기에 따라 가격 상이함

아키라 매너 Akyra Manor

MAPECODE 40138

님만해민의 힙한 호텔

님만해민의 '커피 스트리트'에 있는 트렌디한 호텔로, 올 인클루시브와 올 스위트 룸의 고급 호텔을 표방한다. 또한 객실 안에 안뜰이 있어 푸른 정원에서 휴식을 취할 수 있다. 이탈리아 레스토랑 이탈릭스Italics와 루프톱 바 라이즈Rise로도 유명해 식도락을 즐기는 사람들도 종종 찾는다. 인피니티 풀, 헬스장(24시간)과 로컬 어메니티 브랜드가 구비되어 있고, 야외 스파 욕조가 딸린 객실도 아키라 매너의 자랑이다.

위치 22/2 Nimmanhaeminda Road Soi 9, 50200 / 마야 몰에서 도보 9분 **전화** +66 53 216 719 **시간** 체크인 15:00, 체크아웃 12:00 **홈페이지** theakyra.com/chiang-mai **가격** 아키라 매너 스위트 룸 350,000원~

핑 나카라 부티크 호텔 앤 스파 Ping Nakara Boutique Hotel And Spa

MAPECODE 40139

고풍스럽고 우아한 호텔 앤 스파

개별적으로 꾸민 19개의 객실은 식민지 시대를 테마로 한 인테리어로 수공예품 가구만을 들여놓았다. 투어나 쇼핑이 없는 휴식을 원한다면, 호텔 내부의 아시아 퀴진 레스토랑과 라이브러리에서 시간을 보내 보자. 나카라 스파Nakara Spa에서 사용하는 어메니티가 욕실에 있고, 편안한 밤을 보장하는 필로 메뉴에서 취향에 따라 베개의 강도와 두께를 고를 수 있

다. 주차 시설도 무료로 이용할 수 있으며 야외 풀, 로비 바, DVD 플레이어도 있다. 고급스러운 숙소에서 휴식을 즐기고 싶은 이에게 추천하는 곳이다.

위치 135/9 Charoen Prathet Road, 50100 / 아이언 다리에서 도보 9분 **전화** +66 53 252 999 **시간** 체크인 14:00, 체크아웃 12:00 **홈페이지** pingnakara.com **가격** 디럭스 룸 140,000원~

🌟 **트렌디한 디자인 호텔** 🌟

어웨이 치앙마이 타 패 리조트 — Away Chiang Mai Thapae Resort

MAPECODE 40140

도심 한가운데 있는 파라다이스

밤이 되어 조명이 켜지면 더욱 예쁜 야외 풀장과 란나 전통 건축 양식을 잘 살린 넓고 쾌적한 39개의 객실을 보유한 리조트다. 타 패 게이트에서 불과 몇 걸음 떨어지지 않은 골목에 위치하여 다른 관광지와 접근성도 좋다. 과일 조각하기, 타월 공예, 우산 페인팅, 갈랜드 만들기, 세발자전거 투어 등 매일 투숙객들을 위한 호텔 자체 액티비티를 운영하여 치앙마이를 좀 더 특별하게 즐길 수 있다. 액티비티는 이틀 전에 예약하면 된다.

위치 9 Soi 1 Kotchasarn Road, 50100 / 타 패 게이트에서 도보 4분 **전화** +66 53 904 974 **시간** 체크인 14:00, 체크아웃 12:00 **홈페이지** crosshotelsandresorts.com/away-resorts/resorts/away-chiang-mai-thapae-resort-a-vegetarian-retreat **가격** 스위트 룸 140,000원~

더 바리소텔 바이 더 바리스트로 The Barisotel by the Baristro

MAPECODE 40141

내 집 삼고 싶은 순백의 아파트

현재 치앙마이에서 가장 포토제닉한 카페의 2층과 3층에는 XBOX와 DVD 플레이어가 놓인 거실, 푹신한 퀸 사이즈 침대와 책장이 자리한 채광 좋은 침실로 구성된 숙소가 있다. 온종일 카페를 찾는 손님 대다수가 모르는 비밀스러운 공간으로, 투숙객에게만 주어지는 번호를 누르고 계단을 올라가면 된다. 카페처럼 온통 하얗게 꾸며진 인테리어가 무척 만족스럽고, 님만해민 중심부에 있어 접근성도 좋다. 조식은 1층 카페에 내려와 주문해 먹을 수 있다.

위치 7/2 Soi 9 Nimmanhaemin Road / 마야 몰에서 도보 8분 **전화** +66 93 494 4599 **시간** 체크인 14:00~20:00, 체크아웃 12:00 **홈페이지** facebook.com/thebarisotelbythebaristro **가격** 디럭스 킹베드 100,000원~

호텔 데자티스트 핑 실루엣 Hotel des Artists Ping Silhouette

MAPECODE 40142

갤러리 같은 감각적인 인테리어와 환상적인 인피니티 풀

동서양의 조화를 인테리어로 완벽하게 구현해 낸 감각적인 호텔이다. 19개의 객실을 세심하게 케어하는 스태프들이 있어 치앙마이 일정의 모든 것을 살피고 조언해 주며, 이런 따듯한 서비스 때문에 아늑하고 편안하다. 옥상으로 올라가면 호텔의 자랑인 인피니티 풀이 있는데, 바닷물로 가득한 풀에서 종일 물장구를 치고 싶은 곳이다. 또한 정원 경관이 훌륭한 식당이 따로 있는데, 애프터눈 티와 조식 시간을 여유 있게 계획하자. 신선한 과일과 갓 튀긴 쫄깃한 도넛에 연유를 찍어 먹는 간단한 메뉴가 맛있다. 새가 지저귀는 소리와 바람이 나뭇잎을 간질이는 소리에 귀를 기울이다 보면 어느새 시간이 훌쩍 지나 있다.

위치 181 Chareonraj Road, 50000 / 나콘 핑 다리에서 도보 3분 **전화** +66 53 249 999 **시간** 체크인 14:00, 체크아웃 12:00 **홈페이지** hotelartists.com/pingsilhouette **가격** 더블 룸 122,000원~

라차만카 부티크 호텔 Rachamankha Boutique Hotel

MAPECODE 40143

유서 깊은 건물에 자리한 부티크 호텔

1296년 세워진 유서 깊은 건물에 자리한 25개 객실의 부티크 호텔이다. 왓 프라 싱 사원 바로 옆이어서 접근성만큼은 아주 좋지만, 화려하지 않은 11세기 중국식 집 건축 양식이라 모르고 지나치기 쉬운 외양이다. 군더더기 없이 깔끔한 인테리어는 눈과 마음을 편안하게 하고, 호텔 깊은 곳에 있는 안뜰에서 산책하는 안온한 시간을 보낼 수 있다. 소설, 태국 역사, 예술과 건축, 디자인, 문화 관련 서적 2천여 권이 꽂혀 있는 도서관과 야외 마사지 파빌리온, 그리고 풀장도 있어 올드 시티 한가운데서 고요한 호사를 누릴 수 있다.

위치 6 Ratchamanka Road Soi 9, 50200 / 수안 독 게이트에서 도보 5분 **전화** +66 53 904 111 **시간** 체크인 14:00, 체크아웃 12:00 **홈페이지** rachamankha.com **가격** 더블 룸 182,000원~

★ 깨끗하고 편안한 3성 호텔 ★

마이 치앙마이 부티크 로지 My Chiang Mai Boutique Lodge

MAPECODE 40144

치앙마이 골목에 숨어 있는 휴식처

시끄러운 대로를 뒤로하고 골목으로 들어가면, 시내와 단절된 듯한 조용한 분위기의 호텔이 나타난다. 다양한 크기의 객실들은 화이트톤과 나무톤으로 되어 있어 깔끔하다. 패밀리 커넥팅 룸이 있어 가족 여행 시 엑스트라 베드를 요청하지 않고 더블룸과 트윈 룸을 연결해 넓고 쾌적하게 머무를 수 있다. 수영장 뷰 테라스와 언제나 커피와 주전부리가 있는 1층에서 조식을 먹는데, 간단하지만 알찬 메뉴를 만들어 주어 하루를 든든하게 시작할 수 있다. 친절한 프런트에서는 새벽까지 여행자들의 편의를 위해 투어나 식당 예약 등 다방면으로 도움을 준다. 해가 높이 뜬 맑은 오후에는 원 없이 태닝할 수 있는 선베드가 놓인 풀장에서 시간을 보내자.

위치 425/, 1/1 Wichayanon Road, 50300 / 타패 게이트에서 도보 12분 **전화** +66 53 232 344 **시간** 체크인 14:00, 체크아웃 12:00 **홈페이지** mychiangmaiboutiquelodge.com **가격** 스탠다드 퀸 40,000원~

POR 산티땀   POR Santitham

MAPECODE 40145

젊은 스태프들이 발랄하게 반겨 주는 곳

개성 넘치는 젊은 호텔로, 티끌 하나 묻지 않은 깔끔한 침구와 인테리어, 반질반질한 식기에서 오픈한 지 얼마 되지 않았다는 사실을 알아챌 수 있다. 혼자 여행을 와도 밤늦게까지 하는 펍이나 바에 데려가 주는 친화력 좋은 스태프가 치앙마이에서의 일정을 외롭지 않게 도와준다. 오렌지색 구명 튜브가 걸려 있는 수영장 앞에 앉아 조식을 먹고, 밝게 인사를 건네는 데스크 직원에게 일정을 점검받자. 지금 뜨는 곳, 유행하는 액티비티, 모두 친절히 알려 준다. 바로 옆에는 같은 계열의 호텔 ISTY가 있다.

위치 Changphuak 4 Cho Alley, 50200 / 창 푸악 게이트에서 도보 12분 **전화** +66 87 474 1444 **시간** 체크인 14:00, 체크아웃 12:00 **홈페이지** facebook.com/POR.chaingmai.th **가격** 더블 룸 50,000원~

베드 치앙마이 게이트 BED Chiang Mai Gate

MAPECODE 40146

믿고 묵어 가는 치앙마이 호텔 브랜드

치앙마이 곳곳에서 볼 수 있는 흰색의 커다란 'BED'라는 글씨는 믿고 묵을 수 있는 호텔 브랜드다. 합리적인 가격, 깔끔하고 모던한 인테리어, 60초 체크인, 북부 태국 스타일 조식으로 젊고 국제적인 고객층을 사로잡고 있다. 성인 전용인 노키즈 호텔과 주차 공간도 있으며 자전거도 무료로 대여해 준다. 치앙마이 시내에 현재 네 개의 BED 호텔이 있고, 호스텔 by BED도 운영하고 있어 저렴한 도미토리를 찾는 백패커들에게 유용하다.

위치 Chiang Mai Gate Suriyawong 1, 50100 / 치앙마이 게이트에서 도보 4분 **전화** +66 53 277 707 **시간** 체크인 14:00, 체크아웃 12:00 **홈페이지** bed.co.th **가격** 스탠다드 더블 75,000원~

 치앙마이 내 베드 호텔과 호스텔

BED 창키안 BED Changkian	위치 10/2 Moo 1 Baan Chang Kian, 50300
BED 님만 BED Nimman	위치 20 Sirimangkalajarn Road, 50200
BED 프라싱 BED Phrasingh	위치 Sam Lan Road, Soi 1, 50200
호스텔 바이 BED HOSTEL by BED	위치 54/2 54/4 Singharat Road, 50200

플런 플런 베드 앤 바이크 Plern Plern Bed and Bike

MAPECODE 40147

자전거 여행을 마치고 돌아와 쉬는 깔끔한 숙소

차분한톤으로 꾸민 깨끗한 객실에는 케이블 TV와 전기 포트, 냉장고가 있고 언제든 즐길 수 있는 스낵과 계절 과일이 로비에 항상 마련되어 있다. 호텔 이름에서 알 수 있듯 무료 자전거 대여 서비스가 있는데, 치앙마이의 작은 골목과 자연을 모두 느끼고 돌아가기 바라는 마음을 담았다고 한다. 빨래 시설과 주차 공간도 있다.

위치 30 Santirak Road, 50300 / 창 푸악 게이트에서 도보 16분 **전화** +66 93 423 4556 **시간** 체크인 14:00, 체크아웃 12:00 **홈페이지** plernplernbedandbike.com/index-th.html **가격** 스탠다드 더블 34,000원~

★ 한인 민박과 호스텔 ★

미소네 Misone

MAPECODE 40148

맛있는 한식 뷔페는 물론 투어와 픽업 서비스까지!

푸짐한 한식 뷔페로 유명한 치앙마이 한인 민박의 터줏대감이다. 집밥이 그리운 치앙마이 장기 여행자라면 꼭 알아 두어야 하는 소문난 곳이다. 트렌디한 님만해민 한가운데 있는 포근한 숙소에서 치앙마이 일대에 정통한 친절한 주인이 여행자들을 맞이한다. 우리 집 같이 편안해 여행의 피로를 잊고 푹 잘 수 있다. 다양한 투어 프로그램도 운영하여 치앙마이에서 즐길 수 있는 여러 액티비티와 근교 여행을 언어 장벽 없이 좋은 가격에 예약할 수 있다.

위치 36/1~36/2 Nimmanhaemin Lane 11, 50000 / 마야 몰에서 도보 10분 **전화** +66 53 894 989 **시간** 체크인 13:00, 체크아웃 13:00 **홈페이지** chiangmai.itrocks.kr **가격** 스탠다드 룸 24,000원~

우유 게스트하우스 Woou Guesthouse

MAPECODE 40149

미러볼이 반짝이는 즐거운 게스트하우스

블루투스 노래방 마이크와 미러볼이 있는 신나고 유쾌한 숙소로, 치앙마이에서 가장 맛있는 식당, 핫한 카페 등 많은 정보를 아낌없이 공유한다. 윷놀이, 악기 연주, 비빔밥 피크닉 등 자체적으로 여는 행사가 많아 투숙객끼리 어울리기 쉬운 분위기를 조성해 준다. 숙소 예약은 한 달 전부터 가능하다. 고산족 트레킹, 쿠킹 클래스, 집라인 등의 투어도 우유를 통해 진행할 수 있는데, 투어 하루 전날까지 예약해야 한다.

위치 Soi Champi, Sirimangkalajarn Road, 50200 / 마야 몰에서 도보 14분 **시간** 체크인 11:00, 체크아웃 13:00 **홈페이지** cafe.daum.net/wooubankorea **가격** 6인실 여자 도미토리(에어컨, 공용 화장실) 1박 200밧 / 6박 시 1박 무료

파셴 포쉬텔 Fashèn Poshtel

MAPECODE 40150

카메라 셔터를 누르게 하는 색감과 인테리어

패션 사진작가인 주인이 느낌 있게 꾸며 놓은 카페를 지나면 부티크 호텔 분위기가 물씬 나는 객실이 나타난다. 강렬한 색의 대비가 인상적인 객실 역시 카페만큼이나 감각적이다. 커다란 벨벳 소파, 한참 감상하게 되는 사진과 그림 액자가 있는 객실에서 두툼한 커튼을 젖혀 따사로운 햇볕을 받으며 편안히 쉬어 보자. 아침에는 작지만 꽃나무가 무성한 정원 테라스까지 조식을 가져다주는데, 손을 대기가 아까운 고운 비주얼에 사진을 여러 장 찍고 나서야 아침 식사를 시작하게 된다.

위치 19/4 Thanon Charoensuk, 50300 / 창 푸악 게이트에서 도보 16분 **전화** +66 63 715 9889 **시간** 체크인 14:00, 체크아웃 12:00 **홈페이지** facebook.com/poshtel **가격** 더블 룸 42,000원~

이너프 포 라이프 Enough for Life

MAPECODE 40151

온종일 행복한 잠자리

이너프 포 라이프는 태국인 남편을 둔 한국인이 운영하는 게스트하우스다. '부족함 없는 삶'이라는 이름처럼 소박하지만 충분히 행복한 치앙마이에서의 시간을 보내기 더없이 좋은 숙소이다. 1인 3,000원이면 배달해 주는 조식은 과일과 시리얼 등의 메뉴로, 법랑 도시락의 뚜껑을 열면 막 썰어 넣은 신선한 과일이 담겨 있다. 매트리스가 놓인 높은 천장의 방에 앉아 창을 통해 들어오는 햇빛에 책을 읽다가, 꽃잎이 떠다니는 수영장과 고양이가 낮잠을 자는 정원을 가로지르면 1층에 위치한 데이 오프 데이Day Off Day 상점을 만나게 된다. 데이 오프 데이는 수공예품 상점과 카페를 겸한다. 이너프 포 라이프는 1호점 반 캉 왓과 2호점 빌리지가 있으며 예약은 홈페이지를 통해 할 수 있다. 인기가 많아 두세 달 전에는 문의해야 한다.

위치 123/1 Moo 5, Tambon Su Thep, 50200 / 반 캉 왓에서 도보 6분 **전화** +66 84 504 5084 **시간** 체크인 15:00, 체크아웃 11:00 **홈페이지** enoughforlife.com **가격** 1박 1인 40,000원, 2인 50,000원, 3인 60,000원 / 아메리카노 40밧, 레모네이드 60밧

치앙마이 숙소

치앙마이
근교

당일 여행지
도이 수텝 & 도이 뿌이 / 도이 인타논 국립 공원
항동
매림
치앙다오
치앙라이
빠이

도이 수텝 & 도이 뿌이
Doi Suthep & Doi Pui ดอยสุเทพ & ดอยปุย

당일 여행지

산속 황금빛 사원과 신비로운 마을
촉촉하고 맑은 산속 공기를 깊게 들이마시며, 구불구불한 산길을 깊이 올라가야 만날 수 있는 황금빛 사원과 신비로운 작은 마을이다. 도이 수텝, 도이 뿌이, 도이 부아카가 있는 261km² 면적의 숲은 1981년 태국의 24번째 국립 공원으로 지정되었다. 도이 수텝과 도이 뿌이를 여행하고 나면 치앙마이가 바쁘고 번화한 도시처럼 보일 정도로 한가하고 고요하다. 치앙마이 시내보다 기온이 뚝 떨어지는 도이 수텝으로 이동할 때는 겉옷을 꼭 챙겨가도록 한다. 비가 오는 것을 대비하여 우비, 우산도 가져가자.

치앙마이에서 가는 길
자유롭게 돌아보고 싶으면 왕복으로 썽태우, 그랩 택시를 이용하거나 오토바이나 자동차를 렌트하여 갈 수 있다. 치앙마이 대학교 앞 정류장에서 도이 수텝만 가는 썽태우를 탈 수 있고, 가격은 1인 40밧이다. 이 썽태우는 어느 정도 사람이 모여야 출발하기 때문에 언제 출발할 수 있을지 모른다는 것이 단점이다. 보통은 썽태우 기사와 흥정하여 요금을 더 내고 바로 출발하는데, 1인당 80~100밧까지 흥정하여 타는 것이 보통이다. 왕복으로 탈 수도 있지만 올라가면 도이 수텝 입구 앞에 썽태우가 많이 모여 있으니 그럴 필요는 없다. 호텔에서 픽업해 투어 후 데려다주는 교통 포함 투어 상품을 이용하는 사람들도 많다.

1일 BEST 코스
09:00 치앙마이 시내 ➜ 차로 45분(투어 업체를 이용하는 경우 투어 참가자의 숙소를 모두 들러 출발하기 때문에 시간이 더 걸릴 수 있음) ➜ 10:00~12:00 왓 프라 탓 도이 수텝 사원 ➜ 12:00~13:00 사원 앞 식당에서 중식 ➜ 차로 25분 ➜ 13:40~14:50 도이 뿌이 ➜ 차로 40분 ➜ 15:30 치앙마이 시내

※ 투어 업체를 이용하는 경우에 보통 오전 8시에 모여 오후 6시경 시내로 돌아온다. 각자의 호텔에 내려 주거나 원하는 경우에 치앙마이 대학교나 올드 시티 부근에 내려 주니 그 다음 일정에 맞춰 하차할 수 있다.

MAPECODE 40201

왓 프라 탓 도이 수텝 Wat Phra That Doi Suthep วัดพระธาตุดอยสุเทพ

황금빛 사원이 빛나는 산

'태국을 방문하는 사람 중에 치앙마이를 방문하지 않은 사람은 태국을 보았다고 할 수 없고, 치앙마이를 방문한 사람 중에 도이 수텝을 방문하지 않은 사람은 치앙마이를 보았다고 할 수 없다'라는 말이 있다. 왓 프라 탓 도이 수텝은 도이 수텝 산을 오르는 모든 사람들의 목적지로, 치앙마이에서 굉장히 화려하고 중요한 사원 중 하나이며 규모가 대단하여 그 아름다움에 취해 한참을 거닐게 된다. 치앙마이 도심에서 약 16km 떨어져 있으며, 해발 1,080m의 높은 곳에 위치한다. 정상까지 이르는 길은 1935년 만들어졌는데, 그전에는 다섯 시간을 걸어야 사원에 도착할 수 있었다고 한다.

고승 수마나 테라가 부처님 사리에 대한 꿈을 꾼 뒤 실제로 사리를 찾았고, 란나 왕의 도움으로 사리를 모시기 위해 1383년 세운 탑의 위치가 지금의 왓 프라 탓 도이 수텝 자리다. 부처님의 사리를 옮기던 흰 코끼리가 도이 수텝에 올라 세 번을 크게 울더니 그대로 쓰러져 죽고, 그 자리에 부처님의 진신사리를 모실 탑을 세웠다는 이야기가 전해진다.

사원에 도착해 신발을 벗고 입장하면 회랑으로 둘러싸인 큰 사원이 나타난다. 이 사원 안에는 보통의 사원에 대웅전이 한 개만 있는 것과 달리 두 개의 대웅전이 있고, 부처님의 진신사리를 모신 16m의 황금 불탑이 있다. 탑 꼭대기에는 푸미폰 왕이 기증한 다이아몬드가 황금 연꽃잎 장식 위에 박혀 있다. 33개의 종으로 둘러싸여 있는데, 이 종을 모두 두드리면 복을 받는다고 알려져 있다. 회랑 내벽은 부처의 생애를 표현한 그림 47장이 연결되어 꾸며져 있고, 회랑 곳곳에는 사원 증축 기금을 기부한 사람들의 이름을 새긴 불상들이 있다.

서쪽 대웅전에 들어가면 스님이 솔을 이용하여 머리에 물을 뿌려 주고 손목에 흰 실로 된 천을 묶어 준다. 몸과 마음을 지켜준다는 의미로, 새해나 축제 등 특별한 날 끈을 묶어 주는 풍습에 따른 것이다. 태국의 소승 불교에서 스님이 어떤 형태로든 여불자와 신체적으로 접촉하는 것을 허락하지 않기 때문에, 여자는 물을 뿌린 스님이 아니라 흰옷을 입은 다른 스님이 끈을 묶어 준다. 진한 녹색으로 빛나는 에메랄드 불상 옆에는 숫자가 적힌 막대가 든 대나무 통이 있다. 이 통을 흔들어 가장 먼저 떨어지는 막대에 적힌 번호에 해당하는 종이로 점괘를 볼 수 있다. 사원 내에는 휴게 공간과 함께 카페, 편의점, 서점이 있고, 시내를 내려다보는 전망대와 포토 스폿도 있다.

시간 06:00~20:00 **요금** 입장료 30밧, 엘리베이터 20밧

> ### Tip 사원 계단 오르기
> 사원은 300개의 계단 또는 엘리베이터를 타고 오를 수 있는데, 계단을 오르는 것은 조금 힘이 들지만 계단 양옆을 거대한 뱀이 장식하고 있어 그것을 감상하며 오르다 보면 금세 도착할 수 있다. 중간중간 뒤돌아보면 마음이 시원하게 탁 트이는 풍경을 내려다볼 수도 있다.

MAPECODE 40202

푸핑 궁전 The Bhubing Palace พระตำหนักภูพิงคราชนิเวศน์

태국 왕실의 겨울 별장

태국 왕이 별장으로 사용(보통 건기인 12월 중순~2월 초에 사용)한다는 푸핑 궁전 Bhubing Palace은 왕실 사용이 없을 시에는 정원을 대중에게 개방한다. 궁전은 국빈을 모시는 영빈관으로 사용되기도 하는데, 1961년 덴마크 왕 부부가 첫 손님으로 머물렀다고 한다. 장미가 만발한 정원이 예쁘기로 유명하다. 단, 투어 프로그램에는 보통 포함되지 않아 자유 여행으로 도이 수텝을 찾는다면 가는 길에 볼 수 있다.

위치 Suthep, 50200 **시간** 08:30~16:30(매표소 15:30까지) / 1~3월 휴관 **홈페이지** bhubingpalace.org **요금** 50밧

> **Tip 푸핑 궁전 관람 시 옷차림**
> 어깨를 드러내는 옷, 반바지 차림은 입장할 수 없다. 치앙마이 대부분의 사원들과는 달리 푸핑궁에서는 긴 소매 옷을 대여해 주지 않으니 궁전을 방문하고 싶다면 이에 맞춰 옷을 입고 가거나 긴 옷을 챙겨 가자.

MAPECODE 40203

도이 뿌이 Doi Pui ดอยปุย
(흐몽 고산족 마을 Hmong Hill Tribe Village, หมู่บ้านม้ง ดอยปุย เชียงใหม่)

수텝 옆 산에 살고 있는 순박한 사람들

도이 뿌이는 해발 1,685m로 태국에서 여덟 번째로 높은 산이다. 그리고 도이 뿌이 깊은 곳, 꽃과 나무가 무성한 가운데 모든 것에 영혼이 깃들어 있다고 믿으며 자연과 완벽히 융화되어 살아가는 몽족의 마을이 있다. 몽족의 정확한 뿌리는 알 수 없으나 그들의 조상은 티베트와 중국에서 온 것이라 추측된다. 몽족은 부족끼리만 생활하고자 하는 의지가 강하여 이렇게 작은 마을들이 태국 각지에 생겨났다. 몽족은 다시 검은 몽족, 흰 몽족, 줄무늬 몽족으로 나뉘고 각자 다른 문양의 전통 의상을 입어 옷으로 구분할 수 있다.

몽족은 태국 일대의 수많은 고산족 중 양귀비 재배로 특히 유명했다. 기온이 낮은 곳에서 잘 자라는 양귀비의 특성 때문에 대부분의 고산족이 양귀비를 재배했었는데, 1960년대 태국 국왕은 로열 프로젝트를 실시하여 그들이 생계를 유지할 수 있는 다른 곡물들을 재배하도록 지원하였다. 현재는 다채롭고 예쁜 식물들이 땅을 디딘 채 하늘을 향해 뻗어 있고, 300여 종의 새가 서식하여 새를 보러 오는 사람들도 많다. 여자들이 손재주가 무척 좋아 민속 의상과 각종 잡화를 만들어 판다. 도이 수텝과 마찬가지로 치앙마이 시내보다 기온이 꽤 낮다.

위치 11 Doi Suthep-Pui National Park, 50200 **전화** +66 86 049 6364 **시간** 08:00~17:00

도이 인타논 국립 공원
Doi Inthanon National Park อุทยานแห่งชาติดอยอินทนนท์

당일 여행지

도이 인타논

태국에서 가장 높은 산

도이 인타논은 태국에서 제일 높은 산으로, 태국의 지붕이라 불린다. 폭포의 물줄기가 쏟아지며 내는 소리는 답답한 마음을 시원하게 뚫어 준다.

태국에서 기온이 제일 낮아지는 12월에는 도이 인타논 정상이 얼마나 추운지 태국의 여러 방송사에서 촬영하러 온다고 한다. 과거 최저 기온으로 기록된 것은 2011년의 0도였다고 한다. 매년 1월 말~2월 중 벚꽃이 만개할 때가 가장 예쁘다.

🚕 치앙마이에서 가는 길

치앙마이 시내에서 100km 떨어진 곳에 있으며, 자동차로 약 2시간 거리이다. 도이 수텝보다 거리가 더 멀어서 수텝은 그랩 택시 또는 썽태우를 타고 자유 여행을 하는 사람들이 꽤 있지만, 이곳은 대부분 투어 업체를 이용한다. 정상까지 올라가는 경우 택시를 이용하면 왕복 3,000밧 정도의 요금이 나온다.

🚕 1일 BEST 코스

08:00 치앙마이 시내 출발(호텔 픽업) ➔ **10:00** 도이 인타논 국립 공원 ➔ 주차장에서 도보 5분 ➔ **10:05~10:20** 시리탄 폭포 ➔ 도보 10분 ➔ **10:30~11:30** 카렌족 마을 ➔ 차로 5분 ➔ **11:35~13:30** 와치라탄 폭포, 중식 ➔ 차로 30분 ➔ **14:00~15:30** 왕과 왕비의 파고다 ➔ **17:30** 치앙마이 시내(호텔 이동)

MAPECODE 40204

도이 인타논 국립 공원 Doi Inthanon National Park อุทยานแห่งชาติดอยอินทนนท์

태국의 지붕

전체 면적 482km²에 달하는 도이 인타논 산과 그 일대를 말한다. 해발 2,565m로 태국에서 가장 높은 봉우리이며 부탄과 네팔, 미얀마를 거쳐 이어지는 히말라야 산맥의 일부이다. 이전에는 큰 산이라는 뜻의 '도이 루앙,' 까마귀가 많이 모이던 연못이 산 아래에 있어 까마귀 연못의 꼭대기라는 뜻으로 '도이 앙카'라고 불렸으나 지금은 왕의 이름을 따 부른다. 치앙마이의 마지막 통치자였던 인타위차야논 왕 King Inthawichayanon은 태국의 숲을 보존하는 데에 힘을 쏟았는데, 1897년 사망 후 유해가 이 국립 공원에 묻히고 그의 왕세자 시절의 이름을 따와 도이 인타논으로 불리게 되었다. 대단한 기세로 쏟아지는 여러 폭포는 자연의 위대함에 절로 존경을 표하게 되고, 도이 수텝과 마찬가지로 다양한 동식물의 집이기도 하다. 360여 종의 새와 65종의 포유류가 살고 있다. 아름다운 일출로 유명한 곳이니 투어 업체를 이용하지 않는다면 조금 서둘러 오는 것을 추천한다. 정오에도 10~12도 정도의 기온을 보이기 때문에 겉옷은 필수이다.

위치 2 Ban Luang Chom Thong, 50130 **전화** +66 2562 0706 **홈페이지** nps.dnp.go.th **요금** 국립 공원 300밧, 왕과 왕비의 파고다 40밧

📷 왕과 왕비의 파고다
Phra Mahathat Naphamethanidon & Phra Mahathat Naphapholphumisiri
นภเมทินีดล & นภพลภูมิสิริ

왕과 왕비를 기념하는 아름다운 두 개의 탑

푸미폰 왕 King Bhumibol과 시리킷 여왕 Queen Sirikit의 60주년을 기념하여 각각 1987년과 1992년에 세워졌으며, 이름에는 특별한 뜻이 담겨 있다. 왕의 파고다는 '땅과 공기의 힘으로', 왕비의 파고다는 '땅의 힘과 공기의 우아함으로'라는 뜻이다. 태국 공군에서 세운 이 두 멋진 파고다는 도이 인타논 국립 공원 여행의 백미다. 서로 마주하고 있는데, 걷거나 에스컬레이터를 이용하여 오를 수 있다.

왕의 파고다 팔각형 종 모양의 상앗빛, 금빛 파고다는 높이 60m로 불교의 교리 카르마, 윤회와 일시성을 상징하는 3층으로 되어 있다. 여러 색의 돌 조각들은 부처의 이야기를 나타낸 것이며, 파고다를 둘러싼 타일 장식은 '독수리 가루다'나 '나가 뱀'과 같은 전설 속 동물의 이야기를 그리고 있다. 파고다 내부의 불

도이인타논

상은 가르침의 자세인 '추론과 미덕Vitarka Mudra 자세'로 앉아 있다. 왼손 엄지와 검지를 붙여 만드는 원은 끝없는 에너지의 순환을 의미하며, 시작과 끝이 없고 완벽함만이 있다는 것을 뜻한다. 왕의 파고다 뒤에는 정원이 있는데, 끝없이 펼쳐지는 산자락을 감상할 수 있는 벤치와 작은 연못과 나무다리, 오밀조밀 모여 어여쁜 얼굴을 내밀고 있는 꽃들로 가득해 향기롭고 아름답다. 어떻게 찍어도 사진이 잘 나와 카메라 셔터 소리가 끊이지 않는다. 여행객들은 파고다보다 이 정원에서 훨씬 긴 시간을 보낸다.

여왕의 파고다 12개의 면으로 만들어진 라벤더 색의 우아한 파고다는 왕의 파고다를 마주한다. 금빛 연꽃송이가 파고다 꼭대기를 왕관처럼 장식하고 있다. 왕비는 왕보다 5살이 어렸는데, 그래서 왕의 파고다보다 높이가 5m 낮다. 파고다 내부의 불상은 성찰을 뜻하는 자세인 '금요일의 부처 Pang Ram Pueng 자세'로 앉아 있다. 여왕이 태어난 날이 금요일이기 때문인데, 파고다를 방문하는 사람들 중 금요일에 태어난 사람들은 이 불상을 꼭 보고 간다고 한다. 파고다 주변의 타일 모자이크화는 부처의 여제자들의 이야기를 담고 있다.

◉ 와치라탄 폭포 & 시리탄 폭포 Wachirathan Waterfall & Sirithan Waterfalls
น้ำตกวชิรธาร & น้ำตกสิริธาร

모든 근심과 걱정을 시원하게 씻어 주는 물줄기
도이 인타논 국립 공원에는 일곱 개의 폭포가 있는데, 그중 가장 유명한 것은 산맥 아래쪽에 위치하여 비교적 접근이 쉬운 와치라탄과 시리탄이다. 폭포의 이름은 각각 '다이아몬드 계곡 폭포'와 '영광'이라는 뜻이다. 와치라탄은 공원에 입장하여 20.8km 지점에 위치한 주차장 바로 옆에 있으며, 시리탄은 22km 지점에 있는 길 200m를 따라 걸으면 모습을 나타낸다. 목이 아플 정도로 고개를 뒤로 젖혀 봐도 한눈에 담기 어려운 규모이며, 멀리까지 물방울이 튈 정도로 물이 세차게 떨어져 상쾌하고 시원한 광경을 선사한다. 물줄기는 보통 연중 내내 세찬 편이지만 5~11월 우기에 더욱 시원하게 내리꽂는 폭포를 감상할 수 있다.

항동
Hangdong หางดง

근교 여행

때 묻지 않은 자연 속 고즈넉한 동네

볼거리가 아주 많지는 않지만 그래서 더 좋다. 번화한 치앙마이 시내에 비해 항동은 고유의 평화롭고 고즈넉한 분위기가 매력이다. 새가 지저귀는 소리로 아침을 맞고 한참을 걸어야 다른 사람 얼굴을 마주할 수 있는, 때 묻지 않은 자연에 묻혀 여러 날을 지내고 싶은 곳이다.

치앙마이에서 가는 길

왓 우몽에서 좀 더 남서쪽으로 내려가면 나타난다. 부지런한 사람이라면 마음먹고 당일치기로도 다녀올 수 있다. 그랩 택시를 타고 다녀오기에도 크게 부담이 없으며, 차로는 30분에서 1시간 정도 걸린다.

2박 3일 BEST 코스

DAY 1 12:00~14:00 치앙마이 시내(체크아웃, 점심 식사, 항동에서 필요한 물품 장보기) ➜ 차로 1시간 ➜ 15:00 항동 도착(호시하나 빌리지 체크인) ➜ 도보 15분 ➜ 15:15~18:45 그랜드 캐니언 ➜ 도보 15분 ➜ 19:00 호시하나 빌리지에서 저녁 식사

DAY 2 09:00 호시하나 빌리지(조식 후 휴식) ➜ 도보 20분 / 차로 7분 ➜ 11:00 푸핀 테라스 ➜ 도보 20분 / 차로 7분 ➜ 12:00 항동 시장에서 장 보기와 점심 식사 (호시하나 빌리지의 셔틀인 썽태우를 이용하여 이동) ➜ 14:30 호시하나 빌리지(수영장에서 놀기) ➜ 16:00 개인 시간(마사지) ➜ 19:00 숙소에서 저녁 식사

DAY 3 09:00 호시하나 빌리지 조식 ➜ 10:00 자전거로 동네 구경 ➜ 12:00 체크아웃

카오마오 카오팡 Khaomao-Khaofang ข้าวเม่า-ข้าวฟ่าง ป่าในจินตนาการ

정글에서의 맛있는 한 끼 식사

인공 폭포와 호수를 옆에 둔 여러 구역으로 나뉜 엄청난 규모의 식당으로, 맛있는 태국 요리로 식객들을 부른다. 창이 뚫린 높은 천장으로 들이치는 햇살이 신비롭다. 식물원이 연상되는 자연미가 아니더라도 음식 맛으로도 정평이 나 있다. 현지 사람들은 특별한 손님이 오면 이곳으로 데려와 대접한다고 한다. 튀긴 생선 요리와 돼지갈비, 학센(족발)이 특히 맛있고, 샐러드, 커리, 볶음밥 등 여러 종류의 다양한 메뉴가 모두의 입맛을 만족시킨다. 식당 구석구석을 빠르게 다니는 숙련된 웨이터들 덕분에 주문과 서빙 모두 신속하다. 또한 화장실이 예쁘기로 유명하다.

위치 181 Moo 7, Ratchapruek Road, Tambon Nong Kwai, 50230(18.730103, 98.943667) / 반 캉 왓에서 차로 13분 **전화** +66 53 838 444 **시간** 11:00~15:00, 17:00~21:30 **홈페이지** khaomaokhaofang.com **가격** 칠리 크랩 1300밧, 마늘과 스파이시 망고 샐러드를 곁들인 도미 튀김 350밧, 코코넛 해물찜 240밧

MAPECODE 40056

캥 웰라 Kang Vela แกงเวฬา

항동의 아침을 맛있게 맞이하는 방법

부지런하지 않으면 놓치고 마는 현지 맛집. 님만해민의 유명 카페 러스틱 앤 블루의 셰프가 가족과 함께 오픈한 곳으로 러스틱 앤 블루와는 사뭇 다른, 더욱 아늑하고 가정적인 분위기의 식당이다. 상호와 동일한 캥 웰라라는 커리가 시그니처 메뉴이고, 매일 신선한 식재료를 활용한 메뉴를 선보인다. 친환경적인 포장 정책으로 손님들이 음식을 담아갈 도시락통을 가져와야 포장이 가능해, 그릇을 들고 찾는 단골도 많다. 하루 다섯시간 영업이지만 음식이 일찍 동나는 경우도 많으니 일찍 일어나 찾을 것을 추천한다.

위치 Chiang Mai Outer Ring Rd, Nong Kwai, Hang Dong, 50230 (18.723943, 98.930934) **전화** +66 62 449 9825 **시간** 화~일 08:15~01:15 **홈페이지** facebook.com/kangvela

MAPECODE 40205

그랜드 캐니언 Grand Canyon

모두가 즐거운 워터 파크

'항동 캐니언 Hang Dong Canyon'이라고도 불린다. 수영, 태닝, 벼랑 점프(10m, 20m), 대나무로 만든 뗏목 놀이, 뱅글뱅글 튜브와 같이 다양한 액티비티가 있어 어린 아이가 있는 가족이나 연인, 친구 등 구성원에 상관없이 다양한 여행객들에게 인기가 좋다. 숯불구이 치킨과 맥주를 들고 이글거리는 태양에 태닝하다가 더위를 이기지 못할 것 같을 때 물에 뛰어드는 짜릿함을 위해 많은 이들이 찾아온다. 또한 그랜드 캐니언 이용 고객 전용 카페와 레스토랑도 있어 편리하다.

위치 244 Tambon Nam Phrae, 50230 **전화** +66 63 672 4007 **시간** 08:00~18:00 **홈페이지** grandcanyonwaterpark.velaeasy.com **가격** 1일권(모든 워터 액티비티, 구명조끼, 아쿠아 파크, 유아존, 카약, 슬라이드, 집라인 1회) 9세 이상 650밧, 4~8세 500밧

MAPECODE 40206

푸핀 테라스 Phufinn Terrace ภูฟิน เทอเรส

끝이 보이지 않는 산을 마주하고 커피 한 잔

한참을 걸어 올라가면 큼직한 오두막집이 나타난다. 이곳에서 오르막 길에 흘린 땀방울이 아깝지 않은 360도 항동 뷰의 테라스가 눈앞에 펼쳐지는데, 이곳의 명당은 해먹 자리이다. 식사와 커피, 칵테일, 아이스크림 플로트 등 메뉴가 다양한데, 주변 경치가 끝내주니 무엇을 먹어도 다 맛있다. 푸핀 테라스 부근에는 '푸핀 도이 Phufinn Doi ภูฟิน ดอย', 반 캉 왓 쪽으로 올라가면 호숫가 근처에 '푸핀 인 더 레이크 Phufinn in the lake ภูฟิน อินเดอะเลค' 지점이 있다. 푸핀 테라스와 푸핀 도이의 경우 호시나 빌리지에 머무는 손님들이 종종 무료로 대여해 주는 자전거를 타고 올라오는데, 길이 닦여 있지 않고 경사가 가파르며 집채만 한 개들도 묶이지 않은 채 험상궂게 짖어 위험할 수 있다. 스쿠터나 택시를 추천한다.

위치 (푸핀 테라스) 타 패 게이트에서 차로 38분, (푸핀 도이) Nam Phrae, 50230, (푸핀 인 더 레이크) San Phak Wan, 50100 **전화** +66 92 959 0399 **시간** (푸핀 테라스) 11:00~21:00, (푸핀 도이) 08:30~18:00, (푸핀 인 더 레이크) 10:00~21:00 **홈페이지** facebook.com/phufinn **가격** 코코넛 케이크 95밧, 아메리카노 75밧

호시하나 빌리지 Hoshihana Village

MAPECODE 40207

평화로운 자연이 있어 여러 날을 보내고 싶은 마을

치앙마이로 떠나오는 많은 사람들은 잠깐이지만 외부와 단절된 느낌을 좇는다. 도시의 화려함과 편리함을 모두 떨치고 쉬고 싶은 사람들이 평화롭고 고요한 숙소를 찾는데, 일본 영화 〈수영장(2009)〉의 배경으로 등장한 호시하나 빌리지는 내면에 귀를 기울이고 바깥 세상을 차단할 수 있는 완벽한 곳이다. 정원과 리빙 공간이 10,000m²에 달하는, 그야말로 정말 작은 마을이다.

수면의 꽃잎을 바라보거나 조용히 책을 읽으며 시간을 보내기 좋은 야외 풀장과 호시하나 빌리지에서 사는 고양이가 늘어져 낮잠을 자는 상점(공예품, 의류, 잡화), 선선한 바람을 느끼며 마사지를 받을 수 있는 스파 공간 등이 정원과 나무 사이에 있다. 개인 객실에는 간단히 주방이 딸려 있다. 빌리지의 하늘색 썽태우가 항동 시장으로 픽업 서비스(왕복 180밧, 편도 약 25분 소요)를 진행하여 미처 장을 봐 오지 못했더라도 항동 시장에서 해결할 수 있다. 세탁기와 건조기(1회 사용 20밧)도 있으며 최대 숙박일은 14일이다. 호시하나 빌리지의 모든 수익은 HIV와 싸우는 아이들이 모여 사는 '반 롬 사이Ban Rom Sai (banromsai.org)' 단체를 위해 쓰인다. 호시하나에 미리 알리면 토요일 오전에 반 롬 사이를 방문(60~90분 정도)해 볼 수 있다.

위치 246 Moo 3, T. Namprae, A. 50230 / 타 패 게이트에서 차로 41분 **전화** +66 63 158 4126 **시간** 체크인 15:00, 체크아웃 12:00 / 오피스 영업 시간(영어 가능한 직원 근무 시간) 09:00~17:00 **홈페이지** hoshihana-village.org **가격** 1인용 라임 & 리치 코티지 1,500밧, 2인용 파파야 3,500밧 / 연박을 하면 두 번째 날부터 할인가에 이용할 수 있음

> **Tip 호시하나 빌리지 이용 시 참고 사항**
>
> 항동에서도 특히 외진 골목 끝에 위치하여 주변에 편의 시설이 전무하니 필요한 것은 미리 사가야 한다. 그랜드 캐니언과 걸어서 5분 거리인데도 근처에는 정말 아무것도 없다. 호시하나로 들어오기 전에 미리 장을 봐 오거나 호시하나에서 제공하는 음식을 하루 전까지 주문(인터넷 또는 현장)하여 받아볼 수 있다. 예약이 굉장히 빨리 차고 메일을 보내 문의하면 2~3일 정도는 말미를 두어야 하기 때문에 가보고 싶다면 서둘러 문의하자.

매림
Mae Rim แม่ริม

근교 여행

별이 쏟아지는 밤하늘과 짙은 풀 내음이 가득한 마을

치앙마이가 익숙해질 때쯤 새로운 공기를 들이마시고 좀 더 짙은 풀 향기를 맡고 싶을 때 쉽게 찾을 수 있는 곳이다. 황홀한 전망의 언덕과 최고의 커피, 하루 종일 노닐고 싶은 정원이 있는 이 작은 마을과 사랑에 빠질지도 모른다. 매림 안에서의 이동은 차가 없으면 거의 불가능하여 그랩이나 콜 택시를 사용하거나 스쿠터를 빌려 다녀야 한다.

🚐 치앙마이에서 가는 길

Route 107번 도로를 타고 40km만 달리면 나타난다. 차로는 1시간이 소요되고, 그랩 택시 비는 약 250밧부터이다. 대중교통으로는 창 푸악 버스 터미널에서 매땡 Mae Tang, 보 깨오 Bo Kaeo 등으로 향하는 버스나 썽태우를 타고 30분에서 1시간쯤 이동하면 된다. 버스 노선이 다양하고, 썽태우의 경우 조수석에 타면 승차감이 훨씬 좋으니 참고하자.

1일 BEST 코스

07:00 몬 쨈의 아침 뷰 감상 ➔ 차로 23분 ➔ 08:30 시리킷 여왕 정원 ➔ 차로 20분 ➔ 10:00 살라 카페 ➔ 차로 9분 ➔ 11:00 통마 스튜디오 & 더 아이언우드 ➔ 차로 9분 ➔ 12:00 점심 식사(바바 블랙 카페) ➔ 차로 6분 ➔ 13:30 엘리펀트 푸푸페이퍼 파크 ➔ 차로 10분 14:45 아카 아마 리빙 팩토리 ➔ 15:30 라나 타이 빌라 체크인 또는 캠프 미팅이나 러스틱 앤 블루 팜으로 이동해 저녁 식사 p291

Tip 매림 택시 투어

몬쨈을 비롯하여 매림의 여러 명소 거리가 있는데 차로 이동하면 금방이다. 치앙마이 시내에 비해 그랩 Grab 택시를 잡는 것이 쉽지 않아 아예 매림 일정 전체를 택시 투어로 이용하는 여행자도 많다. 업체보다는 개인 택시를 이용하니 치앙마이 여행 카페나 블로그 후기 등을 검색하여 여행 즈음 활발히 활동하는 택시의 후기를 많이 보고 이용하고 싶다면 고려해 보자. 비용은 보통 6시간에 1,500밧~2,000밧 정도로 시간과 가격은 흥정을 잘 할수록 조정의 여지가 많고, 기사가 제시하는 일정표를 따르거나 자유 일정을 논의해 정하는 등 스케줄도 조율할 수 있다.

MAPECODE 40208

엘리펀트 푸푸페이퍼 파크 Elephant POOPOOPAPER Park Chiang Mai

친환경적인 코끼리 똥 테마파크

치앙마이 일대의 에코 투어리즘의 선두 주자로 활약하고 있는 이곳은 색색의 종이와 온통 코끼리 그림으로 가득한 야외 공원이다. 전 세계 언어로 '똥'이 무엇인지 입구에 적어 놓은 종이들이 바람에 나부끼며 손님을 맞이한다. 입장하면 똬리를 튼 코끼리 똥 그림이 여기저기 보인다. 이곳은 코끼리 대변으로 만든 친환경적인 종이로 다양한 물건을 만들어 판매하는 곳으로, 실제로 구매욕을 불러일으키는 유용하고 예쁜 물건들이 많다. 깨끗하게 세척하고 여러 공정을 거쳐 냄새는 전혀 나지 않는다. 수집부터 시작하는 생산 과정을 자세히 보여 주며, 직원들의 도움을 받아 직접 만들어 볼 수도 있다. 공원을 돌아보고 체험 활동에 참여하고, '푸티크 Poo-tique'라는 익살스러운 이름의 기념품 상점 구경까지 약 1시간 정도 소요된다.

위치 87 Moo 10 Mae Raem, 50180 **전화** +66 53 299 565 **시간** 09:00~17:30 **홈페이지** poopoopaperpark.com/en
요금 성인 100밧, 5세 미만 무료

MAPECODE 40209

몬 쨈 Mon Chaem ม่อนแจ่ม

일출과 일몰, 별이 쏟아지는 밤이 아름다운 언덕

손대지 않은 듯 깨끗한 자연 속에 있는 치앙마이라서, 어디든 높은 곳에만 오르면 환상적인 뷰를 감상할 수 있다. 특히 몬 쨈은 그중에서도 숨 막히는 절경을 뽐내는 것으로 유명하다. 치앙마이 시내에서 40분가량 떨어져 있어 매림에 오지 않더라도 몬 쨈만 당일치기 여행으로 들르는 사람들도 많다. 매림보다도 덜 개발된 산등성이 일대로 양옆의 경관을 모두 내려다볼 수 있고, 캠핑할 수 있는 구역이 있다.

위치 22/8 Moo 7 Mae Raem, 50180 **전화** +66 81 806 3993 **시간** 07:00~20:00 **요금** 꽃밭(성인 30밧, 아동 10밧)

MAPECODE 40210

시리킷 여왕 정원 Queen Sirikit Botanic Garden
สวนพฤกษศาสตร์สมเด็จพระนางเจ้าสิริกิติ์

여왕이 사랑했던 아름다운 정원

평생 생물 다양성 보호에 관심을 가지고 활동한 푸미폰 아둔야뎃 왕의 부인인 시리킷 여왕의 이름을 붙인 아름다운 정원이다. 국제 기준에 부합하는 태국 최초의 식물학 정원으로, 도이 수텝-뿌이 산 아래에 자리한다. 자연미와 어우러지도록 큐레이팅 된 정원의 조경을 감상할 수 있으며, 온실과 야외 정원에서 태국은 물론 해외 각지에서 가져온 다양한 식물들을 볼 수 있다. 희귀종과 멸종위기종들에 특별히 초점을 맞

추고 있어 여느 정원에서 쉽게 볼 수 없는 꽃과 나무들을 찾을 수 있다. 태국 식물에 대한 지식을 넓히고 유전적 다양성을 확보하는 것을 목적으로 연구와 교육에도 중점을 두고 있다.

위치 Moo 1 Soi 9, Mae Raem, 50180 **전화** +66 53 841 234 **시간** 08:30~17:00 **홈페이지** qsbg.org **요금** 성인 100밧, 아동 50밧, 60세 이상과 장애인 무료 / 자동차 1대당 100밧

MAPECODE 40211

퐁양 정글 코스터 & 집라인 Pongyang Jungle Coaster & Zipline
โป่งแยง ซิปไลน์ แอนด์ จังเกิ้ล โคสเตอร์ส

스릴 만점 액티비티를 즐기자

매림의 자연 보호 구역 내 위치하여 울창한 숲속을 스피드 있게 집라인으로 가로지르는 짜릿함을 맛볼 수 있는 곳이다. 여러 국내 예능 프로그램의 촬영지로도 이미 유명하다. 집라인과 더불어 숲속으로 구불구불 나 있는 레일 위를 달리는 정글 코스터가 대표 놀거리다. 탑승자가 속도를 조절할 수 있고, 안전 요원도 있어 어린이들도 즐겁게 탈 수 있다. 정글 속 카페도 있다. 클룩Klook이나 여행사 등 한국에서도 이곳을 다녀가는 투어 프로그램을 판매한다.

위치 99/9 Moo 2 Chiang Mai Rural Rd, 4051 Amphoe Mae Rim **시간** 월~금 09:00~17:30, 토~일 08:30~17:30 **전화** +66 93 156 9222 **가격** 정글 코스터(약 5분) 300밧, 데이 패키지(정글 코스터+집라인+셔틀+티셔츠) 2,200밧

아카족 Akha 과 로열 프로젝트

치앙라이의 78%는 산으로 이루어져 있는데, 수많은 고산족들이 이 지역에 오래전부터 살고 있다. 그중 태국, 미얀마, 라오스, 중국 등지에서 터를 잡고 살아가는 아카족은 현재 태국에만 8만 명이 살고 있는 고산족이다. 과거 아카족은 아편을 재배하며 살았지만, 현재는 태국 왕실의 '로열 프로젝트'로 인해 맛 좋은 커피를 재배하여 파는 것으로 더욱 유명하다.

아카족의 거주지가 유독 빠른 경제 발전을 보여 전통적인 삶의 방식을 유지하며 사는 것이 어려워졌지만, 그런데도 이들은 커피를 재배하며 삶을 영위하는 것 외에 다른 면들은 흔들리지 않고 그들의 전통과 문화를 유지해 나가고 있다. 나이와 경험을 중시하는 사회 구조를 따르며, 모자를 벗으면 악령이 씌인다고 믿어 잠을 잘 때도 큰 모자를 쓰고 생활한다. 훌륭한 품질의 아라비카 콩을 재배하여 치앙마이, 치앙라이 일대의 경제 발전에 큰 공헌을 하고 있으며 아카족을 보러 오는 사람들도 많아 이들의 생활 자체로도 경제적인 이득을 취하고 있다. 아편을 재배하며 착취당하던 과거에서 벗어나 현재는 로열 프로젝트와 함께 발전해 나가고 있음에 박수를 보낸다.

로열 프로젝트 Royal Project

열악한 환경 개선을 위해 시작한 프로젝트

태국 국민이 아버지처럼 사랑하고 따랐던 고 푸미폰 국왕은 태국 북부 지역에 거주하는 고산족의 열악한 생활 환경 개선에 관심을 갖고, 그들이 자립할 수 있도록 로열 프로젝트를 시작하였다.

로열 프로젝트는 왕실의 자산과 민간 자본을 이용하여 수자원 및 관개, 토지, 농업, 연구, 보건위생, 교육 등 다양한 분야의 개발이 이루어졌다. 세부적인 사업이 무려 3천여 개에 이른다. 그중 아편을 재배해 근근이 생계를 꾸려가던 치앙마이 일대의 고산족의 생활을 개선하고, 그들이 범죄에서 벗어날 수 있도록 돕기 위한 커피 프로젝트가 있었다. 1970~1980년 기후와 지대가 적합한 마을에 좋은 품종의 커피를 포함하여 산악 지역에서 재배할 수 있는 현금 작물을 보급하여 재배하도록 했다. 다행히 태국 북부 산지는 아라비카 콩을 재배하기에 굉장히 적합한 환경이었다. 고산족의 생활은 빠른 속도로 나아졌고, 국가 경제에도 보탬이 되기 시작했다. 해외에서도 로열 프로젝트의 취지와 계획의 탄탄함을 인정받아 UN과 미국, 캐나다 등 선진국의 원조가 이어졌다. 1991년에는 500톤의 아라비카 콩을 생산하던 것이 20년 후에는 4천 톤으로 크게 늘어났다. 여러 고산족 마을의 커피 중 가장 훌륭한 품질로 꼽히는 것은 아카족의 거주지 아카 아마 마을에서 재배하는 아라비카종의 '카투아이 Catuai'와 '티피카 Typica' 콩이다.

통마 스튜디오 & 더 아이언우드 Thongma Studio & The Ironwood

인스타그래머들의 성지

숲속의 갤러리·카페·식당을 겸하는 멋진 공간으로, 시내와 꽤 떨어져 있어 그랩 택시를 이용하는 것이 가장 좋다. 고급 스튜디오 여러 개가 붙어 있는 것처럼, 빈티지하고 세련된 인테리어의 틀은 지키되 공간마다 콘셉트가 확실하게 다르다. 이곳에서 인생 사진을 찍으려고 찾아가는 여행자들이 많은데, 문제는 여기 오는 모든 사람이 같은 생각을 하고 온다는 것이다. 주문하고 아무도 손대지 않는 음식 위에 파리가 꼬이고 삼각대와 셀카봉 여러 개가 하늘을 가르며 인기 있는 사진 배경 앞에서 차례를 기다려 줄을 서야 하니, 생각했던 푸르고 고요한 분위기는 아닐 것이다. 두 시간을 머물러도 모든 곳에서 사진을 찍기가 쉽지 않지만 치앙마이다운 분위기의 사진을 예쁘게 남기기에는 더없이 좋은 실내외 스튜디오 역할을 톡톡히 하고 있다.

위치 592/2 Soi Nam Tok Mae Sa 8 Tambon Mae Raem, 50180 **전화** (통마 스튜디오) +66 94 639 2854, (더 아이언우드) +66 81 831 1000 **시간** (통마 스튜디오) 목~화 10:00~18:00, (더 아이언우드) 09:00~18:00 **홈페이지** facebook.com/thongmastudio, facebook.com/theironwoodmaerim **가격** 로즈티 95밧

살라 카페 Sala Café ศาลากาแฟ

쾌적하고 넓은 카페, 달콤한 디저트

매림의 동네 사람들이 하나 같이 입을 모아 추천하는 가게다. 아이들이 정원에서 뛰어놀고, 고개를 맞댄 연인들이 케이크를 떠먹고, 친구들이 깔깔 웃으며 수다를 떨고, 혼자 온 손님도 소파에 비스듬히 기대앉아 편안히 커피를 마시는 이곳, 살라 카페는 실내외 자리가 모두 널찍해 저절로 마음에 여유가 생긴다. 부지가 넓은 만큼 직원도 많아 서비스가 빠르고 정확하다. 카페에서 맛을 보고 포장해 갈 정도로 탐나는 디저트가 진열되어 있고, 진하고 시원한 커피도 일품이다. 식사 메뉴도 추천한다.

위치 133/11 Moo 5, Mae Rim-Samoeng Road, 50180 **전화** +66 52 010 575 **시간** 월~금 08:00~17:00, 토~일 08:00~18:00 **홈페이지** facebook.com/mysalacafe **가격** 아포가토 80밧, 페루 초콜릿 케이크 85밧, 멜론 쉬폰 케이크 75밧

MAPECODE **40214**

바 바 블랙 카페 Baa Baa Black Café

믿고 먹는 할머니의 레시피

티타 갤러리 옆으로 난 골목으로 들어가 꽤 걸어 내려가면 나타나는 카페 겸 식당이다. 할머니의 레시피를 쓴다고 수줍게 말하는 직원이 조심스레 메뉴판을 내놓는다. 뭐든 맛있어 보여 주저 없이 주문하고 다음 날 또 오게 되는 식당이다. 특히 페낭 커리가 맛있고, 태국 요리만큼이나 팬케이크나 피자, 디저트류도 맛있다. 정원이 꽤 넓고 실내 테이블도 많아도 손님이 많을 때도 편안하고 여유 있게 식사를 즐길 수 있다.

위치 65/7 Moo 6 Mae Rim-Samerng (Old Road), 50180 **전화** +66 94 689 1144 **시간** 화~일 09:00~20:00 **홈페이지** facebook.com/BAA-BAA-Black-Cafe-120790404701975 **가격** 피자 120밧~, 망고 푸딩 70밧

MAPECODE **40211**

아카 아마 리빙 팩토리 Akha Ama Living Factory

좋은 커피를 찾아 일부러 먼 걸음을 하게 만드는 곳

농부와 손님을 이어 주는 좋은 매개의 역할을 하고자 하는 아카 아마의 목적의식이 투영된 착하고 향긋한 공간으로, 직접 로스팅한 커피를 공들여 내려 준다. 버려져 있던 땅을 동네 사람과 함께 일구어 비옥한 토지로 바꾸고 다시 나무들이 자랄 수 있도록 힘쓴 카페 주인들은 커피를 마시면서 손님들이 나무와 교감하고 자연을 느낄 수 있기를 바란다고 말한다. 이렇게 심은 나무들은 커피와 아카 아마 리빙 팩토리에서 직접 재배하는 코코아의 서식 환경에 적합한 그늘을 만들어 준다고 한다. 일요일, 화요일, 금요일은 로스팅하는 날이고, 종종 커피 관련 워크숍도 연다. 곧 주방을 만들어 지속해서 건강한 음식을 요리하는 공간도 오픈할 예정이라고 한다. 오렌지 향 진하게 나는 시그니처 음료 '마니 마나 Manee Mana'를 추천한다.

위치 Huai Sai, 50180 **시간** 목~화 09:00~17:00 **전화** +66 88 267 8014 **홈페이지** akhaamacoffee.com **가격** 마니 마나 80밧

MAPECODE 40216

마이 사이공 Mai Saigon

치앙마이에서 느끼는 진한 베트남의 맛

파리에 살다가 매림으로 이주한 베트남 부부가 운영하는 곳으로, 진짜 베트남 요리를 맛볼 수 있다. 시내와 조금 떨어져 있지만 기념일 등 특별한 날 예약하고 와서 먹는 곳으로, 현지 사람들에게도 신뢰가 두터운 오래된 맛집이다. 서비스가 나무랄 데 없고 음식 맛은 좋다. 베트남 여러 지역의 요리를 모두 맛볼 수 있도록 고심해서 메뉴를 구성했다고 한다. 옆에 있는 수영장은 50밧을 내면 사용할 수 있으니 무더운 날 찾는다면 수영복도 챙겨 가자.

위치 Rim Tai, 50180 **전화** +66 97 084 9479 **시간** 월~화, 목~금 11:00~14:30, 17:00~21:00, 토~일 11:00~21:00 **가격** 구운 돼지고기 볶음밥과 스프링롤 160밧

MAPECODE 40217

아우사 Ausaa อาวสา

수줍은 바리스타가 선물하는 맛있는 커피

손님이 없을 때는 카페 한켠에서 글도 쓰고 그림도 그린다. 수줍고 멋진 바리스타는 손님이 오면 상기된 얼굴로 주문을 받고, 정성 들여 라테 아트를 그려 낸다. 2017년 외진 곳에 오픈하여 아직 그랩 기사들도 잘 찾지 못한다. 하지만 빈티지한 느낌의 인테리어가 사진을 찍기 좋아 여자 손님들이 친구와 많이 찾는다. 아이싱 듬뿍 올린 컵케익, 딸기 쇼트케이크, 말차 타르트 등 앙증맞은 디저트류는 많이 만들지 않아 늦게 가면 다 팔리고 없다.

위치 Rim Nuea, 50180 **시간** 수~월 10:00~17:00 **홈페이지** facebook.com/ausaacafe **가격** 아메리카노 40밧, 스트로베리 쇼트케이크 65밧, 카페 라테 45밧

MAPECODE 40218

반남상둔 Baan Ngamsangdeuan บ้านงามแสงเดือน

자매가 운영하는 아기자기한 카페

직접 굽는 타이식 디저트와 잘 어울리는 커피를 파는 카페를 겸하는 옷 가게다. 북부 태국 스타일로 꾸민 반남상둔에 들어서면 멋진 디자이너의 집에 초대받은 기분이 드는 이유는 루앙 프라방에서 상점 인테리어를 하던 주인의 이력 때문일 것이다. 디자인 전공은 아니지만 취미가 직업이 된 케이스로, 현대적인 디자인의 반남상둔 옷은 모두 이 지역에서 나는 천으로, 태국 전통 옷의 실루엣에서 영감을 받아 만드는 것이다. 패브릭 관련한 워크숍도 종종 주최한다.

위치 Rim Tai, 50180 전화 +66 87 181 2954 시간 월~토 09:00~16:00 홈페이지 facebook.com/BaanNgamsangduan

라나 타이 빌라 Lana Thai Villa

MAPECODE 40220

포 시즌스 안에 위치한 조금 더 특별한 숙소

전 세계를 여행하다 매림에 정착해 이 지역에서 오래 살고 일해 온 프랑스 신사가 개인의 수집품으로 꾸민 곳이다. 포 시즌스 내 빌라 한 채를 따로 관리하며 운영하는 독특한 시스템으로, 포 시즌스와 연계되어 호텔 투숙객의 혜택(헬스장, 수영장, 테니스장 등)을 거의 다 누릴 수 있다. 빌라는 미얀마, 중국, 발리 세 채의 방으로 구성되어 있으며 아침 식사를 할 수 있는 발코니가 딸려 있다. 전용 버틀러 서비스가 제공되어 체크인부터 체크아웃할 때까지 편안한 투숙을 책임지고, 24시간 룸서비스도 이용 가능하다. 빌라 주인이 오랫동안 매림에서 살며 추천하는 쇼핑, 맛집, 관광 목록을 책자로 만들어 책상에 올려 두었으니 꼭 참고하도록 하자.

위치 Villa 3 Residence 7, 502 Moo 1 Mae Rim-Samoeng Old Road, 50180 **전화** +66 81 783 1609 **시간** 체크인 14:30, 체크아웃 11:00 **홈페이지** lana-thai-villa.com **가격** 더블 룸 590,000원~

포 시즌스 치앙마이 Four Seasons Chiang Mai

MAPECODE 40221

시내와 조금 떨어져 누리는 럭셔리한 호사

훌륭한 스파 시설과 쿠킹 수업을 진행하는 식당, 해가 뜰 때와 해 질 녘 밭 앞에서 진행하는 요가 수업도 치앙마이 포 시즌스만의 차별화된 특징이다. 쌀 문화에 익숙하지 않은 외국인 투숙객들을 위해 모내기부터 추수까지의 과정을 한눈에 볼 수 있는 작은 박물관도 마련해 두었다. 로비 근처에 기념품 상점들이 모인 쇼핑센터와 ATM도 있다. 호텔 내부는 직원들이 운영하는 버기로 이동할 수 있어 필요할 때 언제든지 호출하면 된다. 매일 같은 시간에 이곳의 아이콘인 물소 두 마리가 로비 일대를 돌며 손님들과 인사를 나눈다. 직원들은 해 질 녘이 되면 매일 수영장 앞에 펼쳐진 넓은 밭을 돌며 퇴근을 알리는 노래와 함께 손님들에게 인사를 한다.

위치 502 Moo 1 Mae Rim-Samoeng Old Road, 50180 **전화** +66 53 298 181 **시간** 체크인 15:00, 체크아웃 12:00 **홈페이지** fourseasons.com/chiangmai **가격** 가든 파빌리온 737,000원~

치앙다오
Chiang Dao เชียงดาว

근교 여행

자연의 아름다움이 녹아 있는 동네

'별들의 도시'라는 뜻을 가진 치앙다오는 태국의 3대 산 중 하나인 해발 고도 2,175m 높이의 산과 일대를 일컫는다. 자연에서 몸과 마음이 정화되는 기분을 느낄 수 있는 여행지로, 치앙마이 근교 여행 중 가장 자연 친화적이며 때가 묻지 않은 동네다. 그만큼 숙소도 식당도 많지 않지만 스트레스를 날려 버릴 수 있는 보람된 시간을 보낼 수 있으니 약간의 불편함은 기꺼이 감수하자.

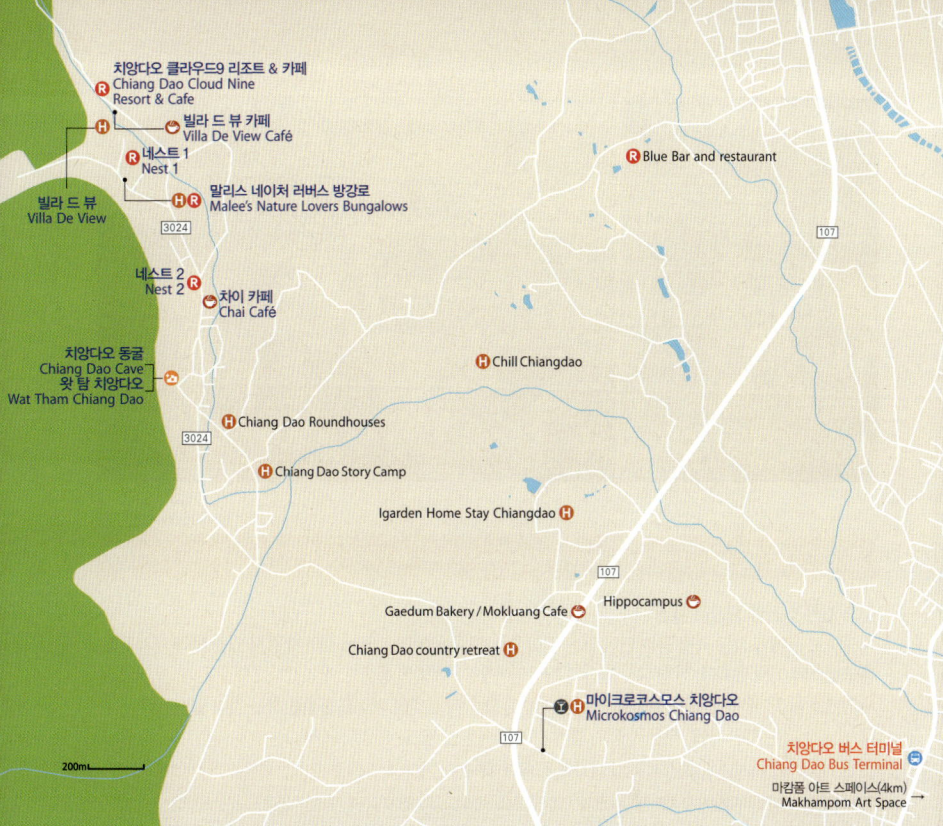

치앙마이에서 가는 길

버스 치앙마이 버스 터미널 1에서 30분 간격으로 출발하는 버스를 타면 된다. 첫차는 05:30, 막차는 17:30이다. 1시간 30분 정도 소요되고, 요금은 42밧이다.

미니밴 조금 더 편한 미니밴을 타고 갈 수도 있는데, 치앙마이 버스 터미널 1 건너편에 있는 매표소에서 '따톤 Thaton'으로 가는 편을 구입(150밧)하면 된다. 치앙다오에서 치앙마이로 돌아오는 미니밴은 하차 터미널에서 절반 가격인 70밧에 표를 구입할 수 있다. 거리가 가까워도 터미널에서 숙소까지는 보통 150밧 정도를 받는다.

※ 치앙다오에서 숙박하는 경우 : 터미널에서 숙소까지 걸어서는 이동할 수 없기 때문에 차량을 이용해야 한다. 숙소를 미리 잡았다면 숙소에서 보내 주는 픽업 차량을 타면 되고, 그렇지 않다면 터미널 안내 데스크에 썽태우를 부탁하도록 한다.

1일 BEST 코스

08:30 치앙마이 출발 ➜ 10:00 치앙다오 도착(숙소 체크인) ➜ 11:00 치앙다오 동굴 ➜ 도보 6분 ➜ 12:30 차이 카페 ➜ 도보 13분 ➜ 13:30 점심 식사(네스트 1) ➜ 차로 50분 ➜ 15:30 매땡 코끼리 딸기 농장 ➜ 차로 30분 ➜ 17:00 카페 인 와일드 ➜ 차로 1시간 ➜ 19:00 저녁 식사(마이크로코스모스 치앙다오) ➜ 차로 8분 ➜ 20:30 빌라 드 뷰

MAPECODE **40222**

치앙다오 동굴 Chiang Dao Cave ถ้ำเชียงดาว

깊고 깊은 석회암 동굴과 사원

치앙다오 산에 조성된 국립 공원 안에 있는 길이 7km의 동굴이다. 12km 길이에 걸쳐 있는 백여 개가 넘는 동굴로 이루어져 있지만, 현재 다섯 개만이 개방되어 있다. 개방된 동굴도 꽤 복잡하고 어두우며, 좀 더 좁은 구역으로 들어가려면 등불이 필요하므로 등불을 들고 함께 돌아볼 가이드를 동반하는 것이 일반적이다. 동굴 밖에는 넓은 정원과 탑, 작은 시장과 함께 자리한 사원인 '왓 탐 치앙다오 Wat Tham Chiang Dao'가 있다. 사원 곳곳에는 태국어와 영어로 쓰인 명언들이 걸려 있다.

위치 치앙다오 버스 터미널에서 차로 11분 **전화** +66 53 248 604 **요금** 입장료 40밧 / 등불과 가이드 동반 200밧

> **Tip** 동굴관람 시 유의사항!
>
> ❶ 동굴 내부는 원래 습한 편인데 우기에는 습도가 더 높아져 바닥이 미끄러울 수 있으니, 밑창이 튼튼하고 미끄럽지 않은 신발을 챙겨 가도록 한다.
> ❷ 절대로 동굴에서 그 어떤 물건(아무리 작은 돌 조각이라도)도 꺼내 오거나 함부로 만지거나 이동하면 안 된다.

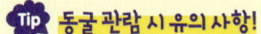

샴발라 인 유어 하트 페스티벌 Shambhala In Your Heart Festival

해마다 치앙마오를 시끌벅적하게 만드는 축제

매년 2월경 일주일 정도 열리는 축제로, 이 일대에 거주하는 일본 히피 집단이 주최한다. 음악과 예술을 테마로 하여 매일 다른 이벤트와 공연이 펼쳐진다. 치앙다오 시내에서 좀 더 동떨어진, '도이 루앙 Doi Luang' 산 기슭의 고요한 벌판 위에서 열린다. 음악과 춤, 마술 등 다양한 종류의 공연이 해마다 다채롭게 구성되며 악기 연주가 가능한 사람은 몇몇 음악 공연에 자유롭게 참여할 수도 있다. 요가 수업, 명상 시간도 있으며 음식은 주로 채식 위주다. 하루 일정은 보통 저녁 11시쯤 마무리되지만, 축제에서 만난 새로운 인연들은 이야기꽃을 피우느라 잠을 이루지 못하고 새벽 늦게까지 타오르는 캠프파이어와 함께 노래를 부르고 춤을 추다 아침을 맞는다. 무료로 이용할 수 있는 온천과 50밧의 이용료가 있는 온천 두 개가 있고, 수공예품 마켓, 주최 측에서 매일 만들어 파는 음식을 선보이는 몇 개의 식당과 카페도 있다. 축제의 프로그램과 위치 등은 매년 축제 일을 앞두고 신청하면 안내받을 수 있다.

홈페이지 facebook.com/shambhalathailand **요금** 샴발라 페스티발 1일권 200밧, 10일권 1,000밧

MAPECODE 40223 40224

네스트 1 & 2 NEST 1 & 2

치앙다오 최고의 맛집

다른 곳에 비해 가격이 꽤 비싼 편인데, 영어를 잘하는 주인이 가져오는 요리를 맛보면 그 가격을 이해할 수 있다. 쾌적한 정원 테이블과 실내 자리가 꽤 넓은데도 사람들이 많이 몰려 네스트 2도 열어 성업 중이다. 네스트 1에서는 서양식, 네스트 2에서는 태국식을 판매하고, 두 식당의 헤드 쉐프는 자매다. 네스트 2에서 사용하는 대부분의 식재료는 이 지역에서 공수하는 신선한 것이라고 한다. 이 지역에서 나는 신선한 식재료를 사용하고 네스트에서만 볼 수 있는 독특한 오리지널 레시피가 많다. 애피타이저를 시켜도 식사가 될 정도로 양이 푸짐하다.

위치 (네스트1) 251 Soi 17 Moo 6, 50170 / 치앙다오 버스 터미널에서 차로 13분 (네스트2) 273/11 Moo 5, 50170 / 치앙다오 버스 터미널에서 차로 12분 **전화** (네스트1) +66 53 456 612, (네스트2) +66 53 456 611 **시간** 아침 08:00~10:30 (차와 커피는 07:00~), 점심 11:30~15:00, 저녁 18:00~21:30 / (네스트1) 11~2월 매주 목요일 바비큐 뷔페 진행, (네스트2) 매주 목요일 ~15:00 **홈페이지** chiangdaonest.com **가격** 립아이 스테이크 695밧, 치킨 스테이크 355밧, 연어구이 375밧, 초콜릿 케이크 125밧

차이 카페 Chai Café

치앙다오 커피콩을 사용하는 로컬 카페

커피 사랑이 대단한 주인 부부가 운영하는 작은 카페로, 커피콩 수확부터 로스팅까지 모든 과정을 직접 한다. 석탄으로 로스팅하고 소량으로 진행하여 언제나 신선한 커피를 마실 수 있다고 자신 있게 말한다. 카렌족 마을에서 태어난 치앙다오 토박이이며, 로열 프로젝트로 처음 커피를 접하고 사랑에 빠져 평생 커피를 해야겠다고 다짐했다고 한다. 커피콩도 판매하고, 몇 개 안 되지만 태국 요리 메뉴도 맛있어 식사를 하고 가기에도 좋다.

위치 Moo 5, Bhan Tham, 50170 / 치앙다오 버스 터미널에서 차로 12분 **전화** +66 81 027 3519 **시간** 수~월 08:00~17:00 **홈페이지** chai-cafe.store **가격** 아메리카노 50밧

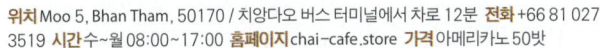

치앙다오 클라우드9 리조트 & 카페 Chiang Dao Cloud 9 Resort & Cafe

깊은 산속 옹달샘 같은 오두막 식당과 숙소

호텔을 겸하는 식당으로 빌라 드 뷰와 마주하고 있다. 치앙다오 동네 사람들끼리는 전부 다 친한지, 아는 가족이 운영하는 호텔에 묵고 있다고 말하면 포장이 안 되는데도 그릇째 들고 가라고 등을 떠민다. 친절한 손길이 요리하는 음식은 서양식, 태국식 요리를 모두 포함하며 그중 치앙마이 소시지구이가 야식으로 먹기 좋다. 밤에 찾으면 별이 많이 보이는 테라스에 앉아 밤하늘을 감상하며 식사할 수 있다. 흥이 많은 주인이 노래를 흥얼거리면서 주방에서 요리하는 소리를 들으며 저녁 식사를 기다리다 보면 저절로 행복해진다.

위치 254/1 Moo 5, 50170 / 치앙다오 버스 터미널에서 차로 14분 **전화** +66 81 809 7781 **시간** 07:00~20:00 **홈페이지** chiangdaocloudnine.business.site **가격** 더블 룸 1박 23,000원~

MAPECODE 40227

마이크로코스모스 치앙다오 Microkosmos Chiang Dao(Thai Craft Beer Bar)

에어비앤비를 겸하고 있는 멋진 맥주집

태국 크래프트 맥주가 궁금한 맥주 애호가들을 위한 곳이다. 태국을 비롯하여 세계 각국에서 골라온 수십 가지의 크래프트 맥주를 골라 마실 수 있는 바가 있다. 전원적인 풍경 속에서 마시는 청량한 맥주는 끝없이 들어간다. 큰 욕조와 조용하고 작은 정원이 딸린 방이 있으니 숙소까지 해결해도 좋다. 150밧 정도를 지불하고 캠핑도 가능하다. 더블 룸은 500밧 정도다. 11~3월 사이 숙박일로부터 한 달 전에 예약하면 하이킹 투어도 준비해 주고, 오토바이도 대여해 준다.

위치 259 Moo 12, 50170 / 치앙다오 버스 터미널에서 차로 5분 **전화** +66 85 992 7005 **시간** 화~일 17:00~24:00 **홈페이지** facebook.com/MicrokosmosCraftBeerChiangDao, airbnb.co.kr/rooms/16220811 **가격** 생맥주 140밧~, 홈메이드 감자튀김 80밧, 소시지 90밧 / 1박 17,000원~

MAPECODE 40228

마캄폼 아트 스페이스 Makhampom Art Space

재활용품으로 만드는 예술품

가족, 학교, 식당, 극단이라는 말로 본인들을 설명할 수 있다며, 끈끈한 유대와 남다른 예술성을 자랑하는 사회적 조직이다. 자원봉사 예술가들이 주도하는 프로그램을 운영한다. 본래 방콕에 본부가 있었으나 더욱 자연과 가까운 곳에 본거지를 두고 싶다는 마음으로 치앙다오로 옮겨 왔다. 시내 중심부에서 1km 떨어져 있는 곳에 있다. 프로그램에 꼭 참여하지 않아도 자연과 어우러지는 예술 활동을 감상하며 커피를 마실 수 있는 독특한 콘셉트의 카페라 생각하면 되겠다. 치앙다오의 아티스트가 모여 친환경적인 예술 작업을 하는 공간이기도 하다. 대중들이 편하게 다가올 수 있도록 워크숍과 그림, 공예 수업을 종종 연다. 서커스 수업도 가끔 열린다고 하니 홈페이지에서 클래스 오픈 소식을 찾아 보자. 비성수기에는 게스트하우스로도 운영된다.

위치 477 Moo 7, 50170 / 치앙다오 버스 터미널에서 차로 6분 **전화** +66 53 456 016 **시간** 화~일 09:00~17:00 **홈페이지** makhampom.net **가격** 카푸치노 40밧, 만두 65밧

MAPECODE 40229

말리스 네이처 러버스 방갈로 Malee's Nature Lovers Bungalows

숲속에서의 식사와 하룻밤

태국 요리, 서양 요리를 모두 잘하는 자연 친화적인 식당 겸 숙소이다. 직접 구운 빵과 직접 만든 잼으로 만드는 조식이 특히 맛있다는 투숙객들의 평이 많다. 개별 화장실이 딸린 방갈로 형식의 숙소와 공용 화장실이 있는 객실을 운영한다. 산 풍경이 병풍처럼 뒤에 펼쳐져 있고, 희귀 새들이 많이 사는 지역이라 새를 관찰하는 공간도 따로 마련되어 있다. 본인 텐트를 가져오면 정원을 내어 주는 가격으로 1박 200밧을 받는다. 저렴한 숙박을 찾거나 캠핑을 원한다면 추천한다.

위치 144/2 Moo 5, 50170 / 치앙다오 버스 터미널에서 차로 13분 **전화** +66 81 961 8387 **시간** 체크인 14:00, 체크아웃 11:30 **홈페이지** maleenature.com, facebook.com/pg/maleenature **가격** 11월~2월 성수기 방갈로 1박 900밧

MAPECODE 40230

빌라 드 뷰 Villa DE View Café & Hotel

치앙다오의 별 헤는 밤

'이곳에서 묵기 위해 치앙다오에 왔구나' 하는 생각이 들 정도로 더 바랄 것이 없는 곳이다. 맛있는 딸기를 키우는 행복한 가족이 운영하는 펜션으로, 나란히 붙어 있는 독채는 개별 테라스, 하늘과 밭이 시원하게 보이는 통유리창이 난 객실로 구성되어 있다. 문 앞에 편안한 의자가 있어 아침 저녁으로 문 앞에 나와 카페에서 주문한 음료를 마시며 머리칼을 간질이는 바람을 맞을 수 있고, 밤에는 쏟아지는 별 아래 빌라 주변을 산책할 수 있다. 이곳의 카페에서는 직접 재배한 과일로 만드는 신선한 스무디와 주스, 치앙다오 커피콩으로 내리는 고소한 커피와 함께 간단한 식사, 스낵 메뉴도 판매한다. 이제 막 오픈한 딸기밭이나 근교 여행지 등에 대한 정보를 아낌없이 나누고 마지막까지 웃으며 손 흔들어 주던 주인 가족의 모습이 아직도 눈에 선한 곳이다.

위치 383 Moo 5 BaanThum Mae Pha Tang, 50170 / 치앙다오 버스 터미널에서 차로 14분 **전화** +66 98 976 2132 **시간** 체크인 14:00, 체크아웃 11:00 (카페는 08:00~17:00) **홈페이지** facebook.com/Villadeview.Chiangdao **가격** 60,000원~

매땡 Mae Taeng แม่แตง

치앙다오 여행 중 반나절 코스로 찾기 좋은 곳

열악한 환경에서 고통받는 코끼리 한 마리를 구출해 낸 것으로 시작한 '타이 코끼리 홈 Thai Elephant Home(thaielephanthome.com)'은 이제 20여 마리의 코끼리를 돌보고 있다. 이 코끼리 홈이 위치한 매땡은 최근 치앙마이 일대에서 불고 있는 코끼리의 권리 찾기, 동물 보호, 에코 투어리즘에서 중요한 역할을 하는 지역이다. 맛있는 딸기가 많이 나기로 유명해 딸기 농장도 산재한다. 매땡은 체험형 관광 프로그램이 다양한데, 코끼리 돌보기와 딸기 농장을 구경하고 직접 딸기 따서 먹어 보기, 대나무 래프팅, 트레킹 투어 등이 있다. 치앙다오처럼 푸르고 무성한 숲으로 가득하여 신나게 스쿠터 라이딩을 다녀오기도 좋아 치앙다오 여행 중 반나절 정도 할애하여 구경해 볼 곳이다.

매땡 가는 길
치앙마이에서 차로 약 70분, 치앙다오에서 차로 약 45분 소요된다. 그랩 택시 또는 렌터카나 스쿠터를 이용하거나 치앙마이·치앙다오에서 출발하는 투어 프로그램을 이용하여 다녀올 수 있다.

코끼리 딸기 Strawberry Chang สตรอว์เบอร์รี่ช้าง

MAPECODE **40231**

한국에서 온 달콤한 딸기

한국인 주인이 한국의 기술과 설향 품종 딸기를 들여와 차린 대규모 딸기 농장으로, 이 일대의 태국 딸기 농장이 이곳의 딸기를 맛보러 구경 올 정도로 오픈하자마자 인기몰이를 하고 있다. 큼직하고 당도 높은 한국 딸기가 주렁주렁 매달려 있는데, 입장료를 지불하고 들어가면 얼마든지 자유롭게 따 먹을 수 있다. 바깥 자리에서는 딸기로 만든 음료나 빙수를 판매한다.

위치 12 Moo 3, Thung Salaeng, 50150 **전화** +66 81 497 9785 **시간** 08:30~17:30 **홈페이지** facebook.com/StrawberryChangFarm **요금** 입장료 100밧

카페 인 와일드 Café in Wild

MAPECODE 40232

계곡에 발을 담그고, 시원한 아이스커피 한 잔

칵테일과 커피, 식사까지 할 수 있는 계곡 앞의 카페로 집라인과 코끼리 투어 등 부근에 볼거리, 할 거리도 많아 오랜 시간 머물다 가기 좋다. 그늘에 앉아 음료를 마시며 땀을 식히러 오는, 눈을 감고 부동의 자세로 휴식을 취하는 손님들이 많다. 계곡 아래로 내려가면 그네가 있다. 매땡 일대를 라이딩하다 코끼리 딸기에서 맛있는 딸기를 먹고, 카페 인 와일드에 들러 차가운 물에 발을 담갔다 잔디로 올라와 낮잠도 자고 그네를 타다 시원한 커피 한잔을 쭉 들이켜고 다시 스쿠터에 올라타 치앙다오로 돌아오자.

위치 Kuet Chang, Mae Taeng 50150 전화 +66 89 441 6365
시간 09:00~18:00 홈페이지 facebook.com/Stay-Wild-Café-415176748866164

Tip 투어 업체

감금된 채 고통받으며 투어에 이용되었던 코끼리들을 구출해 돌보고 자연에서 행복하게 살 수 있도록 돕는 단체들이 매땡에 많이 있다. 방문하여 코끼리를 만나고 돌보는 체험을 할 수 있는데, 코끼리 케어와 함께 쿠킹 클래스, 자전거 투어, 트레킹, 대나무 뗏목 래프팅 등 여러 다른 프로그램도 운영한다.

엘리펀트 네이처 파크 Elephant Nature Park
주소 209/2 Sridom Chai Road, 50100 전화 +66 53 272 855 홈페이지 elephantnaturepark.org

케어 포 엘리펀츠 Care for Elephants
주소 94 Yothathikan Chiang Mai Road, 50150 전화 +66 83 763 6690 홈페이지 facebook.com/CareForElephants

판다 투어 Panda Tour
주소 Kuet Chang, 50150 전화 +66 64 289 1935 홈페이지 pandatourchiangmai.com

해피 엘리펀트 홈 Happy Elephant Home
주소 74 m.1 T.CuodChang A.Mae Tang, 50150 전화 +66 87 577 8885 홈페이지 happyelephanthome.com

타이 엘리펀트 홈 Thai Elephant Home
주소 Kuet Chang, 50150 전화 +66 89 434 2047 홈페이지 thaielephanthome.com

집라인 치앙마이 Zipline Chiang Mai
주소 Baan Mae Ta Mann, Moo 2 Mae Taeng 전화 +66 85 720 0519 홈페이지 ziplinechiangmai.com

치앙라이
Chiang Rai เชียงราย

근교 여행

친환경의 전원 도시

태국에서 미얀마로 넘어가는 여행자들이 꼭 들르는, 태국 최북부의 관광 명소이다. 치앙(Chiang)은 '도시', 라이(Rai)는 '사람들'이라는 뜻으로, 사람들의 도시라는 친근한 이름을 하고 있다. 지역의 아픈 과거와 빠르게 발전하는 현재와 밝은 미래를 엿볼 수 있는 골든 트라이앵글은 물론 이제껏 동남아에서 보지 못한 개성 넘치는 사원들이 흰색, 검은색, 파란색으로 빛나는 도시다.

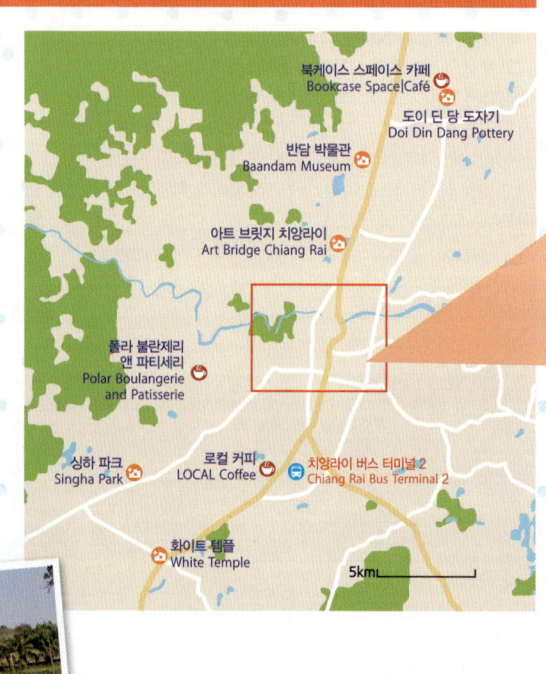

치앙마이에서 가는 길

치앙마이 버스 터미널 3에서 그린 버스GREEN BUS를 이용해 치앙라이 버스 터미널로 이동한다. 도로 사정에 따라 3~4시간 정도 소요된다.

요금 일반 버스 180밧, VIP 버스 280밧 **홈페이지** greenbusthailand.com (모바일 애플리케이션도 있음)

TIP

치앙마이-치앙라이 간 버스표는 인터넷 예매가 가능하다. 성수기에는 특히 바로 탈 수 있는 버스표 현장 구매가 어려울 수 있으니 일정이 확실하다면 예매를 추천한다. 홈페이지 예약 시 이메일이나 휴대폰으로 전달되는 E-ticket을 보여 주고 탑승할 수 있다. 치앙라이에는 버스 터미널이 두 곳이 있는데, 어느 터미널에서 하차하는지 잘 확인하도록 한다. 보통 치앙마이에서 치앙라이로 이동할 때는 터미널 2에 먼저 정차했다가 종점인 터미널 1로 향하니, 숙소와 가까운 곳에서 내리면 된다. 치앙라이에서 치앙마이로 돌아갈 때는 1번 터미널에서 탑승하고, 첫차 시간은 06:15, 막차 시간은 18:00~19:30이다.

1박 2일 BEST 코스

DAY 1 07:15 치앙마이 버스 터미널 3(첫차) ➡ 10:50 치앙라이 버스 터미널 ➡ 11:30 치앙라이 숙소 체크인 ➡ 12:00 점심 식사 ➡ 13:00 화이트 템플 ➡ 차로 8분 ➡ 14:00 싱하 파크 ➡ 차로 13분 ➡ 15:30 로컬 커피 ➡ 차로 17분 ➡ 16:20 블루 템플 ➡ 차로 12분 ➡ 17:00 우브 캄 박물관 ➡ 차로 3분 ➡ 18:00 피규어 & 그라운드 뮤지엄 카페 또는 폴라 불란제리 앤 파티세리 (우브 캄 박물관에서 차로 10분) ➡ 20:00 저녁 식사 ➡ 21:00 나이트 바자

DAY 2 09:00 아침 식사 ➡ 10:00~15:00 골든 트라이앵글 ➡ 차로 1시간 ➡ 15:30 반담 하우스 ➡ 차로 10분 ➡ 16:30 도이 딘 당 도자기 ➡ 차로 7분 ➡ 17:00 북케이스 스페이스 카페 ➡ 19:00 저녁 식사

MAPECODE 40233

골든 트라이앵글 파크 Golden Triangle Park สามเหลี่ยมทองคำ

미얀마, 라오스와 맞닿은 악명 높았던 삼각지대

태국, 미얀마, 라오스 3개국이 메콩강에서 접하는 산악 지대를 말한다. 과거부터 양귀비 재배와 아편 교역으로 악명이 높았던 곳으로, 기후와 자연조건이 아편 생산에 최적이라 세계 헤로인의 대부분을 생산했다. '故 푸미폰 아둔야뎃Bhumibol Adulyadej 왕'의 엄청난 노력으로 어둠의 산업을 싹 밀어내고 오늘날에는 품질 좋은 커피, 쌀, 과채를 재배하여 지역의 발전을 이루고 있는데, 여전히 미얀마에서는 아편 생산이 활발하다. 치앙라이에서 출발하여 돌아보는 골든 트라이앵글 투어는 시내 여러 투어 업체를 통해 이용 가능하고, 스쿠터나 자동차, 버스를 이용해 자유 여행으로 다녀올 수 있다. 과거를 얼룩지게 했던 마약업의 역사를 살펴볼 수 있는 '아편 박물관Golden Triangle Park Hall of Opium หอฝิ่นอุทยานสามเหลี่ยมทองคำ'이 있고, 롱테일 보트를 타고 '황금 삼각형'이라 불렸던 일대를 강을 따라 돌아볼 수도 있다. 작은 보트는 500밧이고 큰 보트는 1,000밧이며, 라오스 시장 구경을 포함해 60분이 소요된다(여권 지참 필수, 라오스 국경세 30밧).

위치 ❶ 버스 터미널 1에서 골든 트라이앵글행 미니밴 탑승. (정시마다 출발, 약 80분 소요, 편도 50밧) ❷ 버스 터미널 1에서 매사이(Mae Sai)행이나 치앙센(Chiang Saen)행 버스(약 2시간 소요, 편도 40밧)를 타고 이동하면 된다. 도착 후 메사이 · 치앙센에서 다시 파란색 썽태우(약 10분, 편도 40밧)를 타고 골든 트라이앵글이 위치한 솝루악(Sop Ruak)으로 이동. ※ 골든 트라이앵글에서 치앙라이로 돌아오는 버스 막차는 16:00쯤이니 시간을 확인하고 놓치지 않도록 한다. **전화** +66 53 784 4446 **시간** 화~일 08:30~16:00

아편 박물관
시간 화~일 08:30~16:00 **홈페이지** maefahluang.org **요금** 입장료 100밧

 마약왕 쿤사 (1934~2007)

중국계 아버지와 샨족 어머니 사이에 태어난 쿤사는 전 세계 마약 공급의 큰손이었다. 본명은 창치푸이며, 1996년 미얀마 정부에 투항하기 전까지 60~90년대 동안 세계 헤로인 유통의 60~70%를 책임졌다고 알려졌다. 사병을 조직하여 미얀마 북부에서 마약 거래를 시작하고 골든 트라이앵글 일대에 거주하는 소수 민족을 편입해 세력을 확장했다. 그의 강요에 의해 양귀비 재배를 하며 생계를 유지하던 소수 민족은 경제적인 착취는 물론 살인, 폭행, 강간 등 극심한 범죄와 괴롭힘을 겪었다.

MAPECODE 40234

화이트 템플 White Temple (왓 롱 쿤 Wat Rong Khun วัดร่องขุ่น)

치앙라이

눈부시게 하얗고 놀랍도록 현대적인 사원

1996년에 완공된, 비교적 신생 사원으로 지옥에서 극락으로 가는 길을 형상화했다. 태국의 천재 비주얼 아티스트라 불리는 '찰름차이 코싯피팟 Chalermchai Kositpipat'이 본인이 이해한 불교를 표현한 작품으로, 아홉 개의 건물로 이루어져 있다. 지옥을 뜻하는 하늘을 향해 뻗은 수백 개의 손을 지나 입장하는 기분이 섬뜩하다. 멀리서 보면 그저 아름답고 가까이 다가갈수록 기괴한 특징이 하나씩 눈에 들어온다. 극락으로 향하는 다리, 터미네이터나 배트맨과 같은 영화 캐릭터들이 그려진 벽, 기계 문명을 묘사한 벽화도 여태까지 본 사원들과는 굉장히 다르다. 전형적인 사원과 다른 점이 많아서, 사원보다는 대형 예술품으로 간주하는 이들이 많다. 사원은 한 방향으로만 돌아볼 수 있다. 지옥으로 시작해서 극락으로 끝나니, 다시 지옥으로 돌아가지 않도록 일방통행 관람을 계획한 것이다.

위치 Soi 8-Soi 5, Pa Ko Dam, 57250 / 치앙라이 버스 터미널에서 화이트 템플행 버스 탑승(100밧, 약 20분 소요) **전화** +66 53 673 579 **시간** 월~금 08:00~17:00, 토~일 08:00~17:30 **요금** 100밧

MAPECODE 40235

블루 템플 Blue Temple (왓 롱 쓰어 텐 Wat Rong Suea Ten วัดร่องเสือเต้น)

멀리서도 눈에 들어오는 푸른색의 사원

1996년 이 지역의 어느 작은 마을에서 전통 예술로부터 영감을 받아 푸른색과 황금색만을 사용하여 사원을 짓자는 결정을 내렸다. 80~100년 전에 지어졌으나 사용하지 않아 버려진 오래된 사원터가 위치로 낙점되었고, 설계는 화이트 템플의 건축가 코싯피팟의 제자 '푸타 캅케우 Phuttha Kabkaew'가 맡아 사원은 2005년 거의 모습을 갖추었다. 아직도 사원의 일부는 공사 중이다. 지혜, 무한함, 순수, 그리고 치유를 상징하는 푸른색은 멀리서도 사파이어처럼 반짝여 눈에 띄는 사원이다. 모든 색 중 가장
덜 물질적인 색상이라고도 한다. 이곳에 있던 마을의 이름을 따 사원의 이름을 지었는데, 이 일대 사람들이 매 콕 Mae Kok 강을 춤추듯 뛰어넘는 호랑이들과 친하게 지냈다고 하여 마을 이름과 사원 이름의 뜻은 '춤추는 호랑이의 집'이다. 사원 내부에는 부처의 영적인 여정을 묘사한 그림들이 벽과 천장에 그려져 있고, 출구는 악마의 입을 상징한다. 입장료는 없지만 연꽃 모양의 초를 사서 띄우고 소원을 빈다거나 하는 식으로 사원 보존을 위한 기부금을 낼 수 있다.

위치 306, Moo 2, Rim Kok, 57100 / 치앙라이 버스 터미널 1에서 차로 12분 **전화** +66 82 026 9038 **요금** 기부금 형식

MAPECODE 40236

반담 박물관 Baandam Museum

화이트 템플과 대비되는 신비하고 어두운 전시관

온통 검은 칠을 해 '블랙 하우스'라고도 부른다. 태국에서 가장 유명한 아티스트 중 하나로 꼽히는 '타완 두차니Thawan Duchanee(1939~2014)'가 거주하던 곳으로, 36년에 걸쳐 완성되었다. 그의 작품들과 동물 가죽과 뼈, 박제, 정교한 조각 등을 통해 인간의 어두운 내면을 조명하는 것이 목적이다. 아티스트가 실제로 거주했던 혼빌 하우스Hornbill House, 고문실, 휴게실 등 여러 건물과 정원으로 이뤄져 있다. 원시적인 느낌과 아방가르드함이 동시에 느껴지는 묘한 기분에 휩싸이는 곳이다.

위치 414 Moo 13 Nang Lae, 57100 / 치앙라이 버스 터미널 1에서 차로 27분 **전화** +66 53 776 333 **시간** 09:00~17:00 **홈페이지** thawan-duchanee.com **요금** 성인 80밧, 12세 미만 무료

MAPECODE 40237

시계탑 Clock Tower

밤에는 세 번 빛과 소리의 공연이 열린다

화이트 템플을 설계한 '찰름차이 코시피팟Chalermchai Kositpipat'의 또 다른 작품으로, 화려한 곡선과 뾰족한 장식들에서 화이트 템플과의 유사성을 찾아볼 수 있다. 2008년 세워진 이 탑은 2016년 타계한 푸미폰 아둔야뎃Bhumibol Adulyadej 왕에게 헌정된 것이며, 매일 밤 19:00, 20:00, 21:00시에는 조명과 사운드 공연이 펼쳐진다.

위치 Phaholyothin Road와 Banpaprakan Road의 교차로 / 치앙라이 버스 터미널 1에서 도보 9분

MAPECODE 40238

우브 캄 박물관 Oub Kham Museum พิพิธภัณฑ์อูบคำ

란나 문화와 역사를 좀 더 깊게 알아볼 수 있는 곳

란나를 포함한 타이Tai 민족의 앤티크, 자기, 고대 불교 미술, 원시 부족의 유물과 의상들이 전시되어 있다. 상대적으로 다른 박물관보다 입장료가 비싸 망설이다가 돌아서는데, 들어갔다 나온 사람들은 모두 입을 모아 1밧도 아깝지 않았다고 칭찬한다. 태국, 시암 Siam, 라오 Lao, 란나 Lanna 등을 포함하여 동남아시아에 분포되어 있는 타이의 역사, 문화, 공예품과 유산을 모두 아우른다. 아카Akha, 리수Lisu, 팔라웅Palaung 등 여러 고산족에 대한 전시도 포함한다. 젊은 태국 사람들은 관심을 가지지 않고 외국인 여행자들이 주 방문객인 것에 진심으로 가슴 아파하는, 역사와 예술, 뿌리에 대단한 자부심이 있는 박학다식한 큐레이터들도 상주한다. 이들에게 란나를 포함한 동남아시아 지역의 역사와 문화에 관련하여 무엇이든 물어보고 깊은 대화를 나눌 수 있다. 단, 내부 사진 촬영은 금지다.

위치 81/1 Nahkhai Road, 57000 / 치앙라이 버스 터미널 1에서 차로 11분 **전화** +66 53 713 **시간** 08:00~18:00 **요금** 300밧

MAPECODE 40239

멩라이 왕 기념비 King Mengrai Monument อนุสาวรีย์พญามังรายมหาราช

란나 왕조의 초대 왕을 기리는 기념비

란나Lanna 왕국을 세운 위대한 왕 멩라이를 기리는 상으로, 치앙라이 도시 정가운데 기념비가 있다. 멩라이는 본래 치앙라이 근교인 치앙샌Chiang Saen의 고대 마을인 언양국Nakhon Hiran Ngoen Yang의 왕으로, 주변 지역을 흡수하여 1296년 란나를 세웠다.

위치 Phahonyothin Road, 57000 / 치앙라이 버스 터미널 1에서 차로 7분

싱하 파크 Singha Park

MAPECODE 40240

싱하의 마스코트 사자상이 맞아 주는 테마파크

태국을 대표하는 맥주 회사로, 1933년에 설립되었으며 맥주를 비롯해 생수 등 다양한 음료를 생산한다. 싱하가 직접 운영하는 이곳은 태국 최대 규모의 농업 관련 테마파크로 차밭과 동물원, 집라인(300밧) 등 액티비티를 할 수 있는 공원, 산책로, 레스토랑, 카페, 기념품 상점 등으로 이루어져 있다. 곳곳에 보이는 싱하 맥주와 싱하 브랜드 식음료, 금빛으로 반짝이는 마스코트 사자상이 아니었다면 여느 놀이공원과 다를 바 없다. 넓고 쾌적한 피크닉 장소로도 제격이다.

위치 99 Moo 1 Mae Kon, 57000 / 치앙라이 버스 터미널 1에서 차로 23분 **전화** +66 91 576 0374 **시간** 09:00~18:00 **홈페이지** singhapark.com **요금** 성인 100밧, 110cm 이하 50밧 / 15분 간격으로 운행하는 파크 투어 셔틀 탑승 가능

마마 카페 Mama Café

싱하 파크 내의 카페테리아가 입에 맞지 않거나 양이 차지 않는다면 맞은편 동네 식당 마마 카페를 추천한다. 착한 가격에 맛있는 태국식 집밥 요리를 먹을 수 있다.

시간 07:30~17:00

MAPECODE 40241

아트 브릿지 치앙라이 Art Bridge Chiang Rai ขัวศิลปะ

이름 모를 태국 예술가의 작품이 마음을 울리는 곳

치앙라이 시내 북쪽으로 6km 떨어진 곳에 위치한 갤러리다. 태국 아티스트들을 발굴하고 홍보하는 것을 목적으로 한다. 워크숍과 강좌, 흥미로운 주제의 특별전을 주최한다. 높은 천장과 탁 트인 공간을 적극 활용한 멋진 전시를 보고 가자. 강 전망이 보이는 맛있는 태국 레스토랑과 카페도 인기가 좋다. 전시가 끝나도 오후 10시까지 영업한다.

위치 Phahonyothin Road, 57100 / 치앙라이 버스 터미널 1에서 차로 17분 **전화** +66 53 166 623 **시간** 전시 10:00~19:00, 레스토랑 & 카페 10:00~22:00 **홈페이지** artbridgechiangrai.org

MAPECODE 40242

치앙라이 나이트 바자 Chiang Rai Night Bazaar เชียงรายไนท์บาร์ซา

매일 밤 열리는 장터

버스 터미널 바로 뒤편에 위치한 접근성 좋은 시장으로, 치앙마이 나이트 바자와 비할 규모는 아니지만 하룻밤 정도 돌아볼 만하다. 다양한 종류의 기념품을 저렴하게 팔고, 고산족 공예품이 특히 괜찮다. 치앙마이와 마찬가지로 어느 정도의 흥정은 필요하다. 태국 북부 요리를 주로 하는 푸드 코트와 맥주 정원도 있다.

위치 치앙라이 버스 터미널 1에서 도보 3분 **시간** 18:00~23:00

MAPECODE **40243**

도이 딘 당 도자기 Doi Din Dang Pottery

고요한 숲속에서 도자기를 빚는 손길

치앙라이에서 북쪽으로 12km 떨어진 '붉은 찰흙 언덕'이라는 이름의 이곳에서, 고운 도자기들이 하루 종일 구워진다. 풀내음 진하게 나는 외진 이곳은 DDD에서 만드는 도자기 작품의 영감의 원천이라고 한다. 심플하면서도 복잡하고 오묘한 자연의 아름다움을 담는 그릇을 만드는 것을 목적으로 1991년 이 스튜디오가 세워졌고, 자체 디자인 작품들을 빚어 판매하기도 한다. 일본에서 도자기를 공부하고 돌아와 지역 아티스트와도 활발하게 교류하며 기술을 주고받은 치앙라이 토박이 주인은 현대인의 생활 속에 자연스레 녹아들 수 있는 멋진 물건들을 온종일 빚어 낸다.

위치 Nang Lae, 57100 / 치앙라이 버스 터미널 1에서 차로 27분 **전화** +66 53 705 291 **시간** 월~토 08:30~16:30 **홈페이지** doydindang.com

MAPECODE **40244**

치빗 탐마 다 Chivit Thamma Da

치앙라이 사람들이 추천하는 카페

치앙라이 사람들에게 카페를 딱 한 곳만 추천해 달라고 물어보면 가장 먼저 이름이 나오는 곳이다. 식민지 시대풍의 건물에서 가족이 운영하는 식당 겸 카페로, 가족들이 오랜 시간에 걸쳐 모아 곳곳에 장식한 앤티크 소품들이 무척 예뻐 주문을 하고 나서 가만히 있지 못하고 열심히 구경하게 되는 아름다운 공간이다. 강을 바라보며 애프터눈 티를 즐기거나 저녁 식사 전 아페리티프를 하기에도 좋다. 집밥처럼 푸짐하면서 보기에도 좋은 식사 메뉴 역시 추천한다. 스웨덴 미트볼, 잉글리시 브렉퍼스트, 프렌치토스트, 직접 구운 케이크와 다양한 샌드위치 등의 서양식 브런치 메뉴가 특히 맛있다.

위치 179 Moo 2 Rim Kok. 57100 / 치앙라이 버스 터미널 1에서 차로 12분 **전화** +66 81 984 2925 **시간** 08:00~21:00 **홈페이지** chivitthammada.com

멜트 인 유어 마우스 Melt in Your Mouth เมลท์อินยัวร์เม้าท์ เชียงราย

주인 할머니가 직접 개발한 레시피

온실을 연상케 하는 통유리 오픈 도어와 유리 천장, 그리고 이곳을 둘러싸고 있는 푸르고 넓은 정원과 강변 테라스까지, 향긋한 차를 마시기에 최고의 분위기를 더하는 예쁜 카페다. 서양식, 태국식 식사 메뉴가 다양하게 있고 돼지고기 구이가 인기 메뉴다. 디저트가 특히 맛있어 식사 시간에 구애받지 않고 하루 종일 바쁘다. 대부분의 레시피는 주인 할머니가 직접 개발한 것으로, 어렸을 때 먹었던 입에서 살살 녹았던 음식의 느낌을 기억해 상호를 지었다고 한다.

위치 268 Moo 21, 57000 / 치앙라이 버스 터미널 1에서 차로 9분 **전화** +66 63 535 0549 **시간** 08:30~20:30 **홈페이지** facebook.com/meltinyourmouthchiangrai **가격** 시저 샐러드 185밧, 크로크 무슈 165밧, 라자냐 195밧

마노롬 카페 Manorom Café มโนรมย์ - เชียงราย

로맨틱한 강변 티타임

영국식으로 조성한 정원은 무척 넓어, 다양한 크기와 모양의 테이블 자리가 야외에 있다. 실내 자리도 컨트리 하우스처럼 아기자기하게 꾸며 놓아 어디 앉을지 한참을 고민하다 자리를 잡으면 유럽과 태국 요리, 신선한 음료와 커피, 케이크 등 풀코스로 배불리 먹고 일어날 수 있는 두툼한 메뉴판을 가져다준다. 가족과 친구와 연인과 와도 즐거운 시간을 보낼 수 있다.

위치 499/2 Sanpanard Soi 2/2, 57000 / 치앙라이 버스 터미널 1에서 차로 12분 **전화** +66 92 373 7666 **시간** 09:00~20:00 **홈페이지** facebook.com/manoromcoffee **가격** 새우 알리오 올리오 276밧, 이탈리안 소다 86밧, 과일 주스 86밧

MAPECODE 40247

북케이스 스페이스 카페 Bookcase Space | Café

책 한 권을 방해받지 않고 읽을 수 있는 공간

어떻게 알고 찾아왔느냐며, 호기심 가득한 눈을 하고 물어보는 두 주인이 귀엽다. 직접 만든 태국 북부 전통 디저트라며 이것저것 가져다 어떠냐고 물어보기도 하고, 책장에 가득 꽂혀 있는 책에 대한 질문에는 성심성의껏 설명하고 추천도 해 준다. 책이 좋고 커피가 좋다는 단순한 이유로 치앙라이 외진 곳에 조용한 북케이스 스페이스를 열었다고 한다. 도어 딘 당 도자기 공방의 인근에 있으니 같이 방문해도 좋다.

위치 335 Moo 6, Baan Pa-or, Soi 3/10, Nang Lae, 57100 / 치앙라이 버스 터미널 1에서 차로 27분 **전화** +66 86 671 9954 **시간** 월, 목, 금 09:00~17:00, 토~일 10:00~18:00 **홈페이지** bookcase-spacecafe.business.site

MAPECODE 40248

인스퍼레이션 스페이스 카페 Inspiration Space Cafe
บันดาลใจ ร้านกาแฟ เชียงราย

영감을 불러일으키는 여유 있는 카페

구름 한 점 없는 파란 하늘에 나부끼는 테라스의 흰 캐노피 천에 마음을 빼앗겨, 강가를 따라 스쿠터를 타고 달리다 급히 세우고 들어선 곳이다. 간단한 식사와 스낵, 커피류 등 메뉴는 무난하다. 편하고 쾌적한 1층 실내 자리와 작은 그네가 있는 정원 자리, 2층 테라스 자리가 모두 탐이 나는 인테리어다. 강가에 위치해 찾기도 쉬운데 항상 만석이 아니라 여유를 부리며 엽서도 쓰고 남은 여행 일정도 정리하며 편안히 시간을 보내다 갈 수 있다.

위치 353/2 Moo 6, Rim Kok, 57100 / 치앙라이 버스 터미널 1에서 차로 11분 **전화** +66 89 191 9194 **시간** 목~화 09:00~18:00 **홈페이지** bundarnjai.business.site **가격** 타이 티 55밧, 민트 레몬 티 60밧

MAPECODE 40249

베네데토 커피 Benedetto Coffee

맑은 느낌의 작고 하얀 카페

'인생 한 모금'이라는 글씨를 새긴 판넬이 붙어 있는 소담한 카페다. 언뜻 보면 가정집 같아 지나칠 수 있는 이 작은 곳은, 문을 열고 들어가면 단골의 손때가 묻은 작은 테이블 몇 개와 환하게 웃으며 맞아 주는 주인이 있어 따뜻하다. 콜드 브루와 오렌지 주스를 섞어 만드는 시그니처 메뉴가 상큼하면서도 맛이 깊다. 80~90년대 팝송이 흘러나오는 라디오 앞에서, 얼음이 다 녹을 때까지 잔을 들고 멜로디를 흥얼거리는 유쾌한 손님들과 어울려 보자.

위치 369/7, 18 Mituna Road, Soi 8 Robwiang, Mueang Chiang Rai, 57000 / 치앙라이 버스 터미널 2에서 도보 10분 **전화** +66 86 729 5649 **시간** 화~일 10:00~22:00 **홈페이지** facebook.com/benedettobyblessed

MAPECODE 40250

피규어 앤 그라운드 뮤지엄 카페 Figure & Ground Museum Café

피규어가 가득한 박물관 겸 카페

히어로 영화 마니아라면 지나칠 수 없는 박물관이다. 카페와 식당을 겸하고 있지만 음식 맛은 특별할 것이 없고 다른 곳에 비해 가격대가 높은 편이라 배부르게 식사할 곳은 아니다. 간단히 음료 한 잔이나 디저트를 시키고 내부를 구경하자. 꽤 넓은 공간을 다양한 장르의 피규어들이 채우고 있다. 스타워즈, 마블 유니버스, 디즈니 등 남녀노소 할 것 없이 피규어에 관심이 많다면 카메라를 100% 충전해서 가져오도록 하자.

위치 199/9 Moo 2, Wat Mai Na Khai 3, 57000 / 치앙라이 버스 터미널 1에서 차로 12분 **전화** +66 52 023 595 **시간** 월~수 11:00~21:00, 금~일 11:00~22:00 **홈페이지** facebook.com/FGChiangrai **가격** 타이 레몬티 85밧, 논 알콜 루트비어 75밧

MAPECODE 40251

로컬 커피 LOCAL Coffee

드립 커피를 좋아한다면 꼭 방문해야 할 카페

아로마와 산도 등 어떤 커피를 마시고 싶은지 구체적으로 이야기하면 그에 맞는 최고의 한 잔을 내려 주기 위해 가지고 있는 콩을 전부 꺼내 설명하는 친절한 주인 덕분에 단골이 많은 카페다. 드립 커피가 특히 맛있고, 신 메뉴를 자주 시험해 보는 편으로 최신 커피 트렌드를 잘 알고 있다. 블렌드는 방콕의 갤러리 드립 카페에서 로스팅한 태국 콩과 수입 콩을 사용한다. 치즈 케이크, 브라우니 등의 디저트 메뉴도 맛있다. 카페 한편에는 북 바인딩 공예를 하는 주인 아내의 작업 테이블이 놓여 있다. 햇살이 잘 드는 창가 자리도, 푹신한 소파 자리도 좋다.

위치 5 Moo 9 Phahonyothin Road, 57000 / 치앙라이 버스 터미널 1에서 차로 15분 **전화** +66 94 695 9499 **시간** 월~토 08:30~17:00 **가격** 드립 커피 65밧

MAPECODE 40252

헤븐 버거 Heaven Burger

천국에서 햄버거를 만든다면 이런 맛

햄버거 가게라 하면 네온사인으로 만든 로고가 깜빡이고 매끈한 플라스틱 의자들이 나란히 놓여 있어야 할 것 같은데, 헤븐은 빛바래고 짝이 맞지 않는 가구들이 드문드문 놓여 있다. 두툼한 패티를 잘 익히기 위해 주문하고 조금 기다려야 하는 슬로우 푸드 가게다. 치앙라이에서 햄버거 먹고 싶으면 아무리 멀어도 일부러 꼭 헤븐까지 와서 먹는다는 동네 단골들이 반겨 주는 곳이다. 피자와 베이글, 커피도 맛있고, 햄버거와 잘 어울리는 맥주도 몇 가지 있다.

위치 869/122 Thai Wiwat Uthit Road, 57000 / 치앙라이 버스 터미널 1에서 도보 7분 **전화** +66 94 617 1923 **시간** 월~토 10:00~22:00, 일 09:00~22:00 **홈페이지** facebook.com/Heaven-Burger-267960770294662 **가격** 치즈 버거 129밧, 치킨 버거 129밧

MAPECODE 40253

립스 앤 코 Ribs & Co

손가락을 쪽쪽 빨게 되는 맛있는 양념 립

양념을 듬뿍 발라 숯불에 구워 오는 립 아이 스테이크는 치앙라이에서의 고단한 일정을 마치고 하루를 마무리하기 좋은 최고의 메뉴다. 시원한 맥주 한 캔과 잘 어울리는 달짝지근하고 매콤한 립을 양손에 들고 신나게 뜯어 보자. 모든 립 메뉴는 감자튀김, 샐러드 등 여러 종류의 사이드 메뉴에서 두 가지를 고를 수 있다. 식당 바로 앞에 스쿠터 주차 공간이 있고 넓은 실내 자리와 단체 손님을 위해 분리된 큰 테이블 자리도 있다.

위치 590/2 Phahonyothin Road, 57000 / 치앙라이 버스 터미널 1에서 도보 7분 **전화** +66 52 059 956 **시간** 11:00~22:00 **홈페이지** ribsandco.business.site **가격** 포크 스페어 립 339밧

MAPECODE 40254

폴라 불란제리 앤 파티세리 Polar Boulangerie and Patisserie

손님이 찾아오기를 기다리는 사랑스러운 카페

치앙라이에서 가장 맛있는 빵을 굽는 베이커리 카페로, 브런치를 하러 오는 손님들이 많다. 꽤 외진 곳에 있어서 구불구불 골목을 몇 개씩 지날 때마다 '힘내!', '거의 다 왔어!' 하고 손님의 용기를 북돋아 주는 귀여운 표지판들이 걸려 있다. 에그 베네딕트, 스크램블드에그, 베이글과 크림치즈 등 훌륭한 브런치 메뉴가 많다. 그랩 택시를 이용하는 경우 위치가 외진 곳에 있어서 호출하면 바로 차량이 잡히지 않을 수 있으니 시간 여유를 가지고 돌아가는 차량을 부르도록 한다.

위치 266 Moo 1, Rob Viang, 57000 / 치앙라이 버스 터미널 1에서 차로 21분 **전화** +66 87 366 9366 **시간** 일~금 08:00~16:30 **홈페이지** facebook.com/polarchiangrai

MAPECODE 40255

리틀 홈 치앙라이 Little Home Chiang Rai

부드러운 팬케이크 맛집

흑백의 인테리어에 큰 식물들로 포인트를 준 깔끔한 카페로, 아침 식사를 하러 오는 손님이 많다. 진하고 고소한 커피 메뉴도 합격. 잘 어울리는 케이크와 베이커리류로 구성된 메뉴는 모두 맛있어 보여 혼자 오면 아쉬우니 여럿이서 이것저것 주문해 나누어 먹어 보자. 튼튼하고 넓은 책상과 무선 인터넷이 있어 노트북이나 책을 들고 오는 손님도 많다.

위치 296/28 Ratchathani Road, 57000 / 치앙라이 버스 터미널 1에서 차로 9분 **전화** +66 63 639 6215 **시간** 월~금 10:00~20:00, 토~일 09:00~20:00 **홈페이지** facebook.com/LittleHomeChiangRai **가격** 애플 크럼블 70밧

MAPECODE 40256

사운드브라운 커피 앤 바 SoundBrown Coffee & Bar

비주얼 백점의 브런치 카페

어디서 샀는지 묻고 싶은 식기와 컵에 내어오는 비주얼 백점의 베이커리와 커피가 맛있는 곳이다. 신선한 과일을 듬뿍 담아 주는 시나몬롤이나 달걀 요리 등 고소하고 진한 커피와 잘 어울리는 아침 메뉴가 많아 호텔 조식을 포기하고 일어나자마자 찾게 되는 곳이다. 밤에는 차가운 느낌의 인테리어가 또 다른 분위기를 연출해, 저녁 식사 후 편하게 맥주 한잔하러 찾기 좋은 바가 된다. 무엇보다 곡 선정도 탁월하다.

위치 Wiang, 57000 / 치앙라이 버스 터미널 1에서 도보 4분 **전화** +66 80 127 0194 **시간** 08:00~18:00 **홈페이지** facebook.com/SoundBrown **가격** 스파게티 & 음료 세트(08:00~16:00) 95밧, 와플 80밧

스테이케이션 StayKtion

글램핑과 강가의 에어비앤비가 한 곳에

넓은 정원에는 글램핑을 위한 텐트가 쳐져 있고, 저녁에는 바비큐 불을 지펴 고기 굽는 소리가 강가를 가득 메운다. 바로 앞에는 시원하게 강이 흐르고 있고 자전거 도로가 나 있어, 숙소 자전거를 빌려 어디든 다녀올 수 있다. 아침은 푸짐하게 태국식으로 차려 주고, 1층에는 주방과 거실이, 2층에는 푹신한 쿠션이 놓인 작은 라운지가 있다. 2층 숙소는 복층 구조로 되어 있으며, 시원한 보색의 인테리어와 잘 어울리는 로프트 룸에서 창밖의 강가와 정원 뷰를 감상하며 휴식을 취할 수 있다. 진정한 의미의 스테이케이션이 무엇인지 경험할 수 있어, 여러 날을 머물고 싶다.

위치 363/14 Moo 6 Rimkok, 57000 / 치앙라이 버스 터미널 1에서 차로 14분 **전화** +66 81 750 5108 **시간** 체크인 14:00, 체크아웃 12:00 **홈페이지** stayktion.com **가격** 4개 방 포함 전체 하우스 렌트 $300, 로프트 $59, 글램핑 텐트 $79

빠이
Pai ปาย

근교 여행

젊은 여행자들의 활력이 느껴지는 도시

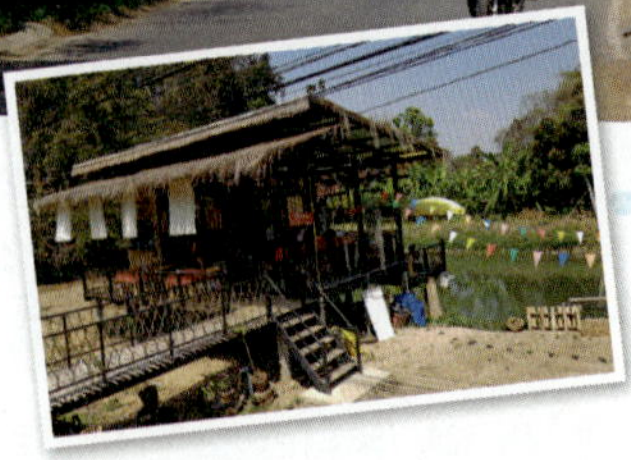

건강한 식사와 뜨거운 태양, 24시간 내내 자유롭고 역동적인 워킹 스트리트, 가성비 만점의 고급스러운 리조트가 모두 빠이에 있다. 배낭여행자들의 성지로 추앙받던 빠이는 이제 상당히 상업화가 되어, 백패킹의 로망은 옅어지고 편의성과 즐거움이 배가되었다. 외부 세계와 단절된 듯한 낯섦과 자연에 동화되는 기분을 느끼고 싶었던 사람들은 살짝 실망스럽겠지만, 다른 지역에 비해 비교적 젊은 여행자들이 배낭을 메고 무리를 지어 떠나 와 여전히 젊고 발랄한 에너지가 넘치고 자유분방한 곳이다.

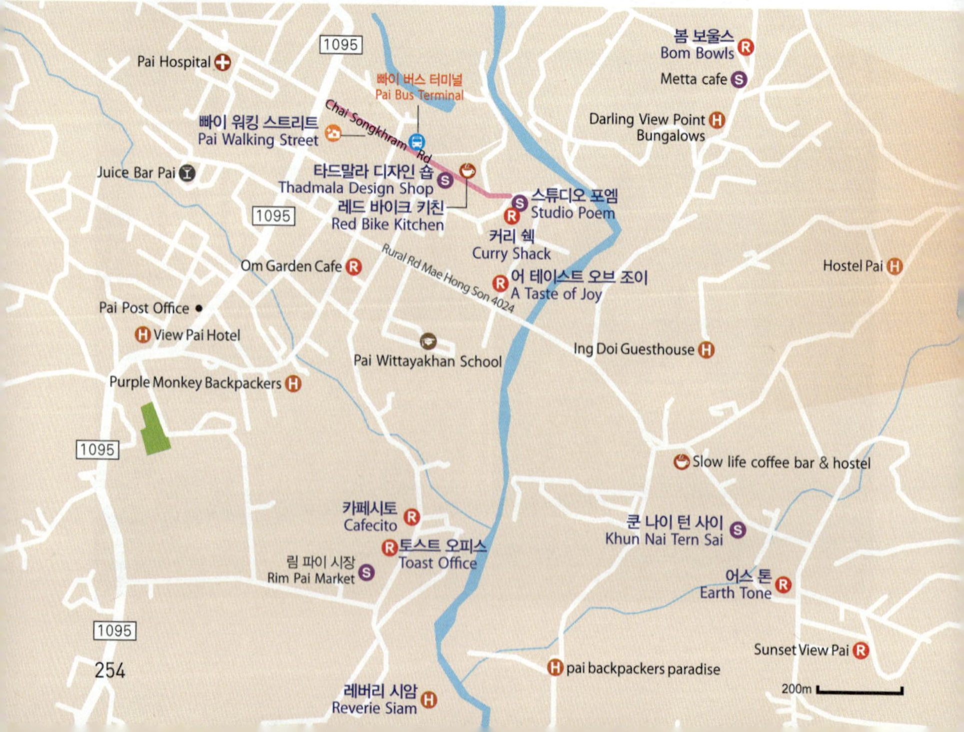

- Pai Hospital
- 빠이 버스 터미널 Pai Bus Terminal
- 봄 보울스 Bom Bowls
- Metta cafe
- 빠이 워킹 스트리트 Pai Walking Street
- Chai Songkhram Rd.
- Darling View Point Bungalows
- Juice Bar Pai
- 타드말라 디자인 숍 Thadmala Design Shop
- 레드 바이크 키친 Red Bike Kitchen
- 스튜디오 포엠 Studio Poem
- 커리 쉑 Curry Shack
- Hostel Pai
- Om Garden Cafe
- Rural Rd Mae Hong Son 4024
- 어 테이스트 오브 조이 A Taste of Joy
- Pai Post Office
- View Pai Hotel
- Pai Wittayakhan School
- Ing Doi Guesthouse
- Purple Monkey Backpackers
- Slow life coffee bar & hostel
- 카페시토 Cafecito
- 쿤 나이 턴 사이 Khun Nai Tern Sai
- 림 파이 시장 Rim Pai Market
- 토스트 오피스 Toast Office
- 어스 톤 Earth Tone
- pai backpackers paradise
- Sunset View Pai
- 레버리 시암 Reverie Siam

치앙마이에서 가는 길

치앙마이 근교 중 가장 인기 있는 지역임에도 여전히 당일치기 여행은 어렵다. 편도 3시간 30분 동안 무려 762개의 커브를 돌아서 가야 하기 때문이다. 빠이는 치앙마이 버스 터미널 3의 건너편에 있는 미니밴을 이용한다. 아비아 부킹 또는 아야 서비스를 이용하는데, 아야는 숙소 픽업을 오는 대신 좌석 지정이 불가하다. 커브 길이 많아 위험하므로 해가 지기 전에 이동하자. 빠이 시내 정류장에 내려 주며, 치앙마이로 돌아가는 미니밴도 내린 곳에서 탑승한다. 보통 빠이에 도착하면 바로 돌아가는 표를 산다. 치앙마이 ↔ 빠이 구간은 중간에 한 번 휴게소에서 쉰다. 화장실은 3밧을 내면 사용할 수 있다. 택시는 약 2,500밧부터이다.

Avia Booking
전화 +66 053 492 999 홈페이지 aviabooking.net 요금 150밧

Aya Service
전화 +66 53 231 815 홈페이지 ayaservice.com

2박 3일 BEST 코스

DAY 1 11:00 빠이 도착(돌아가는 표 구매) ➡ 11:30 레버리 시암 체크인 ➡ 13:00 점심 식사(워킹 스트리트) ➡ 14:00 스쿠터 렌탈 ➡ 15:00 빠이 캐니언 ➡ 16:00 메모리얼 브릿지 ➡ 17:00 레버리 시암(수영장, 정원 산책 등) ➡ 19:00 저녁 식사(어 테이스트 오브 조이) ➡ 20:00 나이트 라이프(워킹 스트리트) ➡ 23:00 숙소

DAY 2 08:00 레버리 시암(조식 및 휴식) ➡ 도보 5분 ➡ 11:00 카페시토 ➡ 차로 19분 ➡ 12:00 윤 라이 전망대 ➡ 차로 27분 ➡ 14:00 아트 팜 스튜디오 ➡ 차로 1분 ➡ 15:00 로맨스 어나더 스토리 인 빠이 ➡ 차로 5분 ➡ 16:00 봄 보울스 ➡ 17:00 스쿠터 반납 및 워킹 스트리트 구경, 저녁 식사 ➡ 22:00 숙소

DAY 3 08:00 레버리 시암(조식) ➡ 10:00 치앙마이 공항 또는 치앙마이 시내(미니밴을 이용하여 이동)

※ 빠이는 대중교통이 없고 가 볼만한 곳들이 모두 거리가 상당해서 스쿠터 렌트가 필수다. 자전거로도 갈 수 있지만 스쿠터가 속도가 더 나고 길이 험하지 않아 스쿠터를 추천한다. 가격은 하루 100밧부터, 보험은 40밧부터이다.

TIP

빠이 여행 팁!

★ 빠이를 일정에 넣었다면 한국에서 멀미약을 준비해 가자. 준비하지 못했다면 숙소에 부탁하거나 현지 약국에서 구입해 미리 먹어야 한다. 약국에 가서 'Car Sickness' 혹은 'Motion Sickness Medicine'이라고 말하면 된다. 노랗고 작은 동그란 약이다.

★ 가능하면 이동 중에는 잠을 푹 잘 수 있도록 출발 전에 잠을 덜 자두는 편이 좋다. 내가 토하지 않더라도 같은 차에 탄 누군가가 3시간 내내 구토를 하는 상황이 많기 때문에 자면서 이동하는 것이 가장 좋다.

★ 멀미가 심하거나 일행 없이 혼자 이동한다면 운전사 바로 옆 좌석인 조수석을 달라고 부탁해서 좌석 번호 1A가 찍힌 표를 받도록 한다. 여러 명이 나란히 앉아 흔들리는 차를 타는 것보다 훨씬 더 편안하게 갈 수 있다.

★ 빠이는 인기 여행지라 당일 미니밴 티켓팅을 하는 것은 거의 불가능하다. 미리 표를 예매해 두도록 하자. 주말 출발의 경우 3일 전에는 미리 표를 사두는 것이 좋다.

★ 빠이가 마지막 일정이면 치앙마이 시내로 돌아가지 않고 공항에 내려 달라고 부탁할 수 있으니 미니밴 표를 끊으며 미리 얘기하자. 요금은 200밧이다.

빠이 캐니언 Pai Canyon ปายแคนยอน

해가 뜨고 질 때 가장 아름다운 곳

30m의 깊이로 쪼개진 좁은 지형들로 이루어진 독특한 계곡이다. 빠이 시내에서 8km 정도 떨어진 곳으로, 스쿠터나 택시 등을 이용하여 쉽게 찾을 수 있다. 주차장에서 5~10분이면 금세 캐니언 꼭대기로 올라갈 수 있다. 금방 돌아보고 내려올 수 있는 규모이지만, 사진을 찍을 만한 곳들이 많으니 구석구석 돌아보도록 한다. 여러 빠이 투어 패키지들이 이곳에서 일몰을 감상하는 것으로 프로그램을 마감하기 때문에 해 질 녘에는 사람이 꽤 많이 몰린다. 비가 오면 땅이 매우 미끄럽기 때문에 등산화 같은 신발을 준비하도록 한다.

위치 빠이 워킹 스트리트에서 차로 15분 **전화** +66 86 113 7373

윤 라이 전망대 Yun Lai Viewpoint ทะเลหมอกหยุนไหล

빠이 주변의 잔잔한 푸르름을 감상하러 찾는 곳

중국인 마을을 지나며 오르막길을 열심히 올라 전망대 앞까지 오면 갑자기 경사가 가팔라진다. 보통 자동차는 아래 두고 스쿠터는 속도를 내거나 끌고 올라와 주차한다. 하트 모양의 입구로 들어오면 빠이 일대가 내려다보이는 언덕과 찻집, 벤치와 정자들이 있고, 사진 찍기 좋은 커다란 하트와 전망대를 찾은 사람들의 소원이 걸린 나무가 우뚝 서 있다. 입장료를 내고 들어가면 무뚝뚝한 관리인이 내어 주는 차 한 잔을 받아 경치를 감상할 수 있다. 골목을 구불구불 돌다 보면 어느새 전망대 안내 푯말이 나타난다. 구글 맵을 켜 놓고 운전하는 것을 추천한다.

위치 Wiang Tai, 58130 / 빠이 워킹 스트리트에서 차로 16분 **전화** +66 81 024 3982 **요금** 20밧

MAPECODE 40260

빠이 워킹 스트리트 Pai Walking Street ถนนคนเดิน ปาย

빠이의 밤을 책임지는 거리

해 질 무렵부터 밤이 한창 무르익을 때까지 빠이의 매력을 느낄 수 있는 거리로, 빠이 버스 정류장이 있는 대로라 찾기 쉽다. 사실 이 거리 말고도 주변에 식당과 바가 모여 있어 이 일대를 빠이 번화가로 보면 되는데, 아침 일찍부터 밤늦게까지 언제 찾아도 사람이 많고, 맛집과 상점이 열심히 영업 중이라 꼭 밤에 찾을 필요는 없다. 생필품과 간단한 기념품을 사기 좋은 왓슨스 드럭스토어가 버스 정류장 맞은편 코너에 있고, 레드 바이크 키친 앤 에스프레소 바와 커리 쉑 모두 이 거리를 끝까지 걸으면 나오는 빠이 맛집이다. 빠이강까지 걸어 꺾으면 나오는 Moo3 거리에도 구경할 만한 상점과 맛집이 많다. 워킹 스트리트에서 고개를 들면 저만치에 하얀 부처상 White Buddha이 세워져 있는 매 옌 사원 Chedi Phra That Mae Yen이 보인다.

위치 Chai Songkhram Road, 58130 **시간** 17:00~22:00

MAPECODE 40261

메모리얼 브릿지 Memorial Bridge สะพานประวัติศาสตร์ ท่าปาย

제2차 세계 대전의 아픔을 간직한 다리

빠이강을 지나는 철교로, 제2차 세계 대전 때 일본군이 원래 이 자리에 있었던 다리를 무너뜨리고 일대를 침략했던 잔인한 역사를 잊지 않기 위해 세운 것이다. 역사적인 의미도 담고 있지만 지금은 빠이의 인기 있는 포토 스팟 중 하나로, 강과 함께 늠름한 철교의 모습을 담으러 사진기를 들고 오는 여행자가 많다. 다리 주변에 간이 음식점과 기념품 상인들이 여럿 있다.

위치 1095 Tambon Mae Na Toeng, 58130 / 빠이 워킹 스트리트에서 차로 17분

MAPECODE 40262

타드말라 디자인 숍 Thadmala Design Shop

시원한 여름 의상과 잘 어울리는 볼드한 액세서리

태국 느낌이 물씬 나는 디자인의 목걸이, 귀걸이, 팔찌 등의 액세서리를 만들어 판매한다. 현지 공예품에 비하면 상대적으로 가격대가 높은 편인데도 예쁜 디자인과 내구성 있는 마감으로 인기가 워낙 좋아 빠이에만 상점이 두 곳이 있다. 쇼핑몰 사이트 '엣지 Etsy'에도 페이지가 있어 온라인 구매가 가능하다. 하나 이상 구매하면 조금 할인해 준다. 오픈 시간이 정해져 있지 않으나 주변 가게와 비슷하게 영업을 하고 있으니 참고하자.

위치 16/2 Chai Songkhram Road, 58130 / 빠이 워킹 스트리트에서 도보 2분 전화 +66 85 044 2423, +66 85 242 4205 홈페이지 etsy.com/shop/Thadmaladesign

MAPECODE 40263

스튜디오 포엠 Studio Poem

손재주 좋고 말 없는 로컬 아티스트의 상점

손님의 얼굴을 그 자리에서 손쉽게 쓱쓱 그려 티셔츠에 새겨 준다. 초상화 드로잉 티셔츠 말고도 직접 그린 그림, 엽서, 에코백, 인테리어와 패션 소품을 본인의 작업실을 겸하는 작은 공간에서 판매한다. 빠이 중심부의 다른 골목을 한참 구경하다 다시 돌아와도 똑같은 자세로 열심히 그림을 그리고 있는 우직한 로컬 아티스트의 스튜디오에 놀러 가 보자. '너무나 멀리 여행을 떠났는데 돌아오는 길에 나 자신을 찾았다'라는 말이 적힌 빨간 벽이 인상적이다.

위치 Moo 3, Chaiyaphum Road, 58103 / 빠이 워킹 스트리트에서 도보 4분 홈페이지 facebook.com/pg/Studio-poem-160185284169244 가격 초상화 티셔츠 300밧

MAPECODE 40264

쿤 나이 턴 사이 Khun Nai Tern Sai คุณนายตื่นสาย

매일매일 느리고 게으른 하루

슬로우 라이프와 레이지 리빙을 모토로 하는 채광 좋은 상점이다. 개별 발코니가 딸렸으며, 털털거리고 돌아가는 선풍기가 달린 코티지 몇 개가 전부인 나른한 분위기의 게스트하우스를 겸한다. 여름마다 입고 싶은 시원한 소재의 옷과 직접 만들었는지 바느질이 삐뚤빼뚤한 가방, 신선한 샐러드를 담아 먹으면 잘 어울릴 것 같은 그릇을 판매한다. 해먹에서 낮잠을 자다 책을 읽고, 음악을 듣는 투숙객이 되어도, 조용히 아이쇼핑하는 손님이 되어도 좋다. 빠이 워킹 스트리트와는 스쿠터로 5분 거리에 있지만, 시골 분위기가 완연하다.

위치 166 Moo 1 Mae Hee, 58130 / 빠이 워킹 스트리트에서 차로 5분 **가격** 코티지 28,000원

MAPECODE 40265

어스 톤 Earth Tone

깨끗하고 신선한 채식 요리로 가득한 식당

깨끗하고 신선하고 건강한 채식 요리로 가득한 어스 톤의 메뉴판은 꽃밭처럼 푸르고 알록달록하다. 직접 재배하는 과일과 채소를 이용한 먹음직스러운 채식 요리들로 가득한데, 제철 과일을 숭덩숭덩 썰어 코코넛 껍질로 만든 그릇에 담아 내오는 아사이 보울, 쌈채소를 그득 넣고 말아 주는 스프링롤, 유기농 농장에서 가져오는 달걀 모두 추천한다. 채식주의자들을 위한 베이커리류와 각종 건강 식품, 화장품도 식당 한편에서 판매한다. 쿤 나이 턴 사이가 근처에 있어 리빙 제품에 관심이 있다면 같이 방문해도 좋다.

위치 81 Rural Road Mae Hong Son 4024, 58130 / 빠이 워킹 스트리트에서 차로 5분 **전화** +66 84 662 8062 **시간** 일~금 09:30~17:00 **홈페이지** facebook.com/earthtoneinpai **가격** 맛차 치아 씨드 푸딩 80밧, 시그니처 어스 톤 쉐이크 70밧~

어 테이스트 오브 조이 A Taste of Joy

이름처럼 즐거운 맛으로 가득하다

꺽다리 플라밍고가 환영해 주는 맛집. 파스타, 샌드위치, 미트볼까지 못하는 메뉴가 없다. 거의 모든 메뉴를 주문과 동시에 요리하기 시작하여 신선하다. 재즈 음악이 기분 좋게 흘러나오고 실내외 구분이 거의 없이 뚫려 있는 시원한 공간이라 포장보다는 먹고 가는 것을 추천한다. 빠이에 워낙 맛집이 많은데, 두 번 이상 찾아간 곳은 여기가 유일하다. 손님이 몰리면 서비스가 느리다는 평이 있어서 식사 시간을 피해 찾아가는 것이 좋다.

위치 42 Moo 3, Wiang Tai, Pai 58130 / 빠이 워킹 스트리트에서 도보 5 **전화** +66 89 532 6486 **시간** 월~토 09:00~21:00 **홈페이지** facebook.com/atasteofjoypai **가격** 그라놀라 과일 샐러드 20밧, 반미 샌드위치 30밧, 네버투머치 치즈버거 80밧

레드 바이크 키친 앤 에스프레소 바 Red Bike Kitchen & Espresso Bar

빠이의 맛있고 푸짐한 아침

빨간 자전거가 매달려 있는 식당 겸 카페로, 빠이를 여행하며 이곳에 한 번이라도 왔던 사람은 빠이 여행의 마지막 날, 다시 들러 아침 식사를 하고 떠난다. 베이글, 햄버거, 풀드 포크 샌드위치 등 점심을 안 먹어도 될 정도로 든든한 메뉴가 여러 종류 있고, 덩치 큰 미국인 배낭여행자도 만족스럽게 고개를 끄덕일 정도로 양도 많다. 말 없는 주인과 직원은 사람 좋아 보이는 미소를 띠고 하루 종일 여러 테이블의 주문을 소화해 낸다.

위치 Chaiyaphum Road, 58103 / 빠이 워킹 스트리트에서 도보 2분 **전화** +66 96 563 4134 **시간** 08:30~22:00 **가격** 훈제 연어 크림치즈 베이글 150밧, 풀드 포크 샌드위치 120밧

MAPECODE 40268

커피 인 러브 Coffee in Love

I am PAI

태국 영화 〈빠이 인 러브 Pai in Love (2009)〉 와 중국 영화 〈로스트 인 타일랜드 Lost in Thailand (2012)〉의 배경으로 나와 더욱 유명한 곳이다. '나는 빠이다'라는 조형물이 카페의 상징으로, 멀리서도 알아볼 수 있다. 조형물이 대로변에 있고 이 대로를 따라 달리다 보면 개별 철제 스윙 소파 자리가 있는 '더 컨테이너 앳 빠이 The Container@ Pai', 온통 딸기 장식으로 가득한 '러브 스트로베리 파이 Love Strawberry Pai' 등의 가보고 싶은 카페들을 지나게 된다. 잠깐 멈추어 사진만 찍고 가는 사람이 더 많다. 물이 찰랑거리는 논밭 앞에 자리해, 전원 뷰와 큼직하고 모던한 레터링 조형물, 내부의 귀엽고 빈티지한 인테리어가 다양한 분위기를 연출한다.

위치 92 Moo 3, Chiang Mai-Pai Road, 58130 / 빠이 워킹 스트리트에서 차로 8분 **전화** +66 53 698 251 **시간** 07:00~18:30 **가격** 아메리카노 35밧

MAPECODE 40269

커리 쉑 Curry Shack

진짜 태국 커리를 맛볼 수 있는 곳

수많은 커리 가게 중 단연 발군의 실력을 자랑하는 곳으로, 동네 사람이 입을 모아 추천하는 커리 맛집이다. 빠이뿐이 아니라 태국에서 가장 맛있는 커리집이라는 찬사를 듣는다. 메뉴는 대충 벽에 색 분필로 쓰여 있고, 지나가다 보면 폐업했나 싶을 정도로 허름한 외관이지만 안으로 들어가 보자. 자리를 잡으면 환한 미소로 오너 셰프가 나와 맞아 준다. 스페셜 코코넛 커리는 코코넛 껍질에 담아 내주고, 포장도 가능하다.

위치 Moo 3, Chaiyaphum Road, 58103 / 빠이 워킹 스트리트에서 도보 4분 **전화** +66 89 953 1720 **시간** 10:00~15:00, 18:00~21:30 **가격** 그린 커리 60밧

MAPECODE 40270

카페시토 Cafecito

치앙마이에 부는 멕시코 바람

속을 가득 채운 토스타다는 물론 나초, 부리또, 아이스크림 샌드위치도 강력 추천한다. 고기가 듬뿍 들어가는데, 채식주의자를 위해서는 버섯을 대신 넣어 주기도 한다. 모든 메뉴와 잘 어울리는 산미 있고 진한 커피는 이곳에서 직접 로스팅하여 내린다. 솜브레로와 판초를 입고 있는 유쾌한 해골 캐릭터가 카페시토의 상징이다. 카페 여기저기 해골 캐릭터가 있어 멕시코 분위기가 물씬 난다. 카페 한쪽에서는 직접 그린 컬러풀한 엽서도 팔고 있는데, 모든 수익은 태국 북부 소외 계층의 교육과 복지를 위해 쓰인다.

위치 58 Moo 8 Vieng Tai / 빠이 워킹 스트리트에서 차로 4분 **전화** +66 88 499 2456 **시간** 금~수 09:00~17:00 **홈페이지** facebook.com/cafecitopai **가격** 멕시칸 오믈렛 150밧, 브렉퍼스트 브리또 170밧

MAPECODE 40271

토스트 오피스 Toast Office ปังษณีย์ ปาย

빠이에서 만나는 양념 치킨

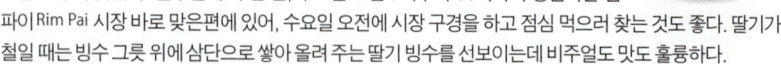

상호는 토스트 오피스인데 주력 메뉴는 한국식 양념 치킨이다. 조금 달지만 한 입 먹으면 바로 한국의 맛을 느낄 수 있다. 태국인 주인이 한식에 단단히 꽂혔는지 김치도 직접 담가 내놓는데 맛이 그럴 듯하다. 토스트를 비롯한 베이커리류와 아이스크림도 무척 맛있다. 일주일에 딱 한 번, 수요일 오전 7시부터 11시까지 영업하는 림파이 Rim Pai 시장 바로 맞은편에 있어, 수요일 오전에 시장 구경을 하고 점심 먹으러 찾는 것도 좋다. 딸기가 철일 때는 빙수 그릇 위에 삼단으로 쌓아 올려 주는 딸기 빙수를 선보이는데 비주얼도 맛도 훌륭하다.

위치 450/34-35 Moo 8 Wlang Tai, 58130 / 빠이 워킹 스트리트에서 차로 5분 **전화** +66 91 878 3860 **시간** 월~목, 토 08:30~17:00 / 금, 일 08:30~20:00 **홈페이지** facebook.com/toastofficepai **가격** 양념 치킨 119밧, 딸기 빙수 189밧

MAPECODE 40272

아트 팜 스튜디오 Art Farm Studio

예술가 바리스타가 내려 주는 커피

개인 작업실이자, 외진 곳에 마련해 둔 세컨드 홈이자, 멀리까지 일부러 와 주는 귀한 손님을 대접하는 카페 겸 식당이다. 한마디로 '예술 농장'인데, 만들다 만 나무 조각품과 그리다 만 그림이 여기저기 놓여 있다. 오후 4시면 장사를 접는데, 그전까지 주인은 열심히 커피를 내리고 토스트를 굽는다. 아마 늦은 오후는 개인 작업에 열중하지 않을까. 음료 메뉴도 손수 그려 줄과 열을 맞추어 붙여 놓았다. 빈 백, 마당 뷰 테이블 등 모든 자리의 분위기가 다르다.

위치 66 Moo 1 Wiang Nuea, 58130 / 빠이 워킹 스트리트에서 차로 12분 **전화** +66 84 222 3843 **시간** 월~토 08:30~16:00 **가격** 아메리카노 60밧, 두부 샐러드 80밧

MAPECODE 40273

봄 보울스 Bom Bowls

새콤달콤 스무디 보울

스쿠터를 타고 시원하게 뻗은 대로를 달리다 이곳에 들러 건강한 봄 보울스의 스무디 보울로 상큼함을 충전해 보자. 신선한 제철 과일을 갈아 큼직하게 썬 바나나와 멜론 등을 올리고 직접 만든 고소한 그래놀라, 해바라기 씨 등을 듬뿍 얹어 준다. 땅콩버터나 쿠키 도우 등 취향에 맞게 토핑을 선택할 수 있도록 여러 메뉴가 있으며 따끈하고 쫄깃한 빵 위에 캐러멜 소스와 땅콩버터를 층층이 깔고 아이싱을 올려 주는 말차 팬케이크도 맛있다. 요가 수업도 진행하고, 게스트하우스도 운영하고 있다.

위치 106/1 Moo 1 Mae Hee, 58130 / 빠이 워킹 스트리트에서 차로 5분 **전화** +66 98 843 4492 **시간** 일~화 09:00~17:00, 수~토 09:00~16:30 **홈페이지** facebook.com/bombowls **가격** 스무디 보울 100~140밧(20밧 추가하면 엑스트라 그래놀라) / 도미토리 1박 250밧 / 요가 클래스 1,200밧

로맨스 어나더 스토리 인 빠이 Romance Another Story in Pai

푸른 농장의 낭만

'저 푸른 초원 위에, 그림 같은 집을 짓고~' 라는 노랫말이 이렇게 잘 어울릴 수 없다. 빨간 풍차가 천천히 돌아가는, 푸른 초원위의 농가다. 소가 천천히 산책하며 풀을 뜯고, 토끼와 말도 노닌다. 농장 주인은 고소한 크림과 우유를 만들고 커피 로스터기를 돌리며 손님들을 맞는다. 3성 호텔을 겸하고 있어 시내와 조금 떨어져 있지만 예쁜 농가에서 밤을 보내는 낭만을 그리며 찾는 투숙객들로 늘 성황이다. 50밧을 내고 농장에 입장할 수 있으며, 이 입장권을 카페에서 우유 아이스크림이나 우유로 교환할 수 있다.

위치 134 Moo 8, Wiang Nue, 58130 / 빠이 워킹 스트리트에서 차로 11분 **전화** +66 80 031 3535 **시간** 농장 10:00~17:00, 카페 09:00~18:00 **홈페이지** facebook.com/Romance-Another-story-in-Pai--314340591928200 **가격** 입장료 50밧 / 1박 60,000원~

레버리 시암 Reverie Siam

잊을 수 없는 레버리 시암만의 서비스

20세기 초, 빅밴드 재즈 음악을 들으며 동양의 아름다움을 좇아 여행을 떠나온 사람들이 '현지의 고유한 아름다움과 어우러지는 것을 그려내고자 한다는 철학'으로 만든 예술적인 4성 호텔이다. 레버리 시암의 미로 같은 정원과 여러 시설, 스무 개의 객실은 그 시대의 낭만과 탐험 정신, 우아함을 고스란히 담아내고 있다. 동양적인 앤티크로 꾸민 침실과 새들이 지저귀는 테라스에서 매일 행복한 아침과 꿈 같은 밤을 보내게 되고, 수영장만큼이나 넓은 욕조가 있는 욕실은 유기농 어메니티로 채워져 있다. 빠이강을 따라 마련된 선 라운저 피크닉 공간과 바닷물을 사용하는 위생적인 두 개의 풀장, 호사스러운 조식과 태국식·지중해식 중심, 석식을 맛볼 수 있는 식당도 갖추고 있다. 아침 8시부터 저녁 10시까지는 시내 중심부와 호텔을 오가는 무료 셔틀 서비스를 제공하여 편하게 빠이 워킹 스트리트와 호텔을 오갈 수 있다. 자전거와 DVD 플레이어, DVD도 무료로 대여해 준다.

위치 Wiang Tai, 58130 / 빠이 워킹 스트리트에서 차로 5분 **전화** +66 53 699 870 **시간** 체크인 14:00, 체크아웃 12:00 **홈페이지** reveriesiam.com **가격** 디럭스 룸 95,000원~

찰리스 가든 Charley's Garden

넓은 정원과 주방, 침실이 있는 작은 아파트

독채를 온전히 쓸 수 있다는 점이 매력적인 곳이다. 스쿠터를 타고 경쾌하게 달려 만나는, 빠이 외곽에 있다. 치앙마이에서 머물다 빠이에 왔을 때는 모든 것이 다 시골 같았는데, 찰리스 가든에서 머물면 빠이 번화가가 정신없이 바빠 보일 정도다. 숙소 주변은 작은 식당 하나, 몇몇 이웃집, 졸졸 흐르는 시냇물과 수많은 파파야 나무뿐이다. 조리 기구를 두루 갖춘 주방과 샤워실, 침대가 놓인 공간은 넓은 정원 한가운데 있는데, 문만 열면 하늘과 잔디밭이 눈에 들어온다. 동시에 프라이버시도 지킬 수 있는 구조라 좋고, 주인집도 같은 공간에 함께 있어 여행과 숙소에 관련한 질문이나 문제를 바로 해결할 수 있다.

위치 141 Moo 8 Vieng Neua, 58130 / 빠이 워킹 스트리트에서 차로 17분 **시간** 체크인 14:00, 체크아웃 12:00 **가격** 더블 룸 33,000원~

테마 여행
THEME
CHIANG MAI

Open.
08.00AM - 04.00PM.
Closed Every Tuesday

Thank you.

향긋하고 감미로운 로컬 커피

우아한 오후 시간, 애프터눈 티

최고의 식재료와 요리, 파인 다이닝

진정한 힐링 여행, 마사지 & 스파

치앙마이에서의 특별한 체험

치앙마이에서 한 달 살기

치앙마이의 맛 1

향긋하고 감미로운
로컬 커피

'아라비까 아라비까!' 고산족 마을에 가면 1분에 한 번씩 들려오는 경쾌한 느낌의 이 말은 태국어가 아니다. 태국 북부에서 나는 품질 좋은 아라비카 커피를 마셔 보라는 말이다. 치앙마이 일대에서는 품질 좋은 아라비카를 대량 생산한다. 지역에서 나는 콩을 바로 로스팅한 커피의 맛에, 놀랄 정도로 세련되고 개성 있는 카페 인테리어가 더해져 이제 치앙마이는 커피하면 빼놓을 수 없는 곳이 되었다.

치앙마이는 어떻게 커피의 도시가 되었을까?

낙후된 지역에서 어렵게 살아가는 국민을 근본적으로 돕기 위해 태국 왕실은 로열 프로젝트를 실행했으며, 그 일환으로 커피 프로젝트가 있었다. 아편 재배로 근근이 생계를 꾸려 가던 치앙마이 일대 고산족들의 생활을 개선하고 범죄에서 벗어나도록 좋은 품종의 커피를 재배할 수 있게 지원하는 프로젝트였다. 태국 북부 산지는 아라비카 콩을 재배하기에 굉장히 적합한 기후를 띠고 있어 1991년 500톤의 아라비카 콩을 생산하던 것이 20년 후 4천 톤으로 크게 늘어났다. 여러 고산족 마을의 커피 중 아카 아마 마을에서 재배하는 아라비카종의 카투아이 Catuai와 티피카 Typica 콩이 훌륭한 품질로 유명하고, 태국 북부 커피 브랜드로는 도이 창 Doi Chaang, 도이 퉁 Doi Tung, 와위 Wawee가 잘 알려져 있다.

사실 태국 커피의 역사는 그리 오래되지 않았다. 18세기 버마의 프랑스 무역상들이 전해 준 로부스타 콩이 태국 커피의 시초였으며, 그마저도 인스턴트 커피에 연유를 진하게 타서 달게 마시는 것이 전부였다. 메뉴는 차가운 커피, 뜨거운 커피 딱 두 종류였다고 한다. 21세기가 되어서야 비로소 에스프레소 머신이 있는 카페가 생겨나기 시작했다는데, 짧은 역사라는 게 믿기지 않을 정도로 오늘날 치앙마이에는 우열을 가리기 힘든 훌륭한 카페들이 많다.

어렸을 때는 커피가 무엇인지 몰랐다던 치앙마이 젊은이들은 이제 훌륭한 커피 감별사가 되어 준전문가 수준의 지식을 뽐낸다. 시드니나 샌프란시스코 같은 커피 선진 도시에서 최고의 로스팅 기술을 연마해 온 바리스타들이 십 년 전쯤 카페를 차리기 시작했고, 나라가 아낌없이 지원하여 훌륭한 커피콩을 재배하게 되었으며, 갑자기 들이닥친 이 맛있는 음료에 중독된 치앙마이 사람들이 열심히 마시면서 소비자 수준도 급격히 높아져 삼박자가 딱 맞아 떨어진 것이다. 치앙마이에서 가장 핫한 커피 존은 님만해민이다. 세 걸음에 하나씩 유명한 카페가 모습을 보인다. 우스갯소리로 치앙마이는 편의점보다 카페가 더 많은 도시라고 하는데, 마음 먹고 세어 보면 정말 카페가 더 많을지도 모른다.

치앙마이의 바리스타

아르논 티프라세르트 Arnon Thitprasert

라테 아트 경연 대회 수상자로 유명한 리스트레토의 오너 바리스타 아르논 티프라세르트는 시드니의 여러 커피 경연 대회에서 우승하고 그곳에서 스페셜티 카페를 운영하다 2011년 고향으로 돌아와 카페를 차렸다. 어떤 점이 어떻게 좋은 커피를 만드는지에 대한 워크숍을 여러 차례 열어 열정적으로 소비자들에게 커피를 알렸고, 20여 개 지역에서 가져오는 커피콩으로 만드는 다양한 블렌드는 이제 마니아층이 생겼다.

리스트레토 Ristr8to
facebook.com/ristr8to

리 아유 체우파 Lee Ayu Cheupa

본인이 나고 자란 작은 마을 아카 아마의 이름을 딴 카페를 운영하는 리 아유 체우파는 아카 아마 마을에서 유일하게 대학교를 나온 사람이라고 한다. 고향에서 지속 가능한 방식으로 재배한 커피콩을 로스팅하여 커피를 만들고, 수익을 마을에 환원한다. 2010년 1호점이 문을 열고 큰 성공을 거두어, 치앙마이 지역에 여러 지점이 있다. 그가 사용하는 아카 아마의 아라비카 콩은 수년째 유럽 스페셜티 커피협회 Specialty Coffee Association of Europe가 공인했을 정도로 품질이 좋으며, 그의 카페 역시 세계에서 가장 훌륭한 커피 맛을 가리는 월드 컵 테이스터 챔피언십 World Cup Tasters Championship 결승에 두 번이나 오른 바 있는, 믿고 선택할 수 있는 커피로 확실하게 자리를 잡았다.

아카 아마 커피 라 파토리아
Akha Ama Coffee la Fattoria

akhaama.com

퐁가네스 커피 로스터스 Ponganes Coffee Roasters

커피에 대해 가장 진지한 태도로 접근하는 퐁가네스 커피 로스터스는 두 연인이 운영한다. 시드니에서 커피 교육을 받고 태국으로 돌아와 블렌드 하나하나를 예술 작품 만들 듯 공들여 탄생시켰다고. 일반 손님보다는 도매상이 주요 고객층이다. 그날 손님의 기분과 날씨에 따라 블렌드를 맞추어 추천할 정도로 블렌드 선택의 폭이 엄청나다. 한 모금으로도 복합적이고 오묘한, 다양한 맛을 느낄 수 있다.

위치 133/5 Ratchapakhinai Road, 50300 / 타 패 게이트에서 도보 7분
전화 +66 87 727 2980 **시간** 목~월 10:00~16:30 **홈페이지** facebook.com/ponganesespressobar

퐁가네스 커피 로스터스
Ponganes Coffee Roasters

작가가 사랑한 치앙마이 카페 BEST 5

아카 아마 리빙 팩토리
Akha Ama Living Factory (p.219)

찾기 쉬운 곳은 아니다. 매림까지 가야 하고, 심지어 매림 시내와도 꽤 떨어져 있다. 허허벌판 위에 세련된 아카 아마 건물 하나가 서 있다. 치앙마이 시내에도 아카 아마 지점이 두어 개 있지만 리빙 팩토리는 그 위치와 환경이 주는 분위기가 있어 커피 맛을 더욱 살린다. 버린 땅이 비옥한 토지가 되고, 나무가 사람들과 교감하기를 바라는, 환경을 사랑하는 바리스타들이 만드는 커피를 마실 수 있다. 커피는 여기서 직접 로스팅하고, 커피 워크숍도 이따금씩 열린다. 상큼하고 달콤한 오렌지향이 진하게 나는 대표 메뉴 마니 마나 Manee Mana를 추천한다.

말레드 커피 로스터스
Maled Coffee Roasters (p.134)

하루 딱 여섯 잔만 판매하는 젤리 블랙을 먹겠다는 일념으로 찾아갔다. 안 그래도 좋은 커피라면 사족을 못 쓰는데 승부욕까지 자극하다니! 진하게 내린 커피를 젤리화시켜 차갑게 굳히고, 그 위에 부드럽고 달콤한 우유 거품과 크림을 얹어 확실하게 흑백, 두 층을 분리한 독특한 메뉴다. 섞으면서 입으로 쏟아 넣으면 쫄깃하고 시원한 젤리가 부서지며 크림, 거품과 어우러지는 식감이 너무나 특별하다. 진한 커피의 고소함과 밀키한 크림의 단맛이 이루는 대조도 일품이다. 젤리 블랙이 다 팔린 후 도착해도 슬퍼하지 말자. 직접 로스팅하는 콩을 사용하기 때문에 커피 메뉴 모두 신선하고 맛있다. 좋은 콩을 정성껏 볶아 원하는 커피를 멋지게 만들어 줄 것이다.

그래프 카페
Graph Café (p.107)

치앙마이에서 가장 창의적인 바리스타들이 모인 카페다. 자리는 그리 넓지 않지만 그래서 그래프 카페가 오픈하는 시간에 맞춰 찾게 된다. 다른 중요 일정들 사이에 목을 축이거나 잠시 쉬어가기 위해 스케줄에 끼워 넣는 카페가 아니라, 자리에 앉아 여유롭게 커피를 즐겨야 하는 특별한 곳이다. 질소 커피나 젤리, 오렌지 등 이질적일 것 같지만 그래프의 숙련된 바리스타의 솜씨로 독특하고 맛있는 커피 메뉴들이 탄생해 그래프 마니아들을 만들어 낸다. 카페 한쪽에 자리 잡은 작은 냉장고 속 정성껏 가득 채워 담은 콜드 브루 병에도 자꾸만 눈길이 가, 자리에서 일어나며 결국 한 병 사가지고 나오게 된다.

어 데이 인 치앙마이 커피 브루 & 리브.어데이
A Day in Chiang Mai Coffee Brew & live.aday (p.148)

확고한 커피 취향이 있는 손님들을 무척 좋아한다는 오너 바리스타는 다양한 커피 기구들을 비치해 놓고 여러 맛의 커피를 뽑아낸다. 커피로 유명한 농장을 잘도 찾아내 여러 나라의 훌륭한 콩을 공수해 온다. 어 데이 바로 옆, 세 걸음만 걸으면 나타나는 리브어데이는 일회용 카메라를 파는 디저트 가게. 어 데이에서 주문한 커피를 가져가 마실 수 있다. 시내 외곽에 자리 잡은 조용하고도 톡톡 튀는 이 작은 카페에서 보낸 시간들은 무척 따뜻했다.

코튼트리 커피 로스터스
Cottontree Coffee Roasters (p.134)

번화가가 아닌 주거 단지 골목을 헤매며 이 길이 맞는지 여러 번 의심하며 찾아갔을 정도로 외진 곳에 위치하고 있다. 문을 여니 과연 로스터리답게 커피 향이 반갑게 맞아 준다. 유리 진열대 안 먹음직스러운 한입 크기의 베이커리들은 어떤 커피와도 잘 어울린다. 빵이 맛있어서 일부러 온다는 손님들도 많을 정도로 맛이 좋다. 원하는 산도와 평소 즐겨 마시는 블렌드를 이야기하고 커피를 추천받을 수 있다. 편히 앉을 자리도 많고 개별 테이블도 있지만, 어쩐지 코튼트리에서는 일정을 계획하거나 책을 읽는다거나 다른 일을 하고 싶지 않다. 오롯이 커피에 집중하는 향기로운 시간을 보내고 싶은 카페다.

TIP. 치앙마이 사람들은 커피를 달게 마시는 편이다. 어떤 메뉴를 시켜도 기본적으로 설탕을 듬뿍 넣어 주니 원하지 않는다면 주문할 때 '노 슈거'라고 꼭 당부하도록 한다.

치앙마이의 맛 2

우아한 오후 시간,
애프터눈 티

잔잔히 흐르는 강 위로 높고 맑은 하늘이 펼쳐진다. 지천으로 나는 신선한 허브를 듬뿍 넣은 음식들을 먹다 한가로운 낮 시간이 오면 자연스레 차 한잔이 생각난다. 정성을 아낌없이 쏟아 하나하나 빚은 한입거리 디저트들을 접시에 차곡차곡 담아, 깊게 우려낸 차에 곁들여 즐기는 치앙마이의 애프터눈 티.

아난타라 치앙마이 리조트 Anantara Chiang Mai Resort

식사보다 더 든든한 환상적인 리버 뷰 퓨전 티

벨기에 출신 미슐랭 파티시에 셰프 로저 밴 담 Roger Van Damme이 디자인한 메뉴로 식객들의 입맛을 사로잡는다. 영국식 애프터눈 티의 정석 메뉴인 스콘과 태국 북부 요리의 조화로운 퓨전 메뉴가 특징이다. 식욕을 돋울 1층 메뉴로는 트러플 햄과 치즈 크로와상, 로스트비프 그린 커리 샌드위치, 키쉬 로레인, 훈제 연어 레드 커리 샌드위치, 티카 롤이 나오고, 달콤한 디저트로는 마카롱, 치즈 케이크, 리치 타르트, 레몬 타르트, 초콜릿 브라우니, 망고 바닐라 쌀 푸딩이 서빙된다. 오렌지 버터와 건포도 스콘이 잼과 크림치즈와 함께 놓이고 아이스크림으로 입가심을 하면 이 대단한 티 타임의 대장정이 끝난다. 차는 로네펠트 Ronnefeldt이고, 커피도 신선하다. 망고 패션 스무디, 리치 바질 밀크셰이크(모두 210밧)와 같은 시그니처 건강 음료 메뉴도 따로 있다. 정원 자리에 앉아 망중한을 즐기며 훌륭한 아난타라의 서비스를 호사롭게 누려 보자. 잼이 부족하거나 물 잔이 비려는 찰나 다가와 무엇이 더 필요한지 상냥하게 물어 오는 섬세한 배려가 핑강의 뷰만큼이나 감동적이다.

위치 123-123/1 Charoen Prathet Road, 50100 / 타 패 게이트에서 차로 7분 또는 도보 20분 **전화** +66 53 253 333 **시간** 14:00~18:00 **홈페이지** anantara.com/en/chiang-mai/restaurants/afternoon-tea **가격** 1인 880밧+, 2인 1,200밧+ (시그니처 드링크 포함, 10% 서비스 차지 미포함) / 1인 1,288밧+, 2인 1,999밧+ (세테 카시네 프로세코 브륏 7 Cascine Prosecco Brut 포함, 10% 서비스 차지 미포함)

다라 데비 치앙마이 리조트 Dhara Dhevi Chiang Mai Resort
사랑스러운 애프터눈 티 살롱 

오렌지 마멀레이드, 레몬 타르트, 초콜릿 돔을 먹기 전에 먼저 핑거 샌드위치와 치앙마이 소시지 롤, 클로티드 크림과 홈메이드 잼을 곁들인 스콘을 먹어야 한다. 촉촉한 잉글리시 케이크, 바나나 케이크도 예쁘게 스콘 옆에 자리한다. 아기자기한 실내 자리도, 초록초록한 정원 자리도 모두 좋다.

위치 51/4 Moo 1, Chiang Mai-Sankampaeng Road, 50000 / 나와랏 다리에서 차로 15분 **전화** +66 53 888 888 **시간** 12:00~18:00 **홈페이지** dharadhevi.co.th **가격** 2인 1,200밧(10% 서비스 차지 미포함)

137 필라스 하우스 137 Pillars House

품격 있고 우아한 오후의 티 타임

치앙마이에서 가장 아름다운 건축물 중 하나로 꼽히는 럭셔리 부티크 호텔 137 필라스 하우스의 애프터눈 티는 정원이 내려다보이는 2층 식당에서 진행된다. 137개의 티크 나무 기둥들이 150년된 목조 건물을 받치고 서 있어 137 필라스 하우스라 불리는데, 과연 그 긴 역사에 대한 자부심이 대단하다. 애프터눈 티 메뉴 역시 태국 전통 요리의 요소들을 빼놓지 않고 영국 전통의 차 문화와 조화를 이루도록 고심하여 선정한 것이 엿보인다. 조심스럽게 내오는 티 푸드 세트는 고풍스러운 호텔의 인테리어와 잘 어울려 어떤 것을 먹을지 고민하기 전에 한참을 흐뭇하게 감상하게 된다. 스위트 칠리소스를 곁들인 스프링 롤, 연어 크로와상, 키쉬, 여러 종류의 샌드위치가 있고, 망고와 딸기 스프레드가 잘 어울리는 따뜻한 스콘도 놓여 있다. 디저트로 옮겨 가면 눈길을 끄는 고운 색감의 마카롱 역시 필링은 쫀득하고 꼬끄는 바삭하게 잘 구워져 예쁜 모양만큼 맛도 있다. 종종 나오는 아이스크림 튀김은 137 필라스 하우스의 시그니처. 직접 굽는 쿠키와 케이크도 바삭하고 촉촉해 배가 불러 와도 욕심 내어 한 입은 꼭 먹어야 할 정도로 맛이 좋다. 외부의 소음이 완벽하게 차단된 호텔의 위치도 한몫을 한다. 차를 따르는 소리가 크게 울릴 정도로 고요한 공간에서 평온한 오후를 보낼 수 있다.

위치 2 Soi 1, Nawatgate Road, 50000 / 나콘핑 다리, 나와랏 다리에서 도보 10분 **전화** +66 53 247 788 **홈페이지** 137pillarschiangmai.com

나니란드 로맨틱 부티크 리조트 Na Nirand Romantic Boutique Resort

아름드리 나무 아래서 강을 바라보며 향기로운 차 한잔

호텔 이름에 '로맨틱'이라는 말이 들어갈 정도면 이곳이 얼마나 낭만적인지 짐작이 갈 것이다. 허니무너, 연인, 부부 여행객들로 45개의 객실이 늘 거의 다 차 있는 나 니란드는 핑강에 면한 훌륭한 뷰의 레스토랑에서 오후마다 진행하는 애프터눈 티로도 유명하다. 플레이팅이 예쁘고 핑강의 뷰도 다른 호텔에 비해 뛰어나, 투숙하지 않아도 일부러 차를 마시러 찾아오는 손님들이 굉장히 많아 예약이 필수다. 나 니란드의 시그니처 하이 티 High Tea 메뉴는 두 종류다. 신선한 계절 과일과 무스, 브라우니, 푸딩, 망고 찹쌀밥, 판나 코타, 스콘, 브루스케타, 버거, 스프링롤, 새우 타르트, 쿠키와 마카롱 그리고 프리미엄 또는 과일 티 한 잔이 제공되는 1,200밧 메뉴와 이 메뉴의 일부를 좀 더 업그레이드하거나 양을 더 많이 내오는 변형된 세트에 참치와 망고 살사, 자두 소스를 곁들인 튀김, 새우 튀김, 에클레어, 크로와상, 밀푀유를 추가한 1,500밧 메뉴다. 추가로 주문할 수 있는 음료 메뉴와 단품 요리가 다양해서 원하는 세팅으로 테이블을 다채롭게 차릴 수 있다. 100년도 더 된, 호텔의 로고에도 등장하는 자귀나무 가지들이 살짝 그늘을 만들어 주니 한낮에도 테라스 자리에 앉아 티를 즐길 수 있다.

위치 1/1 Soi 9 Charoenprathet Road, 50100 / 타 패 게이트에서 차로 10분 또는 도보 25분 **전화** +66 62 875 2401 **홈페이지** nanirand.com/EN/Dining **가격** 1,200밧 / 1,500밧 (서비스 차지와 택스 포함)

치앙마이의 맛 3

최고의 식재료와 요리,
파인 다이닝

새우 하나도 의미 있게 다듬고 소스 한 방울도 공들여 접시 위에 얹는다. 계산서는 그리 친절하지 않지만 황송할 정도로 귀한 대접을 받으며 최고의 식재료로 최고의 손길이 만든 요리는 배불리 먹을 수 있는 고급 파인 다이닝에서의 행복한 시간을 누려 보자. 여행지에서 경험하는 고급 식도락은 여행의 기쁨을 더욱 충만하게 만든다.

X2 치앙마이 리버사이드 리조트 X2 Chiang Mai Riverside Resort의
옥시전 다이닝 룸 Oxygen Dining Room

치앙마이에서 누릴 수 있는 가장 고급스러운 다이닝

실내 40석, 야외 20석의 옥시전 다이닝 룸은 유리로 되어 있어 마치 온실 속에서 식사를 하는 기분이 든다. 아직 치앙마이에는 미슐랭 별을 단 레스토랑이 하나도 없지만, 프랑스 디종 지역의 미슐랭 레스토랑을 운영하는 스타 셰프 니콜라 이스나르 Nicolas Isnard의 컨설팅으로 탄생한 곳이기에 치앙마이의 유일한 미슐랭 레벨 레스토랑이라 자부한다. 이스나르가 메뉴의 모든 부분에 관여했는데, 프랑스 식재료 준비 과정을 마스터하여 태국 요리에 이를 접목시킨 점이 인상적이다. 굴 젤리 캐비아, 팬에 구운 푸아그라 등 퓨전 프렌치 요리도 있고, 호주 앵거스 립아이 등 모두를 위한 무난한 스테이크류도 있다. 신선한 계절 식재료를 고집하고, 각각의 요리와 가장 잘 어울리는 와인 한잔을 찾아 줄 소믈리에도 상주하고 있다. 저녁 코스가 굉장하지만 조식과 애프터눈 티도 저녁 식사만큼이나 고급스럽고 푸짐하다. 객실이 30개뿐인 최고급 리조트에서 묵으며 가능하다면 여러 번 식당을 찾아볼 것을 추천한다.

위치 369/1 Charoenraj Road, 50000 / 나콘핑 다리에서 도보 14분 **전화** +66 53 931 999 **시간** 아침 07:00~10:30, 점심 11:30~14:30, 저녁 18:30~22:30 **홈페이지** x2resorts.com/resorts/chiang-mai-riverside/dining, facebook.com/Oxygendiningroom

---

아난타라 치앙마이 리조트 Anantara Chiang Mai Resort의
더 서비스 1921 레스토랑 앤 바 The Service 1921 Restaurant & Bar

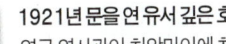

1921년 문을 연 유서 깊은 호텔의 레스토랑

영국 영사관이 치앙마이에 처음 온 1921년에 문을 연 유서 깊은 호텔로, 이곳을 대표하는 레스토랑이다. 특별한 날을 기념하기 위한 사람들이 잘 차려입고 오는 곳으로 알려져 있다. 낭만적인 테라스도 좋지만, 여러 크기와 분위기의 룸이 재미난 실내 다이닝 룸을 추천한다. 식사 시간 전에 도착하면 1층 로비 테라스에 앉아 식전주를 주문하며 기다릴 수 있다. 어두운 조명과 가죽 의자, 고급스러운 가구가 비치되어 있으며 곳곳에 'SECRET', 'FOR YOUR EYES ONLY' 등 스파이 문서에서 볼 만한 문구들이 붙어 있다. 비밀 서류로 가득할 것 같은 캐비닛과 여권들도 전시되어 있어 1920년대 영국 스파이가 된 기분이다. 메뉴는 주로 태국 요리다. 와인 셀러가 훌륭하고 칵테일도 맛있어 반주를 곁들인 식사를 즐기기 좋다.

위치 123-123/1 Charoen Prathet Road, 50100 / 타 패 게이트에서 차로 7분 또는 도보 20분 **전화** +66 53 253 333 **시간** 점심 12:00~14:30, 애프터눈 티 14:00~18:00, 저녁 17:30~22:00, 바 스낵 12:00~24:30 **홈페이지** anantara.com/en/chiang-mai/restaurants

진정한 힐링 여행,
마사지 & 스파

말이 통하지 않아도 쓱 만져 보고는 압을 주어 단번에 뭉친 근육과 막힌 혈을 짚어 내는 태국 마사지사의 신통한 능력! 한국에서 같은 수준의 마사지와 스파를 경험하려면 몇 배의 값을 치러야 한다. 여행 중이기에 평소보다 더 걷고, 더 긴장한 몸을 잘 돌봐 주자. 태국 어디에서도 쉽게 마사지와 스파를 찾아볼 수 있지만 치앙마이에서 특별히 추천할 만한 곳을 엄선하여 소개한다. 2,500년 전부터 행했다는 타이 마사지는 부처의 주치의가 개발한 것이라고 전해진다. 지압과 요가 동작들을 연상케 하는 스트레칭을 결합한 타이 마사지는 태국 의학의 4대 요소 중 하나로 꼽힐 정도로 효과가 대단하다.

파란나스파 Fah Lanna Spa

전통 란나 문화에서 영감을 받은 고급 스파

'쉽게 찾을 수 있는 곳, 오랫동안 잊지 못하는 곳'이라는 모토 아래 잊지 못할 스파 경험을 선사한다. 태국 북부의 역사와 문화를 자랑스레 여긴다는 것을 스파의 모든 구석에서 찾아볼 수 있다. 입구를 지나면 라탄 쌀 바구니와 약재로 쓰인 허브와 뿌리채소 등 전통 란나 주방의 요소들로 꾸민 리셉션에서 현재 몸 상태를 상세히 체크하여 스파 프로그램을 선택한다. 직접 달인 생강차 웰컴티를 마시며 특별히 신경 써줬으면 하는 부분, 고통이 심해 만지지 않았으면 하는 부분, 어느 정도 강도의 압을 원하는지 등을 전담 마사지사에게 전한다. 연꽃이 떠 있는 잉어 연못 위로 대나무와 원목으로 길을 내어 란나 왕국의 여러 지역과 대표적인 공예품의 이름을 딴 25개의 관리실 중 하나로 이동한다. 아로마 허브 스팀, 바디 스크럽, 랩, 아로마 테라피 오일 마사지, 얼굴 피부 관리 등 타이 마사지를 기본으로 최대 4시간 구성까지 다양한 프로그램들이 마련되어 있다. 전통 타이 무용 동작에서 영감을 받은 '파 란나 위즈덤'은 이곳의 시그니처 프로그램이다. 태국 북부 지역의 독특한 타이 마사지 기법인 톡 센 Tok sen도 추천한다. 막대기와 타마린드 나무로 만든 블록을 이용해 몸을 두드리는 방법으로, 기를 불어넣고 막힌 곳을 뚫어 준다. 섬세한 손길로 뭉친 근육이 부드럽게 풀리기 시작하면, 낯선 이의 손에 온몸을 맡긴 긴장감은 순식간에 사라진다. 스파를 마치고 기념품 상점 겸 카페인 파타라 커피 Fahtara Coffee에서 차와 망고 찹쌀밥을 먹을 수 있다. 치앙마이에 세 개 지점이 있다.

위치 (올드 시티) 57/1 Wiang Kaew Road, 50200 / (나이트 바자) Loi Kroh Road, 50100 /(님만해민) Nimmanhaemin Road, Soi 15, 50200 **전화** +66 53 416 191 **시간** 10:00~22:00(마지막 예약 21:00) **홈페이지** fahlanna.com **가격 타이 마사지** 30분 350밧, **발 마사지** 1시간 800밧, **파 란나 위즈덤**(타이 마사지, 몸의 균형, 피부 디톡스, 허벌 볼 바디와 얼굴 마사지 등) 3시간 4,500밧, **파 란나 너바나**(바디 스크럽, 목욕, 허벌 볼 마사지, 아로마 테라피 오일 마사지) 3시간 30분 4,800밧

아난타라 스파 Anantara Spa
은은한 분위기, 고급 스파의 정석

야외 수영장과 레스토랑 사이에 별도로 마련된 스파 건물을 사용한다. 다섯 개의 고급스러운 개별 스파 룸에는 스팀 샤워와 자쿠지 욕조가 있다. 허브 스팀 룸과 아로마 사우나, 자쿠지 욕조가 설치된 커플 스파 룸도 다섯 개가 있고, 매니큐어 룸, 루프톱 선 라운지, 실내 라운지로 구성되어 있다. 아난타라에서 직접 블렌드한 아로마 오일을 사용하는 시그니처 마사지 프로그램이 70분, 90분 두 종류로 마련되어 있다. 수동식 요가라고도 하는 전통 타이 마사지와 태국, 미얀마, 중국 마사지 기술을 복합적으로 사용하여 부종에 효과가 좋은 란나 마사지, 달콤한 120분 디톡스 초콜릿 테라피도 인기가 많다. 스파가 끝나면 금박으로 된 나뭇잎과 펜을 가져다준다. 소원을 적어 주면 아난타라에서 사원으로 가져가 매달아 준다고. 심신을 정화시키고 작은 소원을 적는 것으로 마무리한다. 무에타이나 권투 30분, 타이 허브 스팀 30분, 타이 허브 지압 30분, 세 가지 코스 식사와 건강 음료로 구성된 점심 프로그램 등 아난타라의 다른 훌륭한 시설과 액티비티를 결합시킨 상품들도 있다.

위치 123-123/1 Charoen Prathet Road, 50100 / 타 패 게이트에서 차로 7분 또는 도보 20분 **전화** +66 53 253 333 **시간** 10:00~22:00 **홈페이지** anantara.com/en/chiang-mai/spa **가격** 개별 프로그램가격은 호텔에 문의, 2박 3일 스파 & 웰니스 패키지 9,500밧

---

137 필라스 하우스 137 Pillars House
프라이빗한 스파에서 온전히 나만을 위한 시간

로비 옆에 위치한 작은 건물은 스파 독채다. 객실에 있는 욕실만큼이나 넓은 샤워 시설과 욕조가 잔잔한 음악이 흘러나오는 스파 베드 룸 뒤편에 있다. 마사지사가 마사지에 사용할 아로마 오일들을 가져와 손님의 기분과 몸 상태에 따른 효능을 설명해 주고 하나를 고르도록 한다. 묵은 각질과 피로를 깨끗이 벗겨내고 뭉친 근육을 적절한 압으로 풀어주는 동안 그 어떤 것에도 방해받지 않는다. 뜨거운 물로 채운 물침대에서 받는 마사지 등 137만의 스파 프로그램들이 마련되어 있으나 철저히 맞춤형으로도 진행할 수 있으니 필요한 부분들이 있다면 걱정 말고 모두 상담하는 것이 좋다. 영양 보충에 좋은 스파 퀴진 요리가 마련되어 있고, 요청하면 요가와 타이치 수업도 진행 가능하다.

위치 2 Soi 1, Nawatgate Road, 50300 / 나콘핑 다리, 나와랏 다리에서 도보 8분 **전화** +66 53 247 788 **홈페이지** 137pillarschiangmai.com/en/wellness **가격** 스크럽 30분 + 마사지 60분 2인 5,500밧 (서비스 차지 17% 미포함)

치바 스파 Cheeva Spa

화려한 수상 경력에 빛나는 백 점짜리 기술과 서비스

트립어드바이저TripAdvisor에서 4년 연속 치앙마이 최고 스파로 뽑혔다. 치바에서는 전통 란나 스파 마사지 기술을 사용하며, 스파가 끝나면 손님이 안정과 생기를 되찾는 것을 목적으로 한다. 깔끔하고 정갈한 치바 스파는 화려하지는 않지만 마사지 시작 10분만에 작가를 기절시킨, 치앙마이 최고의 마사지 기술을 선보였다. 개별 상품 외에도 여러 프로그램을 결합한 2시간~4시간 30분 패키지가 준비되어 있다. 커플 스파, 코코넛 허니 스크럽, 치바 디톡스 패키지, 각종 랩과 스팀, 사우나 등 치바 자체 개발 프로그램들이 다양하게 마련되어 있다. 치바에서 〈인조이 치앙마이〉 독자들에게 추천하는 것은 파라다이스 패키지(발 마사지, 스크럽/허브볼 지압, 등·머리·어깨 마사지, 아로마 테라피 오일 마사지)와 릴랙스 패키지

(전통 타이 마사지, 아로마 테라피 오일 마사지, 타이 허브볼 지압)이다. 두 개 지점이 있으며, 호텔 픽업 서비스를 무료로 제공한다.

지점1 **위치** 4/2 Hussadhisewee Road, 50200 / 창 푸악 게이트에서 도보 12분 **전화** +66 53 211 400 **가격** 파라다이스 패키지 3시간 3,500밧
지점2 **위치** Sirimangkhalajarn 6 Soi 7 Sirimangkhalajarn Road, 50200 / 마야 몰에서 도보 13분 **전화** +66 53 216 303 **시간** 10:00~21:00 **홈페이지** cheevaspa.com, facebook.com/CheevaSpa

치앙마이에서의
특별한 체험

과거와 현대의 문명이 공존하는 치앙마이. 도시적인 분위기와 동시에 대자연의 아름다움 역시 느낄 수 있다. 이런 도시의 다채로움만큼이나 여러 가지 다양한 체험이 여행자들을 기다린다. 하루는 역동적인 액티비티를 즐기고, 하루는 명상에 잠겨 몸과 마음에 휴식을 주자.

당일 액티비티 프로그램

생각보다 치앙마이는 아주 도시적이고, 발달되어 있다. 그러면서도 정말 조금만 움직이면 때문지 않은 자연 속으로 뛰어들 수도 있다. 치앙마이는 편의성을 비롯하여 식도락과 쇼핑, 숙소와 투어에 있어서 선택의 폭이 무척 넓기 때문에 이것저것 경험해 보고 싶은 것이 많은 여행자들에게 큰 사랑을 받는 것이다. 스쿠터 엔진 소리가 거슬리는 날 운동화 끈을 조여 매고 신선한 공기가 있는 곳으로 떠나자. 자연 속에서 신나게 즐길 수 있는 당일치기 액티비티를 소개한다.

테더링 벌룬 타일랜드 Tethering Balloon Thailand

열기구를 타고 하늘을 날아 보자

사실 스카이다이빙이나 번지 점프보다도 사고가 자주 나는 것이 열기구나 패러글라이딩이다. 엄청난 대담함을 요하지 않는데도 액티비티 특성상 안전사고가 종종 나기도 한다. 테더링 벌룬은 이를 방지하기 위해 열기구를 띄워 이동하지 않고, 땅에 고정시켜 놓고 오르락내리락하며 치앙마이 일대와 도이 수텝 전경을 감상할 수 있도록 한다. 하루에 특정 인원으로 한정하여 예약을 받고, 30m 높이까지 올라가는 열기구에 원하는 만큼 여러 차례 타볼 수 있다. 한 번 탑승은 5분 남짓 정도다. 화력을 높여 열기구가 묶인 줄이 팽팽하게 당  겨질 때까지 하늘 높이 오르면 머리 위는 활활 타는 불로 후끈하지만 마음은 시원하게 트인다. 열기구를 타는 것 외에도 즐길 거리가 많은데, 다른 사람이 타는 것을 구경하면서 넓은 농장 부지에 펼쳐 놓은 피크닉 테이블에 앉아 태국식 핫팟과 과일, 간식, 음료를 먹고 마실 수 있으며, 열기구 센터가 위치한 카우보이 아미 라이딩 클럽 Cowboy Army Riding Club에서는 승마와 ATV, 사격장도 함께 운영한다. 열기구를 타고 보는 뷰가 환상적이고, 하늘과 어우러진 알록달록 열기구 배경도 예쁘다. 해 질 녘에도 운행하기 때문에 웨딩 사진, 스냅 사진을 찍으러 오는 사람들도 많다.

위치 Chonprathan Road, Mae Rim, 50180 **전화** +66 82 569 5493 **시간** 열기구 운행은 수, 금, 일 16:30~18:30 (픽업 시간 15:15~16:15) **홈페이지** facebook.com/BalloonChiangmaibyTetheringBalloonThailand, facebook.com/farmcowboy **가격** 성인 1,900밧, 아동 1,700밧 (픽업, 열기구, 식사와 간식, 음료 포함)

플라이트 오브 더 깁본 Flight of the Gibbon
환호성을 지르며 하늘을 가르는 집라인

치앙마이의 울창한 숲은 집라인을 하기에 딱 좋아서 수많은 업체들이 아름드리 나무에 줄과 도르래를 매달아 스릴 넘치는 집라인 투어를 운영한다. 그중 가장 대표적인 플라이트 오브 더 깁본의 프로그램은 치앙마이에서 차로 1시간 떨어진 수림 마을 매캄퐁 Mae Khampong 지역의 깊고 깊은 숲에서 이루어진다. 아침 일찍 픽업 차량을 타고 이동하여 진하게 타주는 커피로 잠을 깨고, 그룹을 나누어 안전 교육을 받고 다양한 길이와 높이의 코스를 경험한다. 처음 탈 때는 모두가 겁을 내지만 한 번 건너고 나면 얼마나 재미있는지, 하나도 겁낼 이유가 없다는 것을 깨닫게 된다. 마지막 라인을 탈 때는 이렇게 끝날 수 없다며 다음에 꼭 다시 올 것을 다짐하는, 아드레날린이 폭발하는 신나는 경험을 약속한다. 구름다리와 현수하강, 오르막, 내리막, 둘이 타는 커플 집라인 코스 등 2시간 동안 쉴 새 없이 집라인을 타지만 단 한순간도 지루하지 않다. 앞 사람이 건너편 플랫폼에서 기다리는 안전 요원에게 무사히 도착해야 그 다음 사람이 출발하도록 안전 규정을 철저히 지키고 있어 사고를 예방한다. 업체명에서 알 수 있듯 야생 원숭이 깁본 Gibbon들이 서식하고 있는데, 운이 좋으면 만날 수 있다. 플라이트 오브 더 깁본은 집라인 외에도 쿠킹 클래스, 사이클링, 카약, 세그웨이 투어 등 다양한 프로그램을 운영하며, 수익의 일부를 야생 동물 구조 및 재식림 및 야생 환경 관련 교육 프로그램에 기부한다.

위치 106 Village, No.3, Tambon Huai Kaeo, Amphoe Mae On, 50130 **전화** +66 53 010 660 **시간** 06:00~23:00 **홈페이지** flightofthegibbon.com/ko **가격** 4,299밧

치앙마이 집라인 투어

일정 (06:30, 08:00, 09:00, 12:30) 호텔 픽업 및 매캄퐁 마을 이동 (약 1시간 소요) ➡ 집라인 체험 (약 2시간 소요) ➡ 점심 식사 ➡ 매캄퐁 폭포와 매캄퐁 사원 중 택일하여 하이킹 ➡ 시내로 이동

예약 홈페이지에서 예약한다. 한국어를 지원하며 실시간 메신저 상담도 가능하다. 위의 일정에서 변경을 원한다면 예약 시 문의하여 조율할 수 있다.

이용 제한 나이 제한은 없으나 만 5~70세 권장. 안전 장비 착용 위해 신장 1m 이상, 체중 125kg 이하로 제한한다.

치앙마이를 배우다

여행을 마치고 집에 돌아와서도 여행지를 추억할 수 있는, 손에 쥐고 만질 수 있는 무언가를 배워가는 의미 있는 시간이다. 함께 오고 싶었던 소중한 사람에게 맛있는 태국 커리 한 접시를 대접하고, 혼자 명상을 하며 치앙마이에서 불었던 바람의 온도와 공기의 냄새를 떠올려 보고, 기념품으로 사온 깝무를 손수 빚어 구워 만든 그릇에 담아 내 보자. 치앙마이의 많은 부분을 간직한 채 돌아올 수 있는, 보람찬 수업이다.

태국 요리 쿠킹 클래스 Cooking Class

바질 돼지고기 볶음밥과 카오 소이는 매일 먹어도 질리지 않는다. 시장 구경을 갈 때마다 줄 서서 사 먹는 치앙마이 소시지도 마찬가지다. 하지만 한국의 태국 음식점에서 쉽게 보지 못하는 태국 북부의 요리들은 여행이 끝나면 어디서 다시 먹을 수 있을까? 서투른 칼질도, 팬에 기름 두르는 것도 무서운 요리 초보라도 괜찮다. 치앙마이 시내에는 아주 많은 쿠킹 클래스가 있어, 치앙마이의 맛에 푹 빠진 여행자들에게 대표적인 메뉴 몇 가지를 친절하고 상세히 알려 준다. 자체 농장이나 정원이 있어 식재료부터 설명하는 수업도 있고, 함께 시장에서 장을 보고 요리를 시작하는 수업 등 수업마다 약간의 차이가 있다. 보통 오전과 오후 반나절 수업을 하루 2회 진행하고, 온종일 하는 원 데이 수업도 많다.

아시아 시닉 타이 쿠킹 스쿨 Asia Scenic Thai Cooking School

올드 시티에 위치한 체계적이고 재미난 요리 수업

유기농 정원에서 여러 허브를 맛보고 쓰임새를 배운 후, 레시피를 공부한다. 그리고 시장 투어를 다녀와 요리를 시작한다. 직접 사 온 재료로 요리하며, 음식이 완성된 후에는 함께 식사를 하고 계절 과일을 나눠 먹는다. 1일 1팬이 원칙으로 수업에 참여하는 사람 모두가 처음부터 끝까지 요리를 진행하게 된다. 1일 코스는 7가지 요리를, 반나절 코스는 5가지 요리를 진행한다. 시내 지점과 농장 지점 두 곳을 운영한다. 치앙마이 시내 반경 3km에 해당하는 지역에는 무료로 픽업 서비스를 제공하므로, 수업을 마치고 다른 지역으로 가거나 귀국하는 경우 버스 터미널이나 공항까지의 이동도 부탁할 수 있다.

지점		시간	가격
시내지점	1일	09:00~15:00	1,000밧
	반나절	오전 09:00~13:00 오후 17:00~21:00	800밧
농장 지점	1일	09:00~16:00 17시경 올드 시티 도착	1,200밧
	반나절	09:00~14:00 15시경 올드 시티 도착	1,000밧

위치 (시내 지점) 31 5 Rachadamnoen Rd Soi 5, 50200 / 타 패 게이트에서 도보 6분 (농장 지점) 132 M.15 T. Papai A. SanSai, 50210 / 타 패 게이트에서 차로 40분 전화 +66 84 640 0988 홈페이지 asiascenic.com

※ 수업 참관을 원하는 사람을 위해 방문자 요금을 따로 마련해 두었다. 시내 지점 방문자 200밧, 농장 지점 방문자 400밧.

치앙마이 시내의 좋은 요리 수업

새미스 오가닉 타이 쿠킹 스쿨 Sammy's Organic Thai Cooking School

치앙마이에서 20분 차로 이동하여, 유기농 농장에서 진행하는 쿠킹 클래스

위치 190 Sansai, 50210 전화 +66 815 709 279 시간 09:00~16:00 홈페이지 sammysorganicthaicookingschool.com 가격 하프 데이 1,000밧 (픽업 포함)

바질 쿠커리 스쿨 Basil Cookery School

18개 종류의 요리 중 원하는 것을 7가지 골라 만들어 볼 수 있는 소수 정예 수업

위치 22/4 Siri Mangalajarn Road, 50200 / 마야 몰에서 도보 15분 전화 +66 83 320 7693 홈페이지 basilcookery.com/home 시간 월~토 09:00~15:00, 16:00~20:30 가격 7가지 요리 1,000밧

메이 케이디스 쿠킹 스쿨 May Kaidee's Cooking School

채식 요리를 중점으로 하는 쿠킹 클래스

위치 Chang Moi Kao Road, 50300 / 타 패 게이트에서 도보 6분 전화 +66 92 778 8524 시간 월~토 11:00~21:00 홈페이지 maykaidee.com 가격 타이 쿠킹 수업(09:00, 14:00) 1,500밧

요가 Yoga

프리덤 요가 Freedom Yoga
요가로 얻는 몸과 마음의 자유

모든 체형과 모든 나이의 손님들을 환영한다는 프리덤은 언제 가도 값진 요가 수업을 들을 수 있다. 해가 뜨는 이른 시간이나 든든히 아침 식사를 먹고 나서도, 또는 해 질 녘 여러 가지 생각과 걱정을 안고 수업에 참여하더라도 90분 후 완전히 다른 나 자신을 만나게 된다. 심장 박동 수를 빠르게 하고 땀을 내는 다이나믹한 비냐사요가, 균형과 호흡을 중시하는 전통적인 하타 요가를 비롯하여 초보 요가, 명상, 아쉬탕가 요가, 개인 강습 등 다양한 프로그램을 진행한다.

위치 36-38 Kampaeng Din Soi 1, 50100 / 타 패 게이트에서 도보 10분 **전화** +66 84 369 4339 **시간** 09:00~19:00 **홈페이지** freedomyogachiangmai.org **가격** 1회 250밧, 5회 1,100밧, 10회 2,000밧

마하시타 요가 Mahasiddha Yoga
탄트라 요가를 아시나요?

우리 신체의 7개의 차크라를 열고, 몸과 마음의 비밀들을 파헤쳐 나가며 요가를 수련하는 탄트라 Tantra 수업을 진행한다. 치앙마이에 여러 요가 학원과 스튜디오가 있지만 이곳이 특별한 이유는 이론도 조금씩 배우고 요가 동작을 수련하는 탄트라 수업이 있기 때문이다. 전통 요가 수업도 물론 있고, 매주 토요일 16:30~19:00에는 요가, 탄트라, 명상, 내면의 개발과 건강한 세상 만들기 등 생산적인 주제의 워크숍을 진행한다. 한 달에 한 번씩은 3~7일 동안 근교로 떠나 요가와 명상을 하며 건강한 라이프스타일을 연마하는 짧은 여행도 다녀온다. 일요일에는 무료 요가 수업도 있고 누구나 참여 가능한 이벤트가 열리는데, 영화 상영이나 요가와 관련 없는 재미난 파티도 자주 있으니 홈페이지를 확인해 보자. 치앙마이에 오래 머물 예정이라면 이곳에서 치앙마이에 거주하는 외국인 친구들을 많이 만날 수 있다.

위치 49 Chang Lor Road, 50100 / 치앙마이 게이트에서 도보 5분 **전화** +66 61 378 4194 **홈페이지** tantrayogathailand.com, facebook.com/tantrayogachiangmai **가격** 1회 220밧, 1달 패스 700밧, 2달 패스 1,200밧

도자기 만들기 Ceramic Workshop

슬로우 핸즈 스튜디오 Slow Hands Studio

마음이 차분해지는 흙냄새를 맡으며 도자기 빚기

바나나 나무가 무성한 정원에 지은 이 작은 예술 공동체에서는 영화 〈사랑과 영혼〉에서 보았던 것처럼 휠로 도자기를 빚거나 손으로 꾹꾹 눌러 정직하고 단단하게 작품을 만드는 핸드 빌딩 그리고 조각 수업을 진행한다. 모든 사람들이 고유하게 가진 미적 감각과 능력을 끌어내고, 다양한 시도와 경험을 통해 쉽고 자신 있게 작품을 만드는 것이 수업의 목적이라고 한다. 종종 영어와 태국어로 찰흙, 도자기, 스케치 워크숍을 진행한다. 따로 연락을 취해 신청하면 신청자의 일정에 맞춰 수업을 진행한다는 큰 장점이 있으니 다른 일정에 구애 받지 않고 직접 내 손으로 세라믹 작품을 하나 만들어 보자. 모든 수업은 소수 정예로 진행하여 선생님이 꼼꼼히 모든 수업자를 살펴보는 것이 원칙이다. 그러므로 예약이 필수이며 변동 사항이 있는 경우 최대 4~5일 전까지 조율해야 한다.

위치 113/21 Moo.10, Soi Chanhom 16 50200 / 반 캉 왓에서 도보 12분 **전화** +66 81 437 3611 **시간** 화~일 10:00~17:00 **홈페이지** turquoiseworld.wixsite.com/slowhands, facebook.com/slowhandsstudio **가격** 휠 워크숍 3일 2,300밧, 6일 4,600밧, 10일 7,500밧 / **핸드 빌딩** 1일 800밧, 3일 2,300밧, 6일 4,600밧 / **조각** 토 13:00~16:00, 800밧 (최대 4인) *조각을 제외한 모든 체험은 1일에 4시간씩 소요됨

잊을 수 없는 밤

치앙마이의 밤은 유난히 별이 밝고 공기가 맑다. 시간이 빠르게 흘러 어느새 자정을 훌쩍 넘기고, 나이트 바자가 문을 닫는다. 매일 놀러가도 새로운 시장 구경, 흥이 오르는 재즈 바도 있지만 현지인도 잘 모르는 남다른 밤을 보내고 싶은 날이 있다. 한껏 차려 입고 기분을 내고 싶은 그런 밤을 위한 낭만적이고 맛있는 장소로 가 보자. 비정기적으로 오픈하는 행사들이라 문의하여 날짜를 알아보거나 공지된 날짜에 행사가 진행되는지 확인해 봐야 하지만 운이 좋다면 치앙마이에서 누구보다도 특별한 밤을 보낼 수 있을 것이다.

러스틱 앤 블루 팜 Rustic & Blue Farm
트렌디한 님만해민 카페의 농장 지점

님만해민에서 가장 인기가 많은 카페로 꼽히는 러스틱 앤 블루 팜의 대부분의 식재료는 치앙마이 근교에 있는 자체 농장에서 조달한다. 이 농장은 크리스마스나 발렌타인 데이와 같이 특별한 시즌이 되면 파티를 열어 손님들을 초대하는데, 운이 매우 좋아 여행 중 농장 파티가 열리면 님만해민 지점보다 훨씬 더 낭만적이고 아름다운 농장에서의 만찬을 즐길 수 있다. 색색의 전구가 감긴 큰 나무 아래에서 라이브 밴드가 연주하고, 손님들이 직접 연기를 내며 뿌릴 수 있는 스파클러와 스모크 스프레이, 좌석마다 놓아 둔 커스텀 이름표, 코스 또는 뷔페로 서빙되는 건강하고 맛있는 러스틱의 식사가 황홀한 밤을 만들어 준다. 채식주의자들을 위한 메뉴도 따로 준비되어 있다. 홈페이지나 님만해민 지점에 몇 주 전부터 공지가 올라오니 치앙마이 여행이 다가오면 자주 확인해보자.

위치 Tha Sala, 50000 / 타 패 게이트에서 차로 20분 **전화** +66 86 654 7178 **홈페이지** rusticandblue.com/farm-dinner

일일 투어 업체

거꾸로 뒤집혀 있어도 전혀 알 수 없는 태국어와 씨름하며, 산속에 들어서면 느려지는 인터넷에 인내심을 시험하며 혼자 부딪히는 근교 여행도 물론 그만의 재미가 있다. 하지만 일정을 정리하고 정보를 검색하고 차를 부르고 식사할 곳을 찾는 그 수고를 굳이 하지 않아도 된다. 치앙마이에 빠삭한 한국 투어 업체들이 이미 여행자들을 위해 최선의 동선으로 움직이는 효율적인 당일치기 투어 프로그램들을 만들어 놓았기 때문이다.

미소네 Misone

맛있는 한식 뷔페, 편안한 잠자리, 투어 서비스

수년 전 치앙마이 여행을 미소네와 함께하고 몇 년이 지난 후에도 카페에 찾아와 인사말을 남기고 가는 여행자들이 있을 정도로, 예약 번호가 아닌 정겹고 따뜻한 인연으로 여행자를 맞이하는 미소네의 투어는 특별하다. 님만해민에서 깔끔한 숙소와 한식 뷔페 식당을 운영하며, 반일 여행 5가지 프로그램, 하루 여행 9가지 프로그램을 운영한다. 도이 수텝, 도이 인타논, 골든 트라이앵글, 칸톡 디너 공연, 코끼리 돌보기, 사륜구동, 산악자전거, 쿠킹 클래스, 농장 방문 등 치앙마이 여행에서 가장 인기가 많은 프로그램을 전부 미소네에서 해결할 수 있다. 집라인 업체 13곳과 정글 트레킹 18개 업체 프로그램 역시 진행한다. 버스, 기차, 항공편 예약도 대행하며 빠이 셔틀도 운행한다. 치앙마이의 한국 레스토랑, 골프, 유학, 홈스테이, 콘도 렌트 등 단기 여행자와 장기 여행자를 위한 방대한 정보 또한 나누며 도와준다.

홈페이지 cafe.daum.net/ChiangMai

마이 리얼 트립 My Real Trip

수많은 후기들이 보증하는 현지 투어

한국 여행자를 위한 종합 자유 여행 플랫폼으로 현지에 거주하는 가이드가 진행하는 투어 프로그램을 비롯하여 액티비티, 각종 랜드마크의 입장권은 물론 교통권, 에어텔, 한인 민박, 항공, 식당 상품을 제공한다. 현재 전 세계 530여 개의 도시 13,000여 개의 상품이 등록되어 있고, 다양하고 색다른 투어 상품과 간편한 예약 및 결제 방법으로 젊은 층의 사랑을 받고 있다. 소도시 투어, 이색 투어 등 상품이 다양하다. 모바일 애플리케이션과 웹사이트를 통해 쉽게 이용할 수 있다.

홈페이지 myrealtrip.com

와그 Waug

여행 편의 사항들을 한 방에 해결

현지 업체와 공동으로 운영하는 조인 투어, 역사와 문화 투어, 자연 속 힐링 투어, 로컬 가이드 워킹 투어와 아웃도어 어드벤처, 쿠킹 클래 그리고 시내의 스파와 라운지 시설 할인권, 어트랙션과 공연 할인권, 공항 픽업 등 교통수단과 와이파이까지 치앙마이 여행에 유용한 다양한 상품을 판매한다. 도이 인타논 국립 공원, 도이 수텝 국립 공원, 골든 트라이앵글과 백색 사원 투어가 특히 인기가 많다.

홈페이지 waug.com

치앙마이에서
한 달 살기

낯선 도시로 떠나 그곳에서 오래 머무는 여행 방식이 점점 인기를 끌고 있는데, 그 선두에는 치앙마이가 있다. 오래 머물며 천천히 즐기고 싶은 도시로 치앙마이가 각광받는 것은 너무나 당연하다. 도시의 편의성과 자연미, 오랜 역사가 남기고 간 흔적들로 가득하고 물가도 싸서 한참 있다 가기에 무리가 없다. 치안도 좋고, 쉽게 찾을 수 있는 근교 여행지도 다양하다.

정보 수집

국내 최대 태국 여행 커뮤니티인 네이버 카페 '태사랑'과 치앙마이 여행 커뮤니티 네이버 카페 '아이 러브 치앙마이'에는 여행자들이 실시간으로 날씨, 교통, 환율, 물가, 공휴일 등의 정보를 공유한다. 많은 여행 업체들이 찾아와 투어 프로그램을 홍보하기도 하고, 치앙마이 거주자나 이미 한 달 살기를 마쳤거나 하고 있는 선배 여행자들이 한 달 살기를 꿈꾸는 여행자들을 위한 정보를 아낌없이 나눈다. 아이 러브 치앙마이 카페에는 '치앙마이 한 달 살기' 게시판이 따로 마련되어 있어 특히 유용하다.

태사랑 cafe.naver.com/taesarang
아이 러브 치앙마이 cafe.naver.com/lovelovecm

집을 구하자

태국의 대도시 중 물가가 가장 싼 치앙마이에서 한 달 숙소를 구하는 것은 그리 부담되지 않는다. 우선 숙소가 비교적 착한 가격으로 해결되니 한 달 살기 열풍이 부는 것이다. 에어비앤비를 통해 숙소를 1달 렌트해도 좋은데 장기 투숙 레지던스나 콘도가 굉장히 잘 되어 있어 앞서 소개한 여행 커뮤니티에서 동네별로 여러 콘도를 비교하여 결정하는 편을 추천한다. 수영장이나 헬스장이 딸려 있는지, 주차장이나 세탁 설비가 있는지 등 생활을 하며 본인이 꼭 필요한 것들이 무엇인지 꼼꼼히 살펴보도록 한다.

예산 계획

생활 방식에 따라 경비는 천차만별이지만, 기본적으로 들어가는 경비를 파악해 두면 예산 짜기가 한결 수월할 것이다.

★ 월세 11,000~17,000밧(40~60만 원)
　원룸 콘도 기준
★ 항공권 8,500~15,000밧(30~50만 원)
　극성수기 제외
★ 식비 월 15,000밧(50만 원)

나머지 공과금 및 쇼핑과 투어, 근교 여행, 차량 렌트, 시내 교통비를 추가하여 예산을 짤 수 있다.

장기 여행자 신고

한국은 무비자로 태국에 90일까지 체류할 수 있지만, 치앙마이에 한 달 이상 머무는 장기 여행자들은 태국 법령에 따라 신고해야 하는 의무가 발생한다. 2016년 10월부터 엄격히 시행 중인 'TM30' 규정이다. 호텔이나 콘도 등 외국인이 머무는 숙소에서 입주 24시간 내 치앙마이 이민국 사무실에 신고를 해야 한다. 여권 사본과 도장이 찍힌 페이지를 숙소 쪽에 제공하면 호스트가 준비해야 하는 서류(임대 계약서 사본, 부동산 권리 증서 등)와 함께 신고하는 것이다. 신고 후에는 신고자에게 신고필증 Receipt of Notification을 주는데, 이것을 외국인(여행자)이 보관해야 한다. 치앙마이에 머물다가 다른 나라로 여행을 다녀와 재입국하는 경우 여행자는 최대 5일 안에 직접 외국인 소재지 업데이트 신고를 해야 한다.

치앙마이 이민국

주소 G/F A Building, Promenada Resort Mall, 50200 **전화** +66 53 142 787 **시간** 월~금 08:30~12:00, 13:00~16:30 **홈페이지** chiangmaiimm.com

그 외 준비할 것

국제 면허증과 여권 사본 그랩, 썽태우, 자전거가 있지만 스쿠터나 차를 운전할 수 있고 없고는 큰 차이다. 면허증이 있는 것이 굉장히 유용할 수 있으니 국제 면허증을 발급하도록 한다. 발급일로부터 1년간 유효하다. 그리고 스쿠터나 차를 빌릴 때 대부분 여권 원본 또는 사본을 요구하는데, 여권을 잃어버리면 큰일이니 사본을 여러 개 준비해 짐 곳곳에 따로 보관하는 것이 좋다. 장기 여행 중에는 어떤 불상사가 생길지 모른다. 신분 확인을 바로 할 수 있도록 대비하도록 한다.

심 카드 한국에서도 미리 살 수 있지만, 현지에서 구매하는 것보다 데이터가 빨리 닳는 편이다. 마야 몰 안에 위치한 여러 통신사의 플랜을 살펴보고 데이터 무제한, 문자와 통화가 포함된 한 달 이용권을 1,000밧 이하로 구입할 수 있다.

TIP. 언제 갈까? 3월만 피해 주세요.

스쿠터와 썽태우가 그렇게들 달려대니 흙먼지가 없을 수가 없지만, 차를 피하면 산지 특유의 피톤치드를 뿜어내는 맑은 대기를 자랑한다. 하지만 3월은 치앙마이의 공기가 무척 안 좋은 시기이다. 큰마음을 먹고 떠나왔는데 내내 마스크를 하고 다니는 고역을 겪을 수는 없으니 3월만큼은 피해서 한 달 살기를 시작하는 것이 좋겠다. 태국 북부에는 옥수수밭이 굉장히 많은데, 수확이 끝나고 남은 것을 정리하는 것이 귀찮아 많은 농부들이 밭을 태워 다음 농작을 준비한다. 이때 발생하는 엄청나게 매캐한 연기로 스모그 현상이 발생한다. 태국 정부에서 열심히 캠페인을 하고 벌금도 물리지만 크게 효과가 없어, 현재는 정부 차원에서 옥수숫대를 수매하는 식으로 화재를 줄여 나가고 있다. 하지만 단순히 경작지가 부족해서 산을 태우는 일도 많기 때문에 앞으로 시간이 꽤 지나야 3월의 대기 오염 문제가 해결될 것으로 보인다. 날씨가 가장 선선하고 건기인 11~2월의 최고의 시기가 지나면 3월의 밭 태우기가 시작된다. 3~5월 동안은 굉장히 덥고, 6~10월은 우기이다.

여행 준비

출국 수속

치앙마이 입국

집으로 돌아오는 길

여행 준비

여권 발급

여권은 외국을 여행하고자 하는 국민에게 정부가 발급해 주는 일종의 신분증명서이다. 여권이 없으면 어떠한 경우에도 외국을 출입할 수 없으며 여권을 분실하였을 경우에는 본인이 신고하여 재발급을 받아야 한다. 대한민국의 경우 2008년 6월 이후로 전자 여권을 발급하고 있는데, 이는 기존 여권과 마찬가지로 종이 재질의 책자 형태로 제작된다. 다만, 앞표지에 국제민간항공기구 ICAO의 표준을 준수하는 전자여권임을 나타내는 로고가 삽입돼 있으며, 뒤표지에는 칩과 안테나가 내장되어 있다. 반드시 본인이 직접 방문 신청해야 발급이 가능하다. 종류는 종전과 마찬가지로 5년 또는 10년간 사용할 수 있는 복수 여권과 1년간 단 1회만 사용 가능한 단수 여권이 있다. 복수 여권의 경우 여권 발급 비용은 유효 기간 5년은 45,000원, 5년 초과 10년 이내의 경우 53,000원이고, 단수 여권은 20,000원이다. 여권 발급은 외교부가 허가한 구청 혹은 도청에서 가능하고, 인구 밀도에 따라 별도의 발급 장소를 두고 있다. 여권 발급의 소요 시간은 지역에 따라 차이는 있지만, 보통 5일 정도이다. (단, 6~8월과 11~1월은 여행객들의 신규 접수가 많아 약 10일 정도 소요) 여권 발급에 관련한 자세한 사항은 홈페이지(passport.go.kr)에서 확인 가능하다.

일반 전자 여권 발급에 필요한 서류

▶ 여권 발급 신청서 1통(여권과에 비치)
▶ 여권용 사진(최근 6개월 이내에 촬영한 것)
   1매(전자 여권이 아닌 경우 2매)
▶ 신분증(주민등록증, 운전면허증, 공무원증, 군인 신분증)

비자 발급

태국은 무비자 90일 체류가 가능한 나라로 비자가 필요하지 않다.

국제 운전면허증

자동차나 오토바이를 렌트할 계획이라면 국제 운전면허증도 준비한다. 신청할 때는 운전면허증과 사진 1장, 여권, 수수료를 지참하고 전국 운전 면허 시험장 또는 경찰서로 가면 30분 이내로 발급이 가능하다. 유효 기간은 발급일로부터 1년이다. 현지에서 차량을 렌트하거나 운전할 때 한국의 면허증을 요청하는 경우가 많으니 한국 면허증도 함께 챙겨 간다.

> **TIP. 국제 학생증은?**
> 유럽에서는 굉장히 유용하게 쓰이는 국제 학생증이 태국에서는 거의 쓰임새가 없다. 발급에 필요한 서류를 준비하고 신청을 하고, 기다려서 수령하는 수고에 비해 학생증이 크게 도움이 되는 곳이 없어 특별히 발급받지 않아도 된다.

항공권 구입

보통 3개월 전부터는 인 아웃 도시에 맞게 항공권을 알아보는 것이 좋다. 항공권은 시간을 가지고 여유 있게 구입하는 게 가격이나 좌석 확보에 좋다. 특히 6~8월 여름 성수기나 12월의 경우 일찍 좌석이 마감되는 경우가 있으므로 최소 45일 전에 항공권을 구매하자. 유류 할증료를 포함한 최종 가격으로 비교하여 결정한다. 인 아웃 도시를 이미 정했다고 해도, 항공권을 찾다 보면 인 아웃 도시만 살짝 바꿔도 훨씬 저렴한 항공권을 구할 수 있는 경우가 있으니, 여러 방면으로 검색해 보면 유리하다. 품을 많이 팔면 팔수록 같은 스케줄, 같은 항공사의 좌석이라도

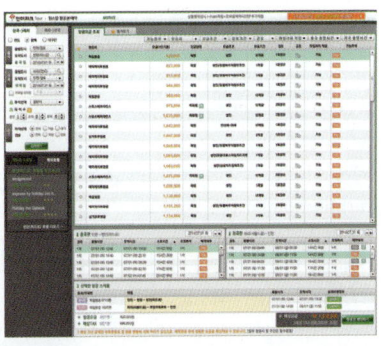

좀 더 저렴하게 구입할 수 있어 항공권을 구할 때 부지런함은 필수다.
항공사들이 할인 폭이 큰 프로모션을 종종 진행하기 때문에 여행 계획이 있다면 주기적으로 여러 항공사 홈페이지나 SNS를 방문하여 프로모션이 있는지 살펴보는 것도 좋다. 여러 항공사들의 가격을 비교해 주는 항공권 전문 판매 사이트를 이용하는 것도 방법이다. 출발일 2~3개월 전에 검색 가능한 할인 항공권은 보통 정해진 항공 요금보다 20~50% 정도 저렴하다. 학생 할인, 어린이 할인, 여행 사이트를 통한 구입 등 다양한 방법을 통해서 할인 항공권을 구입할 수 있다. 하지만 할인 항공권을 이용할 경우 불편한 점도 있다. 유효 기간이 너무 짧고 날짜를 변경하기 힘들거나 취소와 환불에 수수료가 따른다. 또한 다른 나라를 경유해서 도착하는 시간이 너무 이르거나 늦는 경우도 많다. 그래서 할인 항공권을 구입할 때는 여러 여행사나 인터넷 사이트에서 꼼꼼히 비교해 보고 구입하는 것이 좋다.

▶ 항공권 전문 판매 사이트

와이페이모어 whypaymore.co.kr
인터파크 tour.interpark.com
탑항공 toptravel.co.kr
온라인투어 onlinetour.co.kr

스카이스캐너 skyscanner.net
카약 kayak.co.kr
구글 플라이트 google.com/flights

여행 루트 정하기

구체적으로 내가 가고 싶은 도시들의 우선순위를 정하고, 각 도시의 대표적인 여행 명소를 알아보자. 여행 후기를 찾아보거나 트립 어드바이저 TripAdvisor와 같은 여행 포털에서 인기 명소를 미리 검색해 보는 것도 좋다. 사람들이 많이 가는 곳은 분명 이유가 있고, 많이 찾는 루트는 그만큼 여행 시 효율적인 이동 경로이기 때문이다. 인 아웃 도시를 정하고 대강의 루트를 잡았다면 며칠 일정으로 여행할 것인지 결정한다. 지도에 표시해 놓은 루트를 조금 더 구체적으로 정리해서 세부 루트를 정한다. 너무 많은 도시에 욕심을 내면 자칫 여행이 아니라 극기 훈련이 될 수도 있다. 인 아웃 도시와 너무 거리가 멀거나 루트에서 많이 벗어난 곳은 과감하게 일정에서 뺀다. 기간별 루트를 잡고, 도시 간 이동 방법과 숙박 도시를 정한다. 현재 여행을 떠나 있는 사람들의 실시간 글을 참고하거나 최근 다녀온 여행기를 살펴보면서, 공사 중인 도시가 있는지 여행 중에 축제 기간이 있지는 않은지 살펴보고 루트를 확정하자. 이동 시 저가 항공을 이용한다면 미리 예약하는 것이 좋다. 단, 저가 항공의 경우 티켓 양도나 환불이 불가한 경우가 많으니 루트가 확정이 되면 예매하도록 한다.

숙소 예약

항공권을 예약한 후 일정을 짜면서 숙소를 알아보자. 성수기에는 인기 명소 주변의 숙소들이 가격이 오르거나 만실인 경우가 많다. 치앙마이는 다양한 숙소가 많은 편이라 묵을 곳을 못 구할 염려는 없지만 인기가 많은 곳에 여러 날 머물려면 서두르는 것이 좋다.

1주일 이상 한 지역에 머문다면 요즘 유행하는 에어비앤비(airbnb.com)와 같은 서비스를 이용하여 현지인의 집을 임대하여 머무는 방법도 있다. 다만, 알아두어야 할 것은 치앙마이에는 다른 지역에 비해 게스트하우스와 시설이 좋은 호스텔, 콘도가 월등히 많아 에어비앤비 홈페이지에는 현지인들이 내놓는 집이나 방보다 업체가 관리하는 전문 숙소들이 더 많다는 점이다.

짧게는 1주, 길게는 몇 달 이상 임대할 수 있으며, 여행자의 취향에 따라 집 한 채를 통째로 빌릴 수도 있고, 단독으로 사용하는 방이나 함께 사용하는 방을 임대할 수도 있다. 숙소마다 최소 숙박 일, 혹은 최대 숙박 일을 정해 놓기도 하니 숙소 각각의 조건을 꼼꼼히 살펴보자. 체크인 시 약간의 청소비와 보증금을 내고 일, 주, 월 단위로 계약을 한다. 홈페이지에서 사진과 함께 숙소 정보를 자세히 볼 수 있다. 여행 루트에 따라 숙소를 알아보고, 처음 두 도시 정도는 예약하는 것이 좋다. 그 외의 숙소는 여행을 다니면서 결정해도 무관하다. 세부 일정을 잡았더라도 여행지에서 생기는 변수가 많기 때문에 숙소를 모두 정하고 가는 것은 오히려 불편할 수도 있다. 하지만 숙소가 유명한 곳이거나 극성수기에 여행한다면 예약하는 것이 안전하다.

환전과 여행 경비

환전

태국의 통화는 밧(Baht, BHT, ฿)으로 표기하며 1밧은 약 35원이다. 하위 단위는 사탕(satang)으로, 100사탕이 1밧이다. 태국에서 발행하는 동전과 지폐는 1사탕, 5사탕, 10사탕, 25사탕, 50사탕, 1밧, 2밧, 5밧, 10밧(이상 동전), 20밧, 50밧, 100밧, 500밧, 1,000밧(이상 지폐)이 있는데, 보통 사탕은 거의

사용하지 않고, 많은 상점이 받지 않는다. 한국에서 밧을 환전해 가는 것이 현지 환전보다 이득이고, 현금을 너무 많이 들고 가고 싶지 않다면 미국 달러로 바꾸어 갔다가 현지에서 밧으로 환전해도 좋다. ATM도 많이 해외 출금이 가능한 체크 카드, 신용 카드로 현지에서 인출해도 좋다.

EXK 카드와 ATM

EXK 카드란 태국, 말레이시아, 미국, 필리핀, 베트남의 ATM에서 현지 통화 인출이 가능한 국내 체크 카드를 말한다. 다른 국제 카드보다 수수료가 싸다. EXK 카드를 발급하는 은행은 우리은행, 신한은행, 시티은행, 하나은행 등이 있다. 태국 내 사용 가능한 은행은 SCB, TMB, UOB, Krungthai Bank(KTB), ThanachartBank, Kasikorn Bak(KBank), Bangkok Bank PCL(BBL)이 있다(현금 인출과 잔액 조회 기능 사용). 홈페이지에서 태국 내 EXK 카드 이용 가능 지점을 검색할 수 있다(exk.kftc.or.kr/service/guide/sub_02.jsp).

치앙마이에서는 공항에서 환전이 가능하고, 시내에서는 환전소가 잘 보이지 않아 ATM에서 바로 현금을 인출하는 것이 좋다. ATM 이용 시 먼저 언어를 영어로 설정하고 현금 인출(withdraw cash) 기능을 이용하면 된다. 여행 전에 해당 카드 사용 시 알림 문자를 받도록 설정하여 출금되는 금액을 바로 확인할 수 있도록 한다. 단, 휴대폰 심 카드를 교체한 후 문자가 오지 않는다고 당황하지 말자. 통화를 선택하는 질문이 스크린에 뜨면 한국 원(₩)이 아니라 태국 밧(฿)을 선택한다. 현지 단위로 인출하는 것이 언제나 이득이다.

신용 카드

대부분 관광지에서 신용 카드를 이용할 수 있지만, 카드 복제가 빈번하게 일어나는 편이므로 항상 유의하자. 카드 사용 즉시 문자 메시지나 이메일로 연락이 올 수 있도록 사전에 알림을 신청하는 것이 좋다. 한국에서 가져온 카드를 쓸 때는 각종 수수료가 추가되므로 이 점도 유의하자.

여행자 보험

만일의 상황을 대비해 여행자 보험은 필수다. 여행사를 통해서 간다면 패키지 안에 여행자 보험이 포함되어 있는지 반드시 확인한다. 여행자 보험은 개인적으로도 인터넷에서 손쉽게 가입할 수 있는데, 여행 기간만큼은 반드시 보험을 든다. 여행 도중 사고를 당하거나 물품을 분실한 경우 반드시 현지에서 경찰서에 신고하여 폴리스 리포트 Police Report를 받아야 하고, 병원에 갔을 경우에는 진단서 원본과 치료비 영수증 등을 챙겨 와야 한국에 돌아와 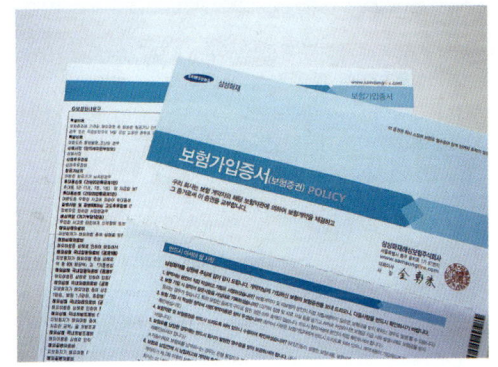 보상을 받을 수 있다. 고가의 물품을 가져가는 여행객이라면 분실물 보상액이 높은 보험에 가입하는 것이 유리하다. 여행자 보험은 인천 공항의 보험사 데스크, 보험사 홈페이지, 여행사, 공항, 은행 등에서 가입이 가능하다. 또 연회비가 높은 신용 카드를 가지고 있다면 무료 여행자 보험 혜택이 있는지 확인해 보자.

현지 사고 대비

해외여행 시 발생할 수 있는 여러 가지 사고를 대비해서 한국 대사관의 연락처를 알아 두자. 관광객이 여권을 잃어버렸을 때 임시 여권 발급을 해 주는 등 각종 지원 업무를 담당한다. 여행 중 사고를 당하거나 급히 도움이 필요한 응급 상황에도 연락을 취할 수 있다.

🔎 주 태국 한국 대사관 Embassy of the Republic of Korea

주소 23 Thiam-Ruammit Road, Ratchadapisek, Huay-Kwang, Bangkok 10310 Thailand
전화 근무 시간 +66-2-247-7537~39, 근무시간 외 +66-81-914-5803
영사과 66-2-247-7540~41 [구내번호: 여권(318), 비자(316), 공증(324), 사건 및 사고(332), 재외국민 등록(329)]
근무 시간 월~금 08:30~11:30, 13:30~16:00 / 공휴일 제외
현지 병원 사미티벳 병원(수쿰빗49) 02-711-8181, 팔람9 병원 02-202-9999
현지 경찰 1155
재태한인회 02-255-9711
홈페이지 overseas.mofa.go.kr/th-ko/index.do
SNS facebook.com/koreanculturalcenterTH

※ 태국어로 한국 대사관은 '싸탄툿 까올리 따이'라고 하며, '소이 티암 루엄 밋, 타논 라차다피섹, 후어이 꽝, 방콕'에 있다.
※ 태국어로 된 대사관 주소 및 연락처를 택시 운전사 등 현지인에게 보여 주고 찾아 가는 경우 :

> สถานฑูตเกาหลีใต้ประจำประเทศไทย
> (เข้าซอยเดียวกับศูนย์วัฒนธรรมแห่งประเทศไทย)
> เลขที่ 23 ถนน เทียมร่วมมิตร รัชดาภิเษก ห้วยขวาง กรุงเทพฯ 10310
> โทร. 02 - 247 - 7537~39

🔎 북부 지역 태국 정부 관광청 사무소 1 TAT Northern Office: Region 1

담당 지역 치앙마이, 람푼, 람빵, 매홍손
주소 105/1 Chiang Mai-Lamphun Road, Chiang Mai, 50000
전화 +66 5324 8604, +66 5324 8607, +66 5324 1466
이메일 tatchmai@tat.or.th

🔎 북부 지역 태국 정부 관광청 사무소 2 TAT Northern Office: Region 2

담당 지역 치앙라이, 파야오, 프레, 난
주소 448/16 Singhakhlai Road, Chiang Rai, 57000
전화 +66 5371 7433, 5374 4674~5
이메일 tatchrai@tat.or.th

소지품 도난 분실 시
가까운 경찰서로 가서 폴리스 리포트를 작성한 후 보험 처리를 하면 된다. 교통수단 내에서 실수로 잃어버린 것은 보험 처리가 되지 않는다.

병원에 가야 할 경우
여행 중에 갑작스러운 이유로 병원에 가야 할 경우에는 반드시 진단서 원본

TIP. 내 손안의 영사관

해외에서의 본인의 안전을 위해 휴대폰에 외교부의 〈해외 안전 여행 앱〉을 다운받아 가는 것도 좋다. 해외에서 사건 사고 발생 시 대처 요령을 알려 주며 여행 금지국에 대한 안내, 여행 경보 알림 등 유용한 정보를 포함한다.

홈페이지 0404.go.kr

을 받고, 진료비 영수증도 챙겨 둔다. 하지만 보험의 종류에 따라서 필요한 서류들이 달라질 수 있으니 한국 보험사에 미리 연락해서 필요한 서류를 알아 둔다.

여행 가방 꾸리기

공항에서 수하물로 부치는 짐은 보통 20kg까지만 허용되며 기내 반입은 20L 또는 10kg를 초과할 수 없다(항공사마다 규정이 다르니 확인). 여행 가방을 꾸릴 때는 꼭 필요한 것만 가지고 간다. 신발은 여행지에서 많이 걷게 될 것을 대비하여 편안한 것으로 준비하고, 해변에서 놀 때 물에 젖어도 상관없는 슬리퍼도 반드시 준비하자. 또한 고급스러운 레스토랑이나 클럽은 신발과 복장에 대한 드레스 코드가 있는 곳이 많으므로 방문 예정이라면 미리 준비하자. 또 휴대할 수 있는 작은 가방을 하나 더 준비해서 꼭 필요한 짐만 작은 가방에 넣어 움직이는 것이 편리하다. 귀중품(여권, 항공권 등)은 가방 안에 넣어 두고, 여권 복사본을 미리 준비한다. 여권을 분실했을 경우 임시 입국 여권을 발급받을 때 유용하다. 짐을 싸고 난 후에는 무게가 어느 정도 되는지, 이동 시 무리가 되진 않을지 점검한다. 이동이 많은 여행이라면 캐리어보다 배낭 사용도 고려해 본다.

준비물 체크 리스트

분류	체크	준비물
여권		항상 몸에 소지하는 것을 원칙으로 만약의 사태를 대비해 여권 사진 1~2장과 사본을 준비한다.
신용 카드		호텔 예약, 렌터카 이용 시 필수품. 국제 신용 카드인지 반드시 확인한다.
여행자 보험		여행 중 의외로 사고나 물품 분실이 잦으니, 여행 일수만큼 보험은 필수.
국제 운전 면허증 한국 면허증		차량 렌트 시 반드시 필요하며, 한국 면허증을 요구하는 렌터카 업체도 있다.
카메라		메모리 카드는 넉넉하게 준비한다. 수중 카메라는 물놀이에 유용하다.
세면도구		요즘 많은 호텔들이 대부분 환경을 고려해 일회용품 사용을 자제하고 있다. 어메니티를 제공하는지 먼저 숙소에 문의하고 제공하지 않는다면 본인의 세면도구를 챙겨 가도록 한다.
자외선 차단제		현지에서도 구입할 수 있지만, 자신의 피부 타입에 맞는 것으로 준비하자. 차단 지수는 SPF 50 이상인 것이 좋다.
얇은 외투, 긴 셔츠, 긴 바지		일교차가 꽤 크기 때문에 우기, 건기 할 것 없이 저녁에는 얇은 외투가 있으면 좋다. 핑강 부근은 꽤 쌀쌀할 수 있다. 사원에 갈 때는 어깨를 드러내면 안 되고 짧은 바지를 입을 수 없어 시내 관광 중에도 필요하다.
수영복, 수영 장비		훌륭한 수영장을 갖춘 호텔이 많다.
캐주얼 정장		고급 레스토랑을 방문할 때 남자는 옷깃이 있는 셔츠와 재킷, 여성의 경우 노출이 심하지 않은 원피스 한 벌이면 충분하다.
우산		건기에도 갑작스럽게 이상 기온을 보이거나, 소나기가 내리기도 한다. 혹시 모를 상황을 위해 부피가 작은 접이식 우산을 준비하자.

스마트폰 사용하기

아무리 일상을 떠나온 여행이라도 휴대폰을 사용할 일은 생각보다 많다. 모르는 곳에서 당황스러운 상황에 의지할 것은 온라인상의 정보일 때가 많다. 그리고 여행의 행복한 순간들을 한국에 있는 소중한 사람들과 사진이나 음성을 통해 나누고 싶은 순간도 자주 있다. 그러나 여행을 마치고 돌아와 요금 폭탄을 맞지 않으려면 떠나기 전 본인에게 맞는 경제적인 요금제나 심 카드 사용법을 알아 둬야 한다.

통신사 로밍

한국에서 본인이 사용하는 통신사의 서비스를 이용하는 방법이다. 전화나 문자를 주고받지 않는 한 추가 비용은 없다. 해외 도착 시 자동으로 통신사에서 해당 국가에서 수신, 발신하는 문자, MMS, 통화에 대한 요금을 알리는 문자를 보내준다. 자동 로밍이 된 상태에서 전화나 문자를 사용하지 않더라도 카카오톡과 같은 메신저 서비스나 기타 애플리케이션, 인터넷을 사용하면 데이터를 소비하게 된다. 휴대폰 설정 메뉴에서 데이터 서비스를 해지하고 와이파이만 켜 놓으면 무선 인터넷을 제공하는 숙소나 카페에서만 데이터를 필요로 하는 애플리케이션과 서비스를 사용하게 되어 아무 문제가 없다. 그러나 무료 와이파이가 없는 지역에서 데이터를 사용하고 싶다면 데이터 무제한 로밍 서비스를 신청하거나 현지 SIM 카드를 구입해야 한다.

SKT troaming.tworld.co.kr
KT globalroaming.kt.com
LG U+ uplus.co.kr

연령대에 특화된 로밍 서비스

통신사 3사 모두 만 24세 이하, 만 55세 이상 등 가입 연령을 구체화하고, 이용 서비스를 한정 또는 무제한으로 하는 다양한 연령별 서비스를 제공한다. 메신저 애플리케이션만 이용하거나 데이터 무제한 이용 등 필요한 서비스에 대하여 연령대별 혜택을 받을 수 있는지 해당 사항을 확인해 보고 가입하자.

심 카드

언어의 문제가 걱정되거나 미리 준비를 해야 마음이 놓이는 여행자들의 경우 국내에서 미리 유심을 살 수 있다. 그러나 유의할 점은 유심을 바꿔 사용하면 전화번호도 바뀐다는 점이다. 한국에서 쓰던 번호로 연락을 취하면 받을 수 없으니 지인들에게 바뀐 번호를 알려 줘야 한다.

유심월드 usimworld.co.kr
유심스토어 usimstore.com

▶ 국내 구매의 장단점

- 장점 : 교체, 전원을 켜고 사용하는 전 단계에 관하여 모르는 부분을 미리 물어볼 수 있고, 현지에 가서도 메신저나 전화를 이용해 한국어로 실시간 상담을 받을 수 있다.
- 단점 : 유심은 현지에서 구매하는 편이 훨씬 싸다. 대부분의 여행자들이 치앙마이 님만해민의 마야 몰 MAYA Mall에서 무제한 데이터, 1달 전화와 문자 등 좋은 구성의 심 카드를 아주 싼 가격에 구입한다. 온라인 후기도 많아 어렵지 않게 구매하여 사용할 수 있다.

▶ 구입 시 유의할 점

- 한꺼번에 너무 많이 충전하지 않도록 하자. 자칫 잘못해서 심이 부러지거나 분실되면 쓰지도 못하는 경우가 있으니 구입 시 보상, 교환 정책을 잘 알아보도록 한다.

TIP. 데이터를 이용하지 않을 거라면?
사용량과 여행 일정 등을 고려하여 데이터를 사용하고 싶지 않다면 이동 통신사에 '데이터 로밍 차단 서비스(무료)'를 신청하거나 환경 설정에서 '데이터 로밍 비활성화'를 체크하면 데이터 로밍을 차단할 수 있다.

휴대폰 사용 시 주의할 점

애플리케이션 자동 업데이트 해지
와이파이가 잡혔을 때만 업데이트가 되도록 앱 설정을 해 두자. 업데이트도 데이터를 잡아먹는 큰 요인 중 하나이다.

부정 사용 피해 요금 보상 서비스
LG 유플러스는 해외에서 휴대 전화(유심)를 도난, 분실하거나 발생하는 부정 사용 피해 요금을 보상해 주는 로밍 폭탄 보험 서비스를 제공한다. 별도 보험 가입이나 보험료 납부 없이 자동 가입된다. 휴대전화 분실 후 24시간 이내에 LG 유플러스 고객 센터(+82-2-3416-7010)로 분실 신고 및 정지 요청을 하면 끝이다. 30만 원을 초과해 발생한 금액에 대해 면제를 받을 수 있다.

휴대폰 도난에 대비하여 비밀번호 설정
휴대폰 안에 담긴 각종 개인 신상 정보를 쉽게 도난당하지 않도록 하기 위함이다. 특히 은행 애플리케이션에 쉽게 접속할 수 있게 되면 휴대폰만 잃어버리는 것이 아니라 더 큰 피해를 입을 수 있으니 잠금 설정을 하도록 한다.

추천 애플리케이션

▶ **시티 맵스 투 고** City Maps 2 Go

데이터를 사용하지 않고 미리 다운받은 지도 위에 GPS를 사용하여 현재 위치를 표시해 주는 똑똑한 지도 애플리케이션으로, 구글맵보다 이용이 편하다는 호평이 많다. 치앙마이로 떠나기 전 미리 지도를 받아볼 수 있다. 최대 5개의 도시 지도를 무료로 다운받아 저장할 수 있으며 지도를 삭제하면 새로운 도시의 지도를 받아볼 수 있어 제약 없는 무료 애플리케이션이라 할 수 있다. 단점이라면 업데이트를 자주 하지 않는 편이다.

▶ **구글 번역기** Google Translate

도구가 있어도 언어가 통하지 않으면 아무 소용이 없다. 손짓과 표정으로 전달되지 않아 번역기가 꼭 필요한 순간이 있기 마련이다. 가장 보편적으로 사용하는 번역기는 구글 번역(translate.google.com). 수많은 언어를 지원하는 구글 번역 앱을 다운받아 더욱 수월하게 여행을 떠나자.

▶ **트립 어드바이저** Trip Advisor

항공권, 호텔, 교통편, 지역별 명소, 식당, 숙소에 대한 정보와 리뷰를 가장 많이 보유하고 있다. 홈페이지(tripadvisor.com)와 앱 모두 사용 가능하며 세계 각지의 여행객들이 남긴 여행기를 바로 번역하여 볼 수 있는 기능을 제공한다. 트립 어드바이저에서 해마다 리뷰와 자체 평가를 바탕으로 수여하는 최고의 식당, 최고의 호텔 등의 상은 각 업체들이 자랑스럽게 광고할 정도로 그 신뢰도가 대단하다. 안드로이드와 애플 모두 지원하며, 한국어 버전을 지원한다.

출국 수속

인천 공항 도착

서울에서 인천 공항으로의 이동은 공항버스를 이용하거나, 자동차를 이용할 수 있다. 공항 고속 전철이 개통되어 김포 공항이나 서울역에서 공항 고속 전철을 이용할 수도 있다. 김포 공항에서 인천 공항까지는 약 30분 정도 소요된다. 서울역을 기준으로 인천 공항까지는 공항버스로 약 1시간이 소요되지만, 서울 시내의 교통 사정을 감안하여 미리 서둘러야 한다. 공항버스 노선도 및 시간은 홈페이지 (airportlimousine.co.kr)에서 미리 확인할 수 있으며, 버스 노선별로 적용되는 할인 쿠폰도 다운받을 수 있다.

탑승권 발급

출발 2시간 전에 공항에 도착하여 해당 항공 카운터에 가서 탑승권을 발급받도록 하자. 인천 국제공항은 2018년 1월 18일부터 제2 여객 터미널이 신설되어 제1청사는 아시아나 항공와 제주 항공을 비롯한 저비용 항공사와 외항사(델타 항공, KLM, 에어프랑스 제외)가 이용하고, 제2청사는 대한 항공, 델타 항공, KLM, 에어프랑스 항공사만 이용을 한다. 아시아나 항공의 경우 제1청사 L, M에서, 대한 항공의 경우 제2청사 3층에서 탑승권을 발급받을 수 있다.

출국장

인천 공항 제1청사는 3층에 4개의 출국장이 있고, 제2청사는 3층에 2개의 출국장이 있다. 출국장은 어느 곳으로 들어가도 무방하며, 출국할 여행객만 입장이 가능하다. 입장할 때 항공권과 여권, 그리고 기내 반입 수하물을 확인한다. 또한 출국장에 들어가자마자 양옆으로 세관 신고를 하는 곳이 있는데, 사용하고 있는 고가의 물건을 외국에 들고 나가는 경우 미리 이곳에서 세관 신고를 해야 입국 시 고가 물건에 대한 불이익을 받지 않는다.

보안 심사

여권과 탑승권을 제외한 모든 소지품 검사를 받는다. 칼, 가위 같은 날카로운 물건이나 스프레이, 라이터, 가스 같은 인화성 물질은 반입이 안 되므로 기내 수하물 준비 시 미리 확인한다.

출국 심사

출국 심사는 항공권과 여권을 검사한다. 출국 심사를 통과하면, 공항 면세점이 있는데 입국할 때에는 공항 면세점을 이용할 수 없으므로 출국 전 이용한다. 온라인이나 시내 면세점에서 물건을 구입한 경우에는 면세점 인도장에서 물건을 찾는다. 면세 범위는 $600이며, 초과 시에는 세금이 부과된다. 성수기에 면세점 인도장은 굉장히 붐벼 대기 시간이 상당하니 이를 고려해서 공항에 조금 더 일찍 도착하도록 한다.

자동 출입국 심사 서비스

출입국시 긴 줄을 서서 수속을 밟아야 하는 번거로움을 없애기 위해 2008년 6월부터 시행하고 있는 제도로, 심사관의 대면 심사를 대신하여 자동 출입국 심사대에서 여권과 지문을 스캔하고, 안면 인식을 한 후 출입국 심사를 마친다. 주민등록이 된 7세 이상의 대한민국 국민이면(14세 미만 아동은 법정대리인 동의 필요) 모두 가능하고, 18세 이상 국민은 사전 등록 절차 없이 이용할 수 있다.

비행기 탑승

출국편 항공 해당 게이트에서 출국 30분 전부터 탑승이 가능하므로 이 시간을 꼭 지킨다. 항공 탑승권에 보면 'Boarding Time' 밑에 시간이 적혀 있다. 이 시간이 탑승 시간이므로 늦지 않도록 주의하자.

TIP. 비행기 탑승 시 몇 가지 주의할 점

Q. 액체류는 기내 반입이 안 되나요?

2007년 3월 1일부로 액체, 젤류 및 에어로졸 등의 기내 반입이 제한되고 있다. 이는 늘어나는 항공 관련 테러를 방지하기 위한 대책의 하나로, 액체로 된 폭탄 제조 사례가 많이 발견되고 있기 때문이다. 한국 내 모든 국제공항 출발편 이용 시 다음과 같은 규정이 적용된다.

❶ 항공기 내 휴대 반입할 수 있는 액체, 젤류 및 에어로졸은 단위 용기당 100ml 이하의 용기에 담겨 있어야 하며, 이를 초과하는 용기는 반입할 수 없다. 100ml는 요구르트병을 조금 넘는 정도의 크기이다. 로션, 향수 등은 용기에 적혀 있는 용량을 꼭 확인한다.

❷ 액체류 등이 담긴 100ml 이하의 용기는 용량 1L 이하의 투명한 플라스틱제 지퍼락 봉투(크기 20×20cm)에 담아서 반입하며, 이때 지퍼는 잠겨 있어야 한다. 지퍼락 봉투가 완전히 잠겨 있지 않으면 반입이 불가하며, 지퍼락 봉투로부터 제거된 용기는 반입할 수 없다. 지퍼락 봉투는 1인당 1개만 허용된다. 1L까지 기내 휴대가 가능하므로 규정상으로는 100ml 이하의 용기10개까지 기내 반입이 허용되나, 실제로는 봉투 크기가 작으므로 용기 2~3개 정도를 넣으면 지퍼락이 꽉 찬다.

❸ 기내에서 승객이 사용할 분량의 의약품 또는 유아를 동반한 경우 유아용 음식(우유, 음료 등)은 반입이 가능하다.

❹ 지퍼락 봉투는 공항 매점에서 구입할 수 있다.

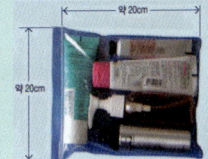

Q. 면세품의 경우는?

❶ 보안 검색대 통과 후 또는 시내 면세점에서 구입한 후 공항 면세점에서 전달받은 주류, 화장품 등의 액체, 젤류는 투명하고 봉인이 가능한 플라스틱 봉투에 넣어야 한다.

❷ 봉투가 최종 목적지 행 항공기 탑승 전에 개봉되었거나 훼손되었을 경우 반입이 금지된다.

❸ 이 봉투에는 면세품 구입 당시 교부 받은 영수증을 동봉하거나 부착해야 한다.

❹ 한국 내 공항에서 국제선으로 환승 또는 통과하는 승객의 면세품에도 위의 조항이 적용된다.

치앙마이 입국

출입국에 필요한 특별한 절차는 없다. 단순 관광의 목적이면 체류 기간이나 숙소 정도만 간단히 묻는다. 세관 검사대를 거쳐야 하나 특별히 신고할 만한 물건이 없을 경우 X선 투시기를 거치는 것으로 검사가 종료된다. 세관 검사의 경우 견본이라고 할지라도 일정 수량 이상의 견본에 대해서는 정식 통관 절차를 거치도록 요구하는 경우도 있으므로 가능하면 송장 및 증명서 등을 휴대하는 것이 좋다.

출입국 유의 사항

외국인은 입국 후 24시간 이내에 체류 장소를 신고할 의무가 있다. 관광 목적 입국이나 호텔 등 지정된 숙박업소 내에 묵는 경우에는 해당 호텔이나 숙박업소에서 신고를 대행하므로 문제가 없다. 장기 체류를 원하는 사람은 다른 나라로 여행을 다녀오는 등 여러 상황에서 업데이트가 필요한 경우가 있으니 치앙마이 한 달 살기(p.292)의 해당 부분을 참조하자.

짐 찾기

입국 심사를 마친 후, 수하물 찾는 곳으로 이동한다. 전광판에서 자신의 항공편명을 확인한 후 해당 수화물 수취대에서 짐이 나오면 본인의 수하물 태그를 확인해 짐을 찾는다. 만약, 본인의 짐이 나오지 않았다면 당황하지 말고 항공사 직원에게 도움을 요청하여 조치를 기다린다.

세관 심사

세관 신고서는 가족당 대표 1인만 작성하고 육류, 채소, 과일을 포함한 기타 동식물의 반입은 금지되므로 주의한다. 간혹, 가방 검색을 요청하는 심사관이 있으며 이때에는 간단한 질문과 함께 가방 내 소지품 및 기타 물품에 대한 검사를 진행하기도 한다.

세관 정보

관세 지불
총 20,000밧 이상 가치의 물품을 가지고 태국에 입국할 경우, 이 물품들은 관세가 부과될 수 있다.
▶ 관세 대상 물품이 개인 사용 목적일 경우.
▶ 관세 대상 물품의 수가 타당하고 상업적 사용이나 무역 목적이 아닌 경우.
▶ 관세 대상 물품의 총 가치가 100,000밧 이하인 경우.
▶ 입국자가 도착일에 현금으로 세금이나 관세를 지불할 수 있는 경우.
※ 과세 대상 물품의 가치가 100,000밧을 넘을 때는 정식으로 수입 관세 절차에 따라야 하며 정식 수입 관세 절차가 완료될 때까지 물품은 세관에서 보관한다.

태국 입국 시 담배와 주류 반입 유의 사항

주류 면세점을 이용하는 모든 태국 입국 외국인들은 1L 이상의 주류는 반입 불가하다. 1L 이상의 주류를 반입하다 발각되는 경우 주류 압수와 더불어 구매 가격의 2배의 벌금을 지불해야 한다.

담배 태국을 입국하는 모든 외국인은 담배 1보루(200개피), 다른 담배(Tobacco) 제품은 250g 미만, 일반 담배와 살담배를 같이 구매할 경우 총 제품의 중량이 250g 미만일 경우에만 면세 대상으로 반입이 허용된다. 1보루를 초과하는 양의 담배를 반입하다 적발되면 구매한 모든 담배의 압수와 더불어 태국 세관에서 규정한 세율을 적용하여 1보루당 최소 10배, 최대 15배까지 벌금을 지불해야 한다. 또한 액상 전자 담배 및 훈증 방식의 전자 담배 등 모든 전자 담배는 반입이 불가능하다.

주의 사항

함께 입국하는 일행과 담배나 주류 등을 한 개의 쇼핑백에 담는 것 역시 용납되지 않는다. 가령 5명의 일행이 5보루의 담배를 사서 한 개의 쇼핑백에 담는 것은 법에 위반된다. (각각 따로따로 영수증이 있어도 마찬가지) 태국 세관 단속은 공항 세관뿐만 아니라 공항 내외 어느 곳이든 불시에 단속할 수 있으므로 담배/주류를 반입하는 여행객들은 교통수단을 이용하여 공항을 떠나기 전까지는 반드시 1인 반입 허용량(담배 1보루, 1L 미만의 주류)만 소지해야 한다. 만약 공항 세관 통과 후 담배나 주류를 일행의 것과 한 곳에 같이 넣어 이동하는 경우에도 불시 단속 대상이 될 수 있으며, 벌금을 부과할 수 있다.

미신고 시 처벌 조항

미신고 물품의 4배의 가치와 세금, 관세를 더한 벌금을 내거나 10년 이하의 금고형에 처할 수 있다. 미신고 물품은 압수된다.

수하물 보관

수화물을 소지한 환승 탑승객이 세관 신고를 하지 않고 아래 기준에 따라 세관 창고에 보관할 수 있다.
❶ 탑승객이 제3국으로의 항공권을 소지
❷ 보관 기간이 2달 이하
❸ 보관 물품이 제한과 금지 품목이 아니며 세관 위반, 밀수, 금지 제한 위반의 혐의가 없어야 한다. 세관 창고에 보관된 물품에 대한 비용은 다음과 같다.(20kg 이하 40밧, 40kg 이하 80밧, 40kg 이상 150밧 / 1팩, 1일 기준)

외화 출·반입 한도

태국환 50,000밧 또는 이상을 소지하고 출국 시 세관에 신고한다. 라오스·미얀마·캄보디아·말레이시아·베트남을 여행하는 경우는 2,000,000밧까지 반출이 가능하며 세관에 신고하여야 한다.
외환 외환 총액 20,000달러 상당을 초과하는 경우 세관에 신고해야 한다. 미신고 또는 불성실 신고 시 불이익을 당할 수 있다.

▶ **농업 관련 문의처**

주소 Agricultural Regulatory Division, Bangkhen, Bangkok
전화 +66 2579 1581, 66 2579 3576

▶ **동물 반입 관련 문의처**

주소 Department of Livestock Development, Bangkok
전화 +66 2251 5136, +66 2252 6944
※ 허가는 공항에서 얻을 수 있으며 선박의 경우에는 위의 부서에 신청해야 한다. 또한 동물 예방 접종 증명서가 필요하다.

집으로 돌아오는 길

공항 도착

여행 일정을 마치고 다시 공항으로 돌아갈 때는 입국할 때 시내로 나왔던 교통편을 거꾸로 이용한다. 그랩 택시 기사와 미리 약속을 해서 만나거나 숙소에 부탁하여 몇 시까지 차편을 불러 줄 것을 예약하면 편리하다. 출국하기 2시간 전에는 공항에 도착해 세금 환급 및 출국 수속을 밟아야 한다.

센트럴 플라자 치앙마이 에어포트 Central Plaza Chiang Mai Airport

공항에 너무 일찍 도착했다면 센트럴 플라자를 둘러보자. 치앙마이 공항에서 도보 15분 거리에 위치해 있으며, 치앙마이에서 두 번째로 큰 쇼핑몰로 한 Harnn, 자스팔 Jaspal 등 태국 브랜드와 라코스테, 유니클로 등 세계적인 브랜드 상점들이 입점되어 있다. 공예품, 기념품 코너가 따로 있고 슈퍼마켓, 싼 가격의 푸드 코트, 미용실과 IT 상점, 영화관, 스파 또한 들어서 있다. 센트럴 플라자 주변의 호텔들을 모두 돌고 공항까지 데려다주는 셔틀 버스도 무료로 운행한다. 거의 매시간 운행하며 안내 데스크에서 시간표를 볼 수 있다.

위치 252-252/1 Mahidol Road, 50100 **전화** +66 20 21 9999 **시간** 월~금 10:30~21:00, 토~일·공휴일 10:00~21:30 **홈페이지** centralplaza.co.th/index.php

세금 환급

태국 택스 리펀 Tax Refund 절차는 무척 간단하다. 부가세 환급은 물품 구입 후 60일 이내에 태국을 떠나는 여행객에 해당한다.

❶ VAT REFUND FOR TOURISTS 표시가 있는 상점 한 곳에서 최소 2,000밧 이상 1일 안에 구매, 총 물품 금액은 부가세 포함 최소 5,000밧 이상이다.
❷ 여권 또는 여권 사본을 보여 주고 환급 용지를 수령한다.
❸ 공항에서 짐을 붙이기 전에 세관에 가서 확인 도장을 받는다.
❹ 공항 면세 구역 환급처에서 용지 제출 후 환급을 완료한다. 30,000밧 미만 환급금은 태국 밧, 수표, 신용 카드 계좌 중 하나로 환급할 수 있고, 30,000밧 이상 환급은 수표나 신용 카드 계좌 중 하나로 환급받을 수 있다.

> **TIP.** 출국장 세관 사무소에서 물건을 확인하고 환급 용지에 도장을 찍어 주기 때문에 한 가방에 세금 환급에 해당하는 모든 물건을 담아 가는 것이 편리하다.

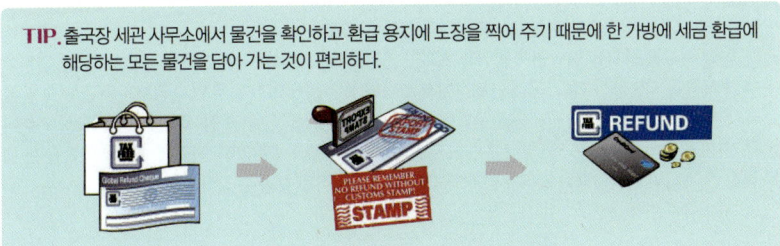

탑승권 발급

공항에 도착하면 해당 항공사 데스크에서 체크인 후 탑승권을 받는다. 일행이 있다면 같이 여권과 항공권을 제시하여 나란히 붙은 좌석을 받을 수 있다. 보안 검사와 출국 심사 시간을 고려해 여유 있게 도착하도록 한다.

출국 심사

한국에서의 출국과 마찬가지로 보안 검사를 받는다. 여권과 탑승권을 제외하고 소지품 모두 검사 대상이다.

비행기 탑승

출국 심사를 마치면 면세 구역이 나타난다. 면세점 쇼핑이 끝나면 탑승 게이트로 이동하는데, 출국 30분 전부터 탑승이 시작되므로 늦지 않도록 주의한다. 게이트가 출발 직전 변경되기도 하니 주기적으로 확인하는 것이 좋다. 기내 서비스는 이륙 후 항공기가 정상 궤도에 진입하면 시작되고, 기내 면세점 판매도 이루어진다. 기내에서 세관 신고서를 미리 작성하면 좋다.

입국 심사

인천 공항 도착 후에 입국 심사대로 이동한다. 입국 심사대에 줄을 설 때는 한국인과 외국인 줄이 따로 있는데 한국 국적을 가진 사람은 한국인 줄에 서서 대기하면 된다. 입국 심사를 받을 때는 여권만 제출하면 된다. 세관 신고서는 수하물을 찾은 후 입국장으로 나가기 전에 세관 심사관에게 제출한다. 자동 출입국 심사에 해당하는 여행자는 더 빠르게 입국 심사를 마칠 수 있다.

짐 찾기

입국 심사를 마친 후 아래층으로 내려오면 수하물 수취대가 여러 개 있다. 항공편명이 적힌 수취대에서 짐을 찾는다. 이때 수하물에 붙어 있는 일련번호를 체크해 본인의 짐이 맞는지 확인한다.

세관 검사

기내에서 작성한 세관 신고서를 제출한다. 세관 신고를 해야 하는 사람은 자진 신고가 표시되어 있는 곳으로 간다. 만약 신고를 하지 않고서 면세 범위를 초과한 물건을 들여오다가 세관 심사관에게 발각되는 경우에는 추가 세금을 지불해야 한다. 국내 면세점에서 고가의 물건을 구입한 경우 면세 정보가 세관에 모두 통보되기 때문에 $600 이상의 면세품을 구매했다면 꼭 미리 신고하자. 세관 검사가 끝나면 입국장으로 나온다. 인천 공항의 입국장은 제1청사에 6개, 제2청사에 2개로 나눠져 있다. 이곳에서 만날 약속을 한 경우 출발 전에 미리 입국편명을 알려 주면 상대방이 쉽게 입국장을 찾을 수 있다.

찾아보기 INDEX

CHIANGMAI

치앙마이

Sightseeting

MAIIAM 현대 미술관	166
TCDC 치앙마이	147
금요일 아침 무슬림 시장	146
나와랏 다리	143
나이트 바자	140
나콘핑 다리	143
더 북스미스	119
띵크 파크	118
라자프루엑 국립 공원	181
란 라오 서점	119
란나 건축 센터	100
란나 민속 박물관	100
러브 70s	101
레이크래프티드 스튜디오	101
마야 라이프스타일 쇼핑센터	118
매 핑 리버 크루즈	143
무앙 마이 시장	146
반 캉 왓	183
보상 우산마을	167
부악 하드 공원	96
붐렁 부리 시장	102
삼왕상	96
솜펫 마켓	102
수안 독 게이트	90
수앙 프룽 게이트	90
시암 셀라돈	167
아이언 다리	143
아트 인 파라다이스	147
올드 시티	88
와로롯 시장	145
왓 록 몰리	156
왓 수언 독	121
왓 스리 수판	94
왓 우몽	178
왓 체디 루앙	92
왓 쳇 욧	154
왓 치앙 만	94
왓 판 타오	93
왓 프라 싱	93
왓 프라 탓 도이 캄	182
원 님만	116
일요일 야시장	97
지버리시 홈메이드 자카 숍	185
찡 짜이 마켓	157
창 푸악 게이트	89
치앙마이 게이트	90
치앙마이 국립 박물관	155
치앙마이 대학교	117
치앙마이 대학교 아트 센터	120
타 패 게이트	89
토요일 야시장	97
톤 람 야이 시장	145
페이퍼 스푼	184

Eating

SP 치킨	105
갤러리 시스케이프 앤 SS1254372 카페 치앙 마이	131
그래프 카페	109
그래프 테이블	103
꼬프악 꼬담	123
꾸 퓨전 로티 앤 티	130
나나 정글	162
나우히어 로스트 앤 브루	110
넘버 39 카페	188
농 아주머니네	99
대디스 앤티크 카페 앤 레스토랑	186
더 노스 게이트 재즈 코옵	112

더 라더 카페 앤 바	129
더 래보라토리 호텔 앤 어크로스 더 유니버스 카페	133
더 바리소텔 바이 더 바리스트로	127
더 반 이터리 앤 디자인	125
데이비즈 키친 앳 909	172
데크 원	171
라이트 업 카페	161
러스틱 앤 블루	122
로스트니욤 커피	137
로젤라또 카페	131
록 미 버거	148
루트 푸드 드링크 디저트	188
릉크쩐 왓 켓	176
리스트레토	129
마-칠 커피	149
말레드 커피 로스터스	136
먼치스 카페	189
몬놈숏	130
미나 라이스 베이스즈 퀴진	172
바트 커피	108
반 딘 칵테일 바 앤 모어	113
버스 바	144
버스 피자	173
베어풋 카페	126
베이글 하우스 카페	112
브라운 카페	128
브루잉 룸	175
블루 누들	104
비스트 버거	124
비어 랩	137
아카 아마 커피 라 파토리아	106
아티산 카페	98
아티스틱 랩	163
어 데이 인 치앙마이 커피 브루 앤 리브. 어데이	150
옐로우 크래프츠 - 홈 브루잉	134
올 어바웃 커피 빠이	187
옴니아 카페 앤 로스터리	160
옴브라 카페	160
와위 커피	144
우 카페 아트 갤러리 라이프스타일 숍	170
움 베지테리안 레스토랑	98
조이 인 옐로우	113
조허니	176
준준 숍 앤 카페	177
차린 파이	135
창 푸악 야시장 족발 덮밥	159
청 도이 로스트 치킨	124
치빗 치바	135
카오 소이 님만	127
카오 소이 매 사이	158
카오 소이 쿤 야이	104
카지	174
카페 반녹 커피 로스터스	187
코튼트리 커피 로스터스	136
쿤 캐스 주스 앤 스무디 바	110
클레이 스튜디오 커피 인 더 가든	111
키친 허쉬	171
티키 카페	105
파인드 커피	133
펀 포레스트 카페	107
펭귄 게토	126
포레스트 베이크	169
프레시 카페 앤 주스 바	128
플라워 플라워 카페	132
플립스 앤 플립스 홈메이드 도넛츠	161
피차논 카페	189
힌레이 커리 하우스	168

Sleeping

137 필라스 하우스	191
POR 산티땀	199
X2 치앙마이 리버사이드 리조트	192
더 바리소텔 바이 더 바리스트로	195
라차만카 부티크 호텔	197
마이 치앙마이 부티크 로지	198
미소네	201
베드 치앙마이 게이트	200
아키라 매너	193
어웨이 치앙마이 타 패 리조트	194
우유 게스트하우스	201
이너프 포 라이프	203
파셴 포쉬텔	202
플런 플런 베드 앤 바이크	200
핑 나카라 부티크 호텔 앤 스파	193
호텔 데자티스트 핑 실루엣	196

치앙마이 근교

당일 여행지
도이 뿌이	208
도이 인타논 국립 공원	209
왓 프라 탓 도이 수텝	207
푸핑 궁전	208

항동
그랜드 캐니언	216
카오마오 카오팡	214
캥 웰라	215
푸핀 테라스	216
호시하나 빌리지	217

매림
라나 타이 빌라	227
마이 사이공	225
몬 쨈	220
바바 블랙 카페	224
살라 카페	223
시리킷 여왕 정원	221
아우사	225
아카 아마 리빙 팩토리	221
엘리펀트 푸푸페이퍼 파크	220
통마 스튜디오 & 더 아이언우드	223
포 시즌스 치앙마이	227
퐁양 정글 코스터 & 집라인	221

치앙다오
네스트 1 & 2	232
마이크로코스모스 치앙다오	234
마캄폼 아트 스페이스	234
말리스 네이처 러버스 방갈로	235
빌라 드 뷰	235
샴발라 인 유어 하트 페스티발	231
차이 카페	233
치앙다오 동굴	230
치앙다오 클라우드9 리조트 & 카페	233
카페 인 와일드	237
코끼리 딸기	236

치앙라이
골든 트라이앵글 파크	240
도이 딘 당 도자기	246
로컬 커피	250
리틀 홈 치앙라이	252
립스 앤 코	251
마노롬 카페	247
마마 카페	244
멜트 인 유어 마우스	247
멩라이 왕 기념비	243
반담 박물관	242
베네데토 커피	249
북케이스 스페이스 카페	248
블루 템플	241
사운드브라운 커피 앤 바	252
스테이케이션	253
시계탑	242
싱하 파크	244
아트 브릿지 치앙라이	245
우브 캄 박물관	243
인스퍼레이션 스페이스 카페	248
치빗 탐마 다	246
치앙라이 나이트 바자	245
폴라 불란제리 앤 파티세리	251
피규어 앤 그라운드 뮤지엄 카페	249
헤븐 버거	250
화이트 템플	241

빠이
레드 바이크 키친 앤 에스프레소 바	260
레버리 시암	265
로맨스 어나더 스토리 인 빠이	265
메모리얼 브릿지	257
봄 보울스	263
빠이 워킹 스트리트	257
빠이 캐니언	256
스튜디오 포엠	258
아트 팜 스튜디오	263
어 테이스트 오브 조이	260
어스 톤	259
윤 라이 전망대	256
찰리스 가든	265
카페시토	262
커리 쉑	261
커피 인 러브	261
쿤 나이 턴 사이	259
타드말라 디자인 숍	258
토스트 오피스	262

ENJOY MAP
인조이맵
지도 서비스

enjoy.nexusbook.com

'ENJOY MAP'은 인조이 가이드 도서의 부가 서비스로, 스마트폰이나 PC에서 **맵코드만 입력**하면 간편하게 **길 찾기**가 가능한 무료 지도 서비스입니다.

인조이맵 이용 방법

1 QR 코드를 찍거나 주소창에 enjoy.nexusbook.com을 입력하여 접속한다.
2 간단한 회원 가입 후 인조이맵을 실행한다.
3 도서 내에 표기된 맵코드를 검색창에 입력하여 길 찾기 서비스를 이용한다.
4 인조이맵만의 다양한 기능(내 장소 등록, 스폿 검색, 게시판 등)을 활용해 보자.

인조이 **치앙마이**
휴대용 여행 가이드북

넥서스BOOKS

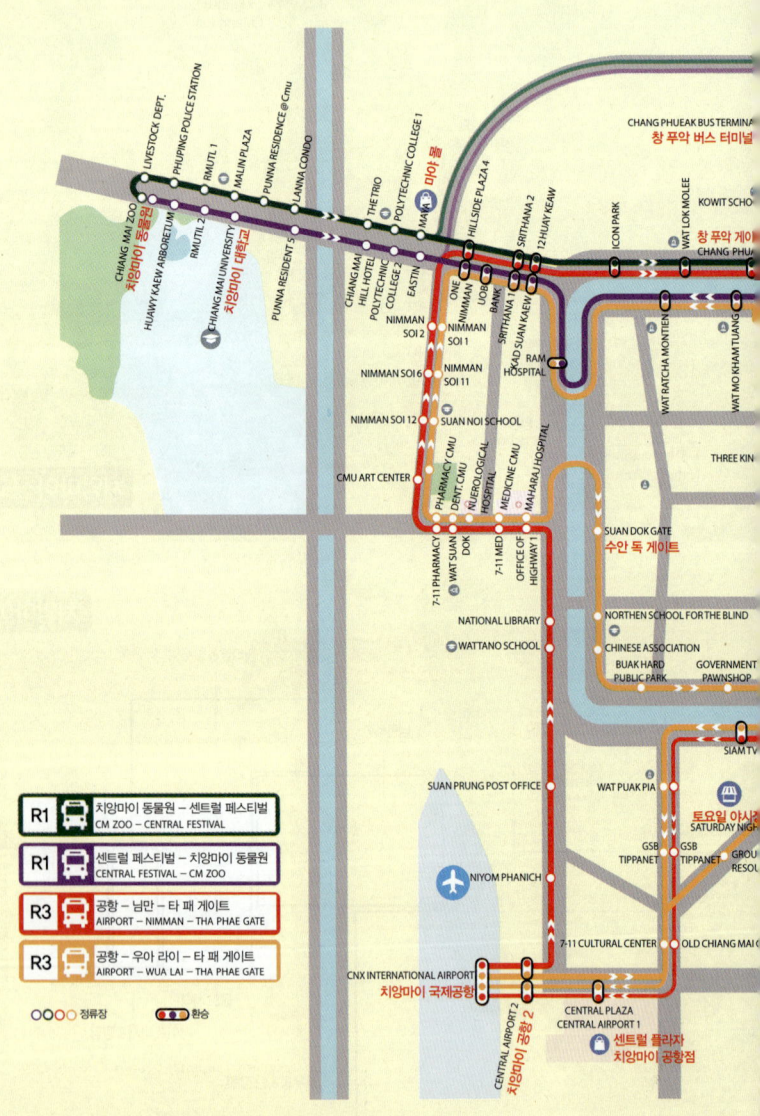

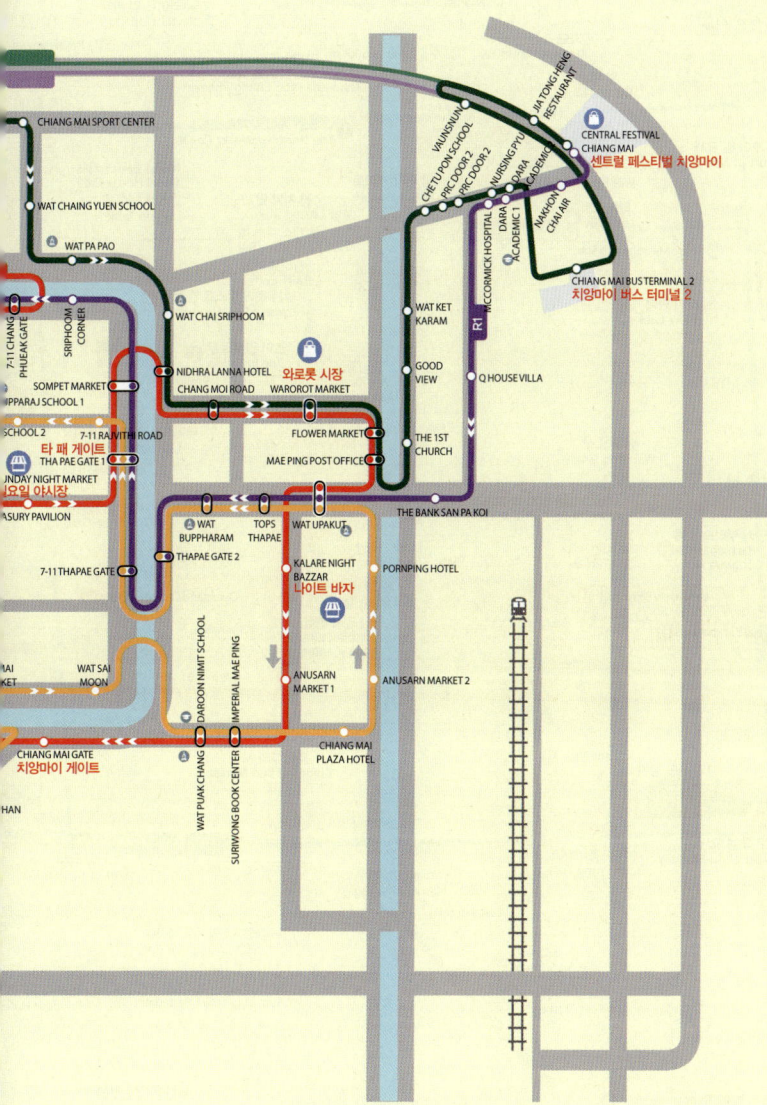

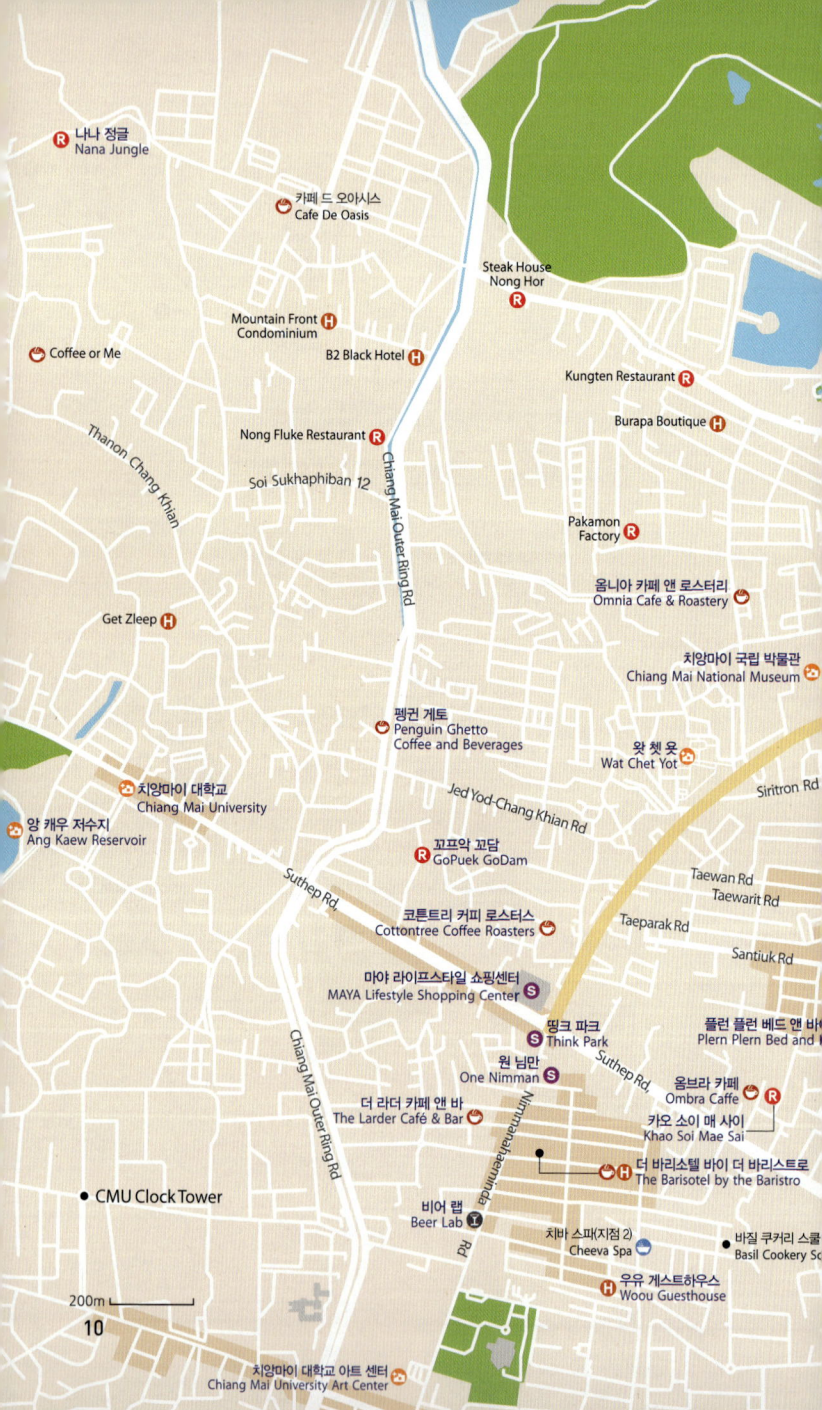

산티땀 & 창 푸악

- Hom Vanilla
- Gem Tree Premium Hotel
- Chotana Road
- Laab roi Laan
- Guest house Liam's Suan Dok Mai
- A9 Place Boutique House
- Nava School Of English
- B2 Lanna Hotel
- B2 Mountain Pano Residence
- Chotana Rd
- Lanna Hospital
- Saint Peter Eye Hospital
- 아티스틱 랩 / Artistic Lab
- Changhuak Rd
- Atsadathon Rd
- B2 Santitham Hotel
- Chiang Mai Rajabhat University
- PATTARA PLACE
- Chiang Mai Rajabhat University Demonstration School
- 찡 짜이 마켓 / JJ Market
- Siri Wattana Market
- 플립스 앤 플립스 홈메이드 도넛츠 / Flips & Flips Homemade Donuts
- Mercure Chiang Mai
- 파셴 포쉬텔 / Fashen Poshtel
- Hussadhisewee
- POR 산티탐 / POR Santitham
- 치앙마이 버스 터미널 1 / Chiang Mai Bus Terminal 1
- 치바 스파(지점 1) / Cheeva Spa
- 라이트 업 카페 / Light Up Café
- 무앙 마이 시장 / Muang Mai Market
- 창 푸악 야시장 족발 덮밥 / Khao Kha Moo Chang Phueak
- 왓 록 몰리 / Wat Lok Moli
- 스리품 요새 / Fort of Sri-Poom
- TCDC 치앙마이 / TCDC Chiang Mai
- 카오 소이 쿤 야이 / Khao Soi Khun Yai
- 창 푸악 게이트 / Chang Phueak Gate
- 펀 포레스트 카페 / Fern Forest Café
- 마이 치앙마이 부티크 로지 / My Chiang Mai Boutique Lodge
- 나콘핑 다리 / Nakhon Ping Bridge
- 왓 치앙 만 / Wat Chiang Man

11

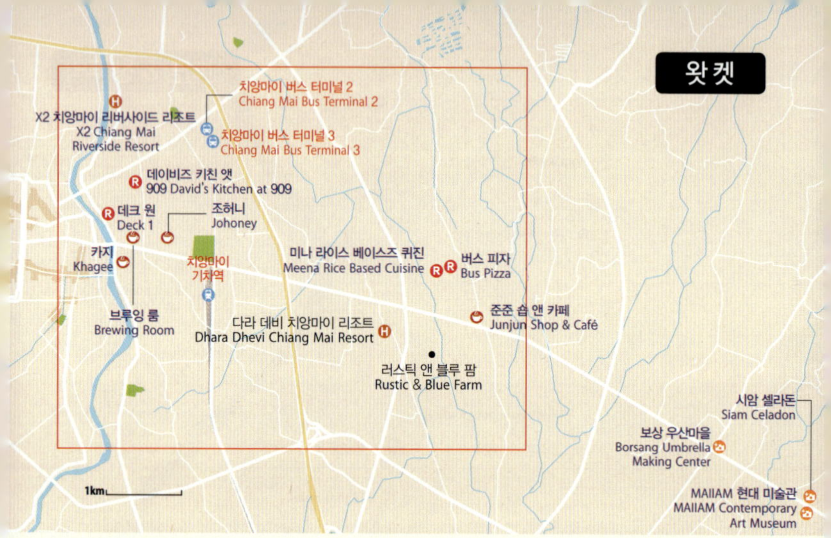

왓 켓
치앙마이 버스 터미널 2
Chiang Mai Bus Terminal 2
X2 치앙마이 리버사이드 리조트
X2 Chiang Mai
Riverside Resort
치앙마이 버스 터미널 3
Chiang Mai Bus Terminal 3
데이비즈 키친 앳
909 David's Kitchen at 909
데크 원
Deck 1
조허니
Johoney
카지
Khagee
치앙마이
기차역
미나 라이스 베이스즈 퀴진
Meena Rice Based Cuisine
버스 피자
Bus Pizza
브루잉 룸
Brewing Room
준준 숍 앤 카페
Junjun Shop & Café
다라 데비 치앙마이 리조트
Dhara Dhevi Chiang Mai Resort
러스틱 앤 블루 팜
Rustic & Blue Farm
시암 셀라돈
Siam Celadon
보상 우산마을
Borsang Umbrella
Making Center
MAIIAM 현대 미술관
MAIIAM Contemporary
Art Museum
1km

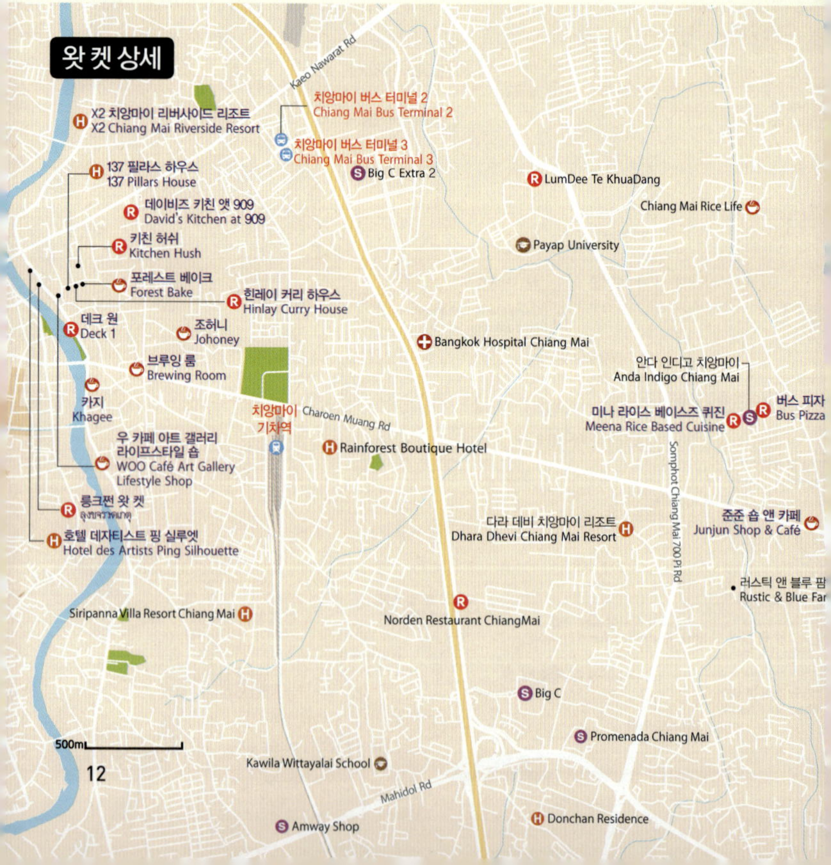

왓 켓 상세
Kaeo Nawarat Rd
치앙마이 버스 터미널 2
Chiang Mai Bus Terminal 2
X2 치앙마이 리버사이드 리조트
X2 Chiang Mai Riverside Resort
치앙마이 버스 터미널 3
Chiang Mai Bus Terminal 3
Big C Extra 2
137 필라스 하우스
137 Pillars House
LumDee Te KhuaDang
Chiang Mai Rice Life
데이비즈 키친 앳 909
David's Kitchen at 909
키친 허쉬
Kitchen Hush
Payap University
포레스트 베이크
Forest Bake
힌레이 커리 하우스
Hinlay Curry House
데크 원
Deck 1
조허니
Johoney
Bangkok Hospital Chiang Mai
브루잉 룸
Brewing Room
안다 인디고 치앙마이
Anda Indigo Chiang Mai
카지
Khagee
치앙마이
기차역
Charoen Muang Rd
미나 라이스 베이스즈 퀴진
Meena Rice Based Cuisine
버스 피자
Bus Pizza
우 카페 아트 갤러리
라이프스타일 숍
WOO Café Art Gallery
Lifestyle Shop
Rainforest Boutique Hotel
Somphot Chiang Mai 700 Pi Rd
룽크짠 왓 켓
호텔 데자티스트 핑 실루엣
Hotel des Artists Ping Silhouette
준준 숍 앤 카페
Junjun Shop & Café
다라 데비 치앙마이 리조트
Dhara Dhevi Chiang Mai Resort
러스틱 앤 블루 팜
Rustic & Blue Far
Siripanna Villa Resort Chiang Mai
Norden Restaurant ChiangMai
Big C
Promenada Chiang Mai
500m
Kawila Wittayalai School
Mahidol Rd
Amway Shop
Donchan Residence

올드 시티

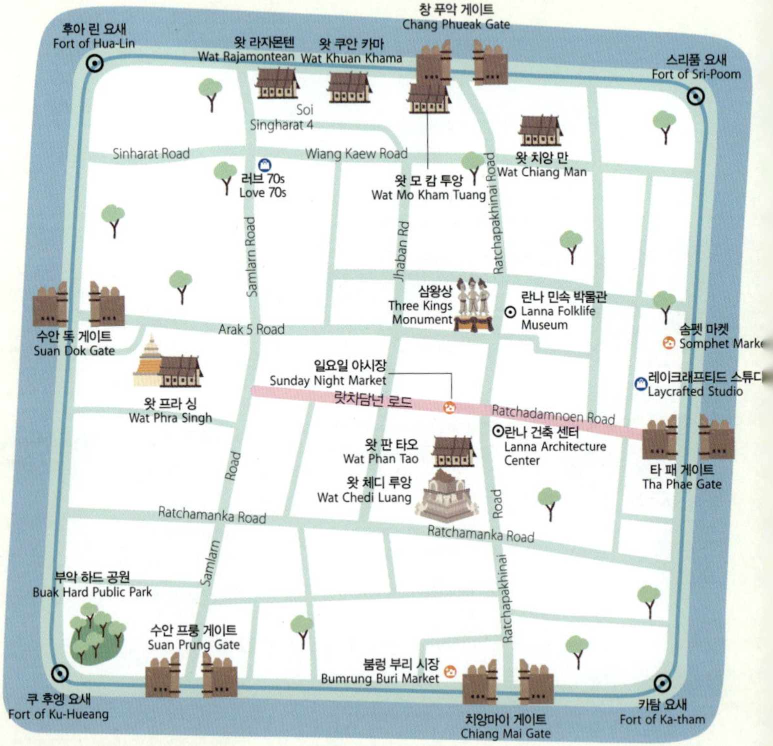

창 푸악 게이트
Chang Phueak Gate
후아 린 요새
Fort of Hua-Lin
왓 라자몬텐
Wat Rajamontean
왓 쿠안 카마
Wat Khuan Khama
스리품 요새
Fort of Sri-Poom
Soi
Singharat 4
Sinharat Road
Wiang Kaew Road
러브 70s
Love 70s
왓 모 캄 투앙
Wat Mo Kham Tuang
왓 치앙 만
Wat Chiang Man
Samlarn Road
Jhaban Rd
Ratchapakhinai Road
삼왕상
Three Kings
Monument
란나 민속 박물관
Lanna Folklife
Museum
수안 독 게이트
Suan Dok Gate
Arak 5 Road
솜펫 마켓
Somphet Marke
일요일 야시장
Sunday Night Market
레이크래프티드 스튜디
Laycrafted Studio
왓 프라 싱
Wat Phra Singh
랏차담넌 로드
Ratchadamnoen Road
란나 건축 센터
Lanna Architecture
Center
왓 판 타오
Wat Phan Tao
타 패 게이트
Tha Phae Gate
왓 체디 루앙
Wat Chedi Luang
Road
Ratchamanka Road
Ratchamanka Road
Road
Samlarn
부악 하드 공원
Buak Hard Public Park
Ratchapakhinai
수안 프룽 게이트
Suan Prung Gate
붐렁 부리 시장
Bumrung Buri Market
쿠 후엥 요새
Fort of Ku-Hueang
치앙마이 게이트
Chiang Mai Gate
카탐 요새
Fort of Ka-tham

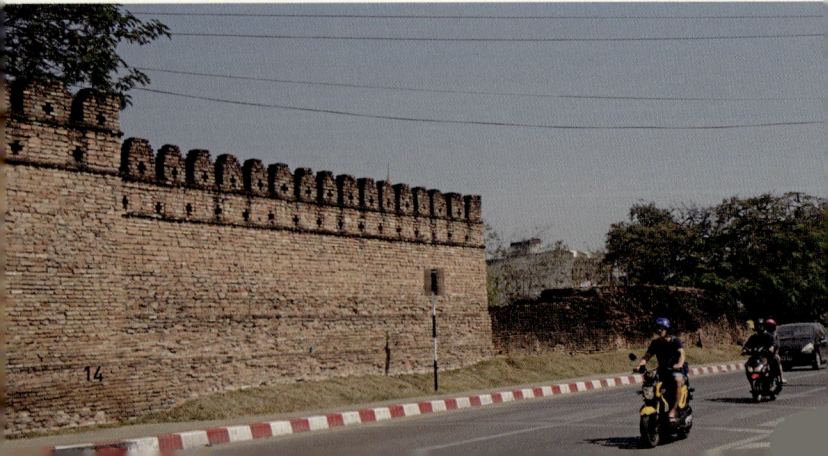

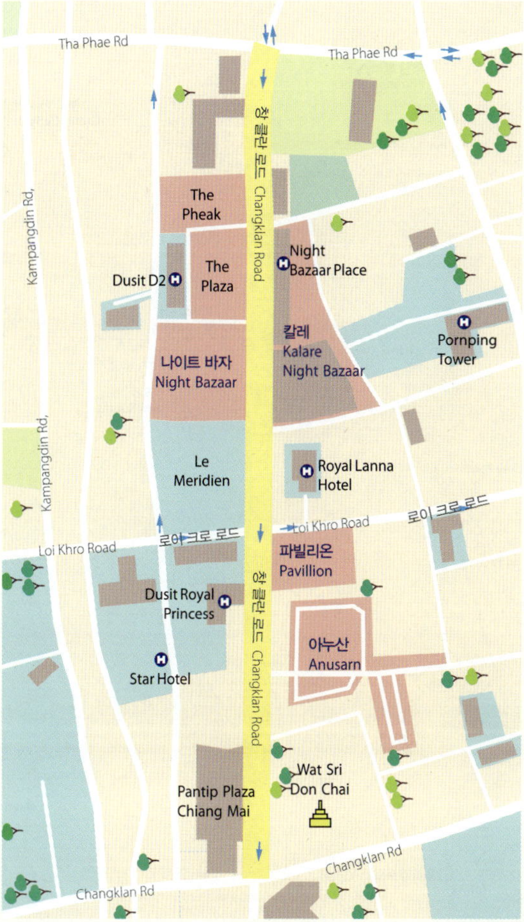

나이트 바자

- The Pheak
- Dusit D2
- The Plaza
- Night Bazaar Place
- 나이트 바자 Night Bazaar
- 칼레 Kalare Night Bazaar
- Pornping Tower
- Le Meridien
- Royal Lanna Hotel
- 파빌리온 Pavillion
- Dusit Royal Princess
- Star Hotel
- 아누산 Anusarn
- Pantip Plaza Chiang Mai
- Wat Sri Don Chai

Tha Phae Rd
Kampangdin Rd.
Changklan Road / 창 클란 로드
Loi Khro Road / 로아크로 로드 / 로이 크로 로드
Changklan Rd

치앙다오

- 치앙다오 클라우드9 리조트 & 카페
  Chiang Dao Cloud Nine Resort & Cafe
- 빌라 드 뷰 카페
  Villa De View Café
- 네스트 1
  Nest 1
- 빌라 드 뷰
  Villa De View
- 말리스 네이처 러버스 방갈로
  Malee's Nature Lovers Bungalows
- 네스트 2
  Nest 2
- 차이 카페
  Chai Café
- 치앙다오 동굴
  Chiang Dao Cave
  왓 탐 치앙다오
  Tham Chiang Dao
- Chill Chiangdao
- Chiang Dao Roundhouses
- Chiang Dao Story Camp
- Igarden Home Stay Chiangdao
- Blue Bar and restaurant
- Gaedum Bakery / Mokluang Cafe
- Hippocampus
- Chiang Dao country retreat
- 마이크로코스모스 치앙다오
  Microkosmos Chiang Dao
- 치앙다오 버스 터미널
  Chiang Dao Bus Terminal
- 마캄폼 아트 스페이스(4km)
  Makhampom Art Space

치앙라이 전도

- 북케이스 스페이스 카페 Bookcase Space|Café
- 도이 딘 당 도자기 Doi Din Dang Pottery
- 반담 박물관 Baandam Museum
- 아트 브릿지 치앙라이 Art Bridge Chiang Rai
- 폴라 불란제리 앤 파티세리 Polar Boulangerie and Patisserie
- 싱하 파크 Singha Park
- 로컬 커피 LOCAL Coffee
- 치앙라이 버스 터미널 2 Chiang Rai Bus Terminal 2
- 화이트 템플 White Temple

5km

치앙라이 중심

- Maekok Rd
- 인스퍼레이션 스페이스 카페 Inspiration Space Cafe
- 블루 템플 Blue Temple
- 치빗 탐마 다 Chivit Thamma Da
- Today Chiangrai
- Siya House Hotel
- 마노롬 카페 Manorom Café
- 스테이케이스 StayKtion
- 멜트 인 유어 마우스 Melt in Your Mouth
- Baan siam
- Phahon Yothin Rd
- Rattanakheat Rd
- 멩라이 왕 기념비 King Mengrai Monument
- Chiang Rai Condotel
- Suksaran The Retro Chiang Rai
- 리틀 홈 치앙라이 Little Home Chiang Rai
- 시계탑 Clock Tower
- 립스 앤 코 Ribs & Co
- Thanon Baanpa Pragarn Rd
- 헤븐 버거 Heaven Burger
- 치앙라이 나이트 바자 Chiang Rai Night Bazaar
- Banyota Rd
- 우브 캄 박물관 Oub Kham Museum
- Phahonyothin Rd
- 사운드브라운 커피 앤 바 SoundBrown Coffee & Bar
- 치앙라이 버스 터미널 1 Chiang Rai Bus Terminal 1
- 피규어 앤 그라운드 뮤지엄 카페 Figure & Ground Museum Café
- Sankhongno Rd
- Sathorn Payabarn Rd
- 베네데토 커피 Benedetto Coffee

200m

여행 태국어 회화

숫자

0	ศูนย์ 쑨	11	สิบเอ็ด 씹엣
1	หนึ่ง 능	12	สิบสอง 씹썽
2	สอง 썽	20	ยี่สิบ 이씹
3	สาม 쌈	30	สามสิบ 쌈씹
4	สี่ 씨	40	สี่สิบ 씨씹
5	ห้า 하	50	ห้าสิบ 하씹
6	หก 혹	100	หนึ่งร้อย 능 러이
7	เจ็ด 쩻	200	สองร้อย 썽 러이
8	แปด 뺏	1,000	หนึ่งพัน 능 판
9	เก้า 까오	10,000	หนึ่งหมื่น 능 믄
10	สิบ 씹		

기본단어

어디	ที่ไหน 티나이
무엇	อะไร 아라이
언제	เมื่อ 무우아
어떻게	อย่างไร 양라이
왜	ทำไม 탐마이
왼쪽	ซ้าย 싸이
오른쪽	ขวา 콰
많이	มาก 막
조금	น้อย 노이
오늘	วันนี้ 완니
어제	เมื่อวาน 므완
내일	พรุ่งนี้ 프룽니
지금	ตอนนี้ 떤니
아침	ตอนเช้า 떤 차오
오후	ตอนบ่าย 떤 바이
저녁	ตอนเย็น 떤 옌
밤	กลางคืน 끌랑크

인사

인사말	여자	남자
안녕하세요.	สวัสดีค่ะ 사와디카	สวัสดีครับ 사와디캅
나는 한국인입니다.	ฉัน เป็นคนเกาหลี 찬 뺀 컨 까올리	ผม เป็นคนเกาหลี 폼 뺀 컨 까올리
내 이름은 ○○입니다.	ฉัน ชื่อ○○ 찬 츠○○	ผม ชื่อ○○ 폼 츠○○
감사합니다.	ขอบคุณค่ะ 컵쿤카	ขอบคุณครับ 컵쿤캅
죄송합니다.	ขอโทษค่ะ 커톳카	ขอโทษครับ 커톳캅
행운을 빌어요.	โชค ดี 바이	
다음에 또 만나요.	เจอกัน 쩌 깐	

일상 대화

좋아요.	สบายดี 사바이디
좋지 않아요.	ไม่สบาย 마이 사바이
잘자요.	ฝันดี 판(f)디
뭐 하세요?	ทำอะไร 탐아라이
어디 가세요?	ไปไหน 빠이나이
행복합니다.	มีความสุขดี 미쾀숙디
화장실은 어디에 있나요?	ห้องน้ำอยู่ที่ไหน 헝 남 유 티 나이

상점

이것은 무엇인가요?	นี่คืออะไร 니 크 아라이
얼마에요?	เท่าไร ครับ/ค่ะ 타오라이 캅/카
너무 비싸요.	แพงมาก 팽 막

식당

식재료

밥	ข้าว 까오
찹쌀밥	ข้าวเหนียว 까오 니아우
닭	ไก่ 까이
달걀	ไข่ 카이
소	เนื้อวัว 우어
돼지	หมู 무
생선	ปลา 쁠라
국수	ก๋วยเตี๋ยว 구에이 티오우
빵	ขนมปัง 크놈빵
두부	เต้าหู้ 따후
땅콩	ถั่ว 투아
맥주	เบียร์ 비아

조미료

피시 소스	น้ำปลา 남쁠라
간장	ซอสถั่วเหลือง 싸 투아 르앙
설탕	น้ำตาล 남딴
소금	เกลือ 르아
버터	เนย 느이
고추	พริกไทยแดง 프릭 타이 댕
후추	พริกไทยดำ 프릭 타이 담
식초	น้ำส้มสายชู 남솜사이추

식기

젓가락	ตะเกียบ 타끼압
포크	ส้อม 썸
스푼	ช้อน 천
나이프	มีด 미잇
접시	จาน 짠
냅킨	ผ้าเช็ดปาก 파쩨빠

기타

물	น้ำ 남
디저트	ของหวาน 컹완
예약	การสำรองที่นั่ง 깐쌈롱티낭
달다.	หวาน 완
맵다.	เผ็ด 펫
싱겁다.	จืด 쯧
짜다.	เค็ม 캠
차다.	เย็น 옌
뜨겁다.	ร้อน 런

회화

메뉴 주세요.	ขอดูเมนูหน่อยครับ/ค่ะ 커 두 메누 너이 캅/카
물 주세요.	ขอน้ำหน่อยครับ/ค่ะ 커 남 너이 캅/카
더 주세요.	ขออีกหน่อยได้ไหมครับ/ค่ะ 커 익 너이 다이 마이 캅/카

맛있어요.	อร่อย 아러이
너무 싱거워요.	จืดเกินไป 쯧 빠이
너무 매워요.	เผ็ดเกินไป 펫 껀 빠이
맵지 않게 해 주세요.	ไม่เอาเผ็ด 미 아오 펫
얼음 주세요.	ขอน้ำแข็งหน่อยครับ/ค่ะ 커 남캥 너이 캅/카
고수는 빼 주세요.	ไม่ใส่ผักชี 마이 싸이 팍치
계산해 주세요.	เก็บตังค์ ครับ/ค่ะ 껩땅 캅/카

응급상황

길을 잃었어요.	หลงทาง ครับ/ค่ะ 롱 탕 캅/카
도와주세요.	ช่วย ด้วย 추어이 두어이
경찰서는 어디에 있나요?	สถานีตำรวจอยู่ที่ไหน 사탄니 땀우럿 유 티 나이
병원은 어디에 있나요?	โรงพยาบาลอยู่ที่ไหน? 롱 피아반 유 티 나이
은행은 어디에 있나요?	ธนาคารอยู่ที่ไหน 타나칸 유 티 나이

영어 회화

공항

무엇을 도와 드릴까요?	May I help you?
탑승 개시는 언제입니까?	When is boarding time?
이름을 알려 주시겠어요?	Just your name, please.
여권 번호를 알려 주시겠어요?	Passport number, please.
좌석을 창 쪽으로 드릴까요, 복도 쪽으로 드릴까요?	Window or isle?
창쪽으로 주세요.	Window, please.
비행기 표를 보여 주세요.	Your ticket, please.
여기 있습니다.	Here it is. / Here you are.
짐은 두 개입니다.	I have two pieces of baggage.
이 예약을 취소해 주십시오.	Cancel this reservation, please.

환전

환전소는 어디입니까?	Where can I change money?
달러로 바꿔 주세요.	Change dollars, please.
달러를 밧으로 바꾸고 싶습니다.	I'd like to change dollar into Baht.
환율은 어떻게 되나요?	What's the exchange rate?

입국 수속

여권을 보여주십시오.	Passport, please.
방문 목적이 무엇입니까?	What's the purpose of your visit?
관광차 왔습니다.	For sightseeing. / For tour.
사업차 왔습니다.	On business.
어디에서 머물 것입니까?	Where will you stay here?
OOO 호텔에 있을 것입니다.	At the OOO hotel.
얼마나 계실 겁니까?	How long will you stay here?
한 달간 있을 예정입니다.	I'll stay here for a month.
2주간 있을 것입니다.	Two weeks.
세관 신고할 것이 있습니까?	Do you have anything to declare?
없습니다.	No, I don't. / Nothing.

교통수단

택시를 불러 주세요.	Taxi, please.
택시 정류장은 어디입니까?	Where is the taxi stand?
기차역까지 가주세요.	To the train station, please.
이 주소로 가주세요.	To this address, please.
여기서 세워 주세요.	Stop here, please.
국제공항까지 요금이 얼마입니까?	much is it to the international airport?
OO로 가는 버스가 맞나요?	Is this bus for OO?
버스는 어디에서 타나요?	Where can I get on a bus?
요금은 얼마입니까?	What's the fare?
이 기차는 ~역에서 정차하나요?	Does this train stop at ~?
어디서 갈아타나요?	Where do I change?
~까지는 얼마나 걸립니까?	How long does it take to go to~?
이 표를 취소할 수 있나요?	Can I cancel this ticket?
침대 열차가 있습니까?	Is there a sleeping train?
다음 역에서 내릴 겁니다.	I'm getting off at the next stop.
택시는 어디에서 타나요?	Where can I get a taxi?
어디로 가십니까?	Where are you going?
~로 갑시다.	To the ~, please.
여기서 세워 주세요.	Let me off here, please.
얼마입니까?	How much is it?
여기 있습니다.	Here it is.

호텔

오늘 밤 묵을 방이 있나요?	Have you a room for tonight? / Do you have a room for tonight?
방값은 얼마인가요?	What's the rate for the room?
방 좀 미리 볼 수 있나요?	Can I see it, please?
더블 룸으로 하고 싶어요.	I'd like double room. / Double room, please.
욕실이 딸린 방으로 하고 싶어요.	I'd like a room with bath.
좀 더 싼 방은 없습니까?	Have you nothing cheaper?
지금 체크인을 할 수 있나요?	Can I check in now?
아침 식사가 포함된 요금입니까?	Does it include breakfast?
체크아웃 시간은 몇 시입니까?	When is check out time?
귀중품을 맡아 주시겠어요?	Can I check my valuables with you?
맡긴 짐을 주시겠어요?	May I have my baggage back?
세탁 서비스가 있습니까?	Do you have laundry service?
세탁을 부탁합니다.	I have some laundry. / Laundry, please.
언제까지 될까요?	When will it be ready?
모닝콜 서비스를 받을 수 있나요?	Can I get a morning call service?
지금 체크아웃을 하고 싶습니다.	Check out, please.

응급 상황

몸이 안 좋아요.	feel sick. / I feel no good.
병원에 데려다 주세요.	Please take me to the hospital.
의사를 불러 주세요.	Please call a doctor.
열이 있어요.	I have a fever.
머리가 아파요.	I have a headache.
나는 A형입니다.	My blood type is A.

음식점

금연석으로 주세요.	Non-smoking, please.
이것으로 먹겠어요.	I'll have this one.
추천할 만한 요리가 무엇입니까?	What would you recommend?
이것은 무슨 요리인가요?	What kind of dish is this?
계산서를 주세요.	Check, please.

길찾기

실례지만, ~ 게스트하우스가 어딥니까?	Excuse me, Where is the ~ guest house?
여기가 지금 어딥니까?	Where am I now?
역으로 가는 길을 가르쳐 주세요	How can I get to the station?
~까지 얼마나 먼가요?	How far is it to ~?
얼마나 걸립니까?	How long will it take?

인조이 시리즈가 당신의 여행과 함께합니다

ENJOY your TRAVEL

🏛 세계여행

① 인조이 도쿄
② 인조이 오사카
③ 인조이 베트남
④ 인조이 미얀마
⑤ 인조이 이탈리아
⑥ 인조이 방콕
⑦ 인조이 호주
⑧ 인조이 싱가포르
⑨ 인조이 유럽
⑩ 인조이 규슈
⑪ 인조이 파리
⑫ 인조이 프라하
⑬ 인조이 홋카이도
⑭ 인조이 뉴욕
⑮ 인조이 홍콩
⑯ 인조이 두바이
⑰ 인조이 타이완
⑱ 인조이 발리
⑲ 인조이 필리핀
⑳ 인조이 런던
㉑ 인조이 남미
㉒ 인조이 하와이
㉓ 인조이 상하이
㉔ 인조이 터키
㉕ 인조이 말레이시아
㉖ 인조이 푸켓
㉗ 인조이 스페인·포르투갈
㉘ 인조이 오키나와
㉙ 인조이 미국 서부
㉚ 인조이 동유럽
㉛ 인조이 괌
㉜ 인조이 중국
㉝ 인조이 인도
㉞ 인조이 크로아티아
㉟ 인조이 뉴질랜드
㊱ 인조이 칭다오
㊲ 인조이 스리랑카
㊳ 인조이 러시아
㊴ 인조이 다낭·호이안·후에
㊵ 인조이 치앙마이
㊶ 인조이 스위스
㊷ 인조이 나트랑·달랏

🏛 국내여행

① 이번엔! 강원도
② 이번엔! 제주
③ 이번엔! 남해안
④ 이번엔! 서울
⑤ 이번엔! 경주
⑥ 이번엔! 부산
⑦ 이번엔! 울릉도·독도

넥서스BOOKS